# 在，成于思

商务印书馆
创于1897 The Commercial Press
2017年·北京

**图书在版编目(CIP)数据**

在,成于思/叶秀山著.—北京:商务印书馆,2017
ISBN 978-7-100-12641-0

Ⅰ.①在… Ⅱ.①叶… Ⅲ.①哲学—文集
Ⅳ.①B-53

中国版本图书馆CIP数据核字(2016)第244478号



**在,成于思**
叶秀山 著

商 务 印 书 馆 出 版
(北京王府井大街36号 邮政编码100710)
商 务 印 书 馆 发 行
北京中科印刷有限公司印刷
ISBN 978-7-100-12641-0

2017年4月第1版　　开本880×1240 1/32
2017年4月北京第1次印刷　　印张13⅝
定价:49.00元

# 目　录

## 第一编

## 第二编



## 第三编

## 第四编



## 第五编

# 第一编

# 中西文化之“会通和合”

## ——读钱穆《现代中国学术论衡》有感

海峡两岸不通消息已久，我们这一代人，只是在我们的老师口中听到过钱穆先生的名字。一九八〇年在美国进修期间，在一份中文报纸上读过钱先生一篇长文章，题目已忘，但钱先生说西洋人有历史意识是晚近的事，给我深刻的印象，钱先生的“西洋重哲学，中国重历史”，确为知言。最近一位朋友代为购得钱先生《现代中国学术论衡》，是钱先生八十九岁高龄的作品，书中纵论中国哲学、历史、科学、宗教、文学、艺术诸方面，是钱先生一生对整个中国文化的一个“会通和合”的研究结晶，给后生们以很大的教益。

钱先生强调“文”（“书”）如其人，的确，读了这本书，在我面前的是一位博学的、有思想的、年迈的但又有些陌生的中国人。这一方面当然是因为我长期研究西方哲学和文化，对中国传统哲学和文化在学养上很不够，所以钱先生一生弘扬的道理对我却是很“新”的，同时也是因为我和钱先生有不同的年龄、不同的社会环境等等这一类的原因，所以才有这种“陌生”的感觉。其实，按我肤浅的想法，钱先生对中国文化之所以有那样深刻而清楚的观念和坚定的信念，也是在遇到了一些“陌生的”人和思想的缘故，这些人中也不一定都是西洋人，可能大部分还是中国人，譬如钱先生书中多次提到黑格尔哲学，批评它为“疏略而不备”（《现代中国学术论衡》，第36页），我想一定和钱先生与我的老师贺麟先生的交往和友谊有关。

“陌生”不等于完全不可以“理解”，“交往”使不同的人相互理解、相互沟通、相互吸收。钱先生当然不反对不同类型文化之间的交往和沟通，他在《八十忆双亲·师友杂忆》（岳麓书社一九八六年版）中曾提到过这个思想，但统观钱先生的《现代中国学术论衡》，总觉得钱先生一生在遇到“陌生的”人、事、思想时，大半努力去保存自身的独特性和独立性，而吸收、交流的方面较少，所以我这里想进一言者，为求钱先生之“会通和合”之精神能更进一步扩大，把中国置于世界的范围来考虑问题。冯友兰先生曾以“世界人”与钱先生之“中国人”对立，受到钱先生的嘲弄（《八十忆双亲·师友杂忆》，第221页）。当然的确没有“无国籍之世界人”，但中国如今再不能在世界之外，“世界”也已非古代“抽象的”“天下”，而为具体的、实际的各个国家，这也早已成了事实，所谓“会通和合”的功夫，则不当限于中国人内部了。

就中国文化“会通和合”精神的具体表现来说，中国学术不主分科、专门，而主通达，不倡“专家”，而尊“通人”，所以钱先生以博大的传统学问，抟为一体，无论哲学、宗教、科学、文艺都贯穿着一种“人文化成”的精神，这对中国传统的文化来说，是非常深刻的；这里我想补充的是：西方的学术未尝不注重“通”的方面，而西方的“哲学”本就是为想通合各个学科而产生的学问；只是因为他们是“由科学而演出为人文”（《现代中国学术论衡》，第46页），所以特别是从近代以来出了许多的毛病，本也是人家自己意识到了的，而钱先生作为一个成熟了的、高水平的传统中国人也一眼看穿了，这同样可以说是一种“会通和合”吧。故首先愿在这个方面稍作阐述。

西方哲学，自古代希腊以来，也有两千多年的历史，而就其思考、讨论问题的方式言，大体似乎可有三个阶段：一是“原（元）物理学”阶段，一是“原（元）心理学”阶段，一是“原（元）历史学”阶段。诚如钱先生所言，西方重（自然）科学，所以哲学的“原物理学”阶段相当长，或谓贯彻他们文化的始终也未尝不可。古代希腊的“物理”即“自然”，所以亚里士多德把前苏格拉底时期哲学称作“自然哲学”，而他独标出在诸学科原理之上（或之后）的“第一性原理”、诸存在之上的“存在之存在”为哲学研究之对象，是后人谓“原物理学”（“形而上学”）。是故“原物理学”之创建本为“会通”各学科，以求一最普遍、最根本之学问。这里，要害之处在于：西方民族的科学性思想方法占主导的地位，使这种“通学”也成为一个科学的概念体系（“哲学”），于是“第一因”、“宇宙之本质”、“经验之大全”等等乃至“上帝”、“神”、“意志自由”，也都几乎像“人”、“手”、“足”、“刀”、“尺”一样，同为“概念”。这是西洋哲学的一个内在的矛盾。这个矛盾，自会愈演愈烈，于是近代有康德出来说，“神”、“不朽”、“自由”、“宇宙之全”本不是经验的、科学的“概念”、“范畴”，而只是一种理性的“观念”（理念），如是则亚氏之存在范畴、柏氏之思想理念各得其所。“观念”不是知识，于是就康德学说言，有没有一个“会通和合”的知识体系——“哲学”，则已大成问题。为挽救这个大体系，于是有黑格尔哲学出。后来黑格尔哲学体系瓦解，意味着西方人的思想进入了一个新的境界，如果把前此叫作“古典的”，则此后为“现代的”。从古典到现代的转变，心理学的发展起了很大的作用。包括德国雅斯贝尔斯、法国萨特诸家在内的胡塞尔现象学学说系统，均可谓“原心理学”。

在现代思想的进程上，西方出现了海德格尔，窃以为钱穆先生如读他的书当有不少共鸣之处，而对西方思想的历程，会有一些新的看法。

海氏学说，渊源复杂，但大体以胡塞尔现象学为本，兼取丹麦思想家基尔克特之“存在”（Existenz）论，由胡塞尔之超越知识论转向“基本本体论（存在论）”，这是他《存在与时间》的基本立场。这本书最初是在他老师胡塞尔编的杂志上作专集发表的。即使有“基本本体论”这一“论”，胡塞尔也敏感地看出：他这位高足的思想要贯彻下来，则他本人想建立的“严格的科学”——即后来的“人文科学”，已属不可能。这就是说，按海德格尔的思想，对本源性的问题，对“生活的世界”，本不可能建立一个纯观念性的、知识性的科学体系。胡塞尔看出了这个倾向，于是晚年有欧洲哲学“危机”之呐喊。胡塞尔之“危机”，一方面固然是指科学技术之泛滥，使欧洲人沉湎于声色货利之中，而忘掉“生活的世界”之根本，但同时也是指“哲学”作为一种专门学科面临着被否定的威胁。果然，胡塞尔可谓不幸言中，海德格尔终于宣布西方之“哲学”，已然“终结”——不仅是“古典哲学”之终结，而且是整个“哲学”作为一门学科之终结。

海氏“基本本体论”既不主“纯物理”之“原物理学”（“形而上学”），也不主“纯心理”之“原心理学”（现象学），而以活的历史性、时间性的态度来阐述“人”，以“Dasein”与“Sein”作同一层次之理解来消除西方哲学史上“思维”与“存在”、“主体”与“客体”诸原则性对立，姑名之曰“原历史学”。如按钱穆先生的说法，当是西方历史意识和历史学在晚近成熟以后的学说。

把“时间”、“历史”观念引入对“人”、对“存在”的理解，是海德格尔学说的一大支柱。他认为，按传统哲学的理解，“人”是被分割、被肢解了的：或者是感觉式、物质式的客体（动物），或者是概念式、精神式的主体（“我思”）；“动物”固非人，而多了某种叫“思想”的功能的动物，也非“人”之真义。“人”是存在性的，而非纯思想性的；“人”非“动物”，也非“精灵”，“人”是有时限、有历史的存在。“历史”、“时间”就像“思想”那样，不能理解为工具、功能，而应理解为本源。“时间”和“历史”不是“年”、“月”、“日”、“时”、“刻”、“分”、“秒”等计时单位，而是人的本源性的存在方式。科学式的“逻辑”（“判断”、“概念”、“推理”）也是工具性的，是达到某种目的的手段，而在海德格尔看来，“思想”和“语言”原本是人的存在方式。从这个基本立足点来看西方传统的“哲学”则生来就是“形而上学”的，即是从一种科学式的、概念式的、逻辑式的态度来探讨活的本源性问题。

本源性状态和问题，本不是分门别类的各专门学科所能掌握的，西方“哲学”既也为一门专门学科，同样无由掌握这个状态、解决这个问题，在西方人“历史性意识”觉悟到一定程度后，“哲学”就完成了自己的使命和历程。海氏并指出，“哲学”在赫拉克利特和毕达哥拉斯那里原指“人”——“爱智者”，而柏拉图才把它变成了一门专门的学问——“哲学”。这样，就海德格尔言，西方本也无“哲学”，和一切专门的学科一样，“哲学”也是后来才产生的，不过在西方，这种分门别类的发展，经历了很长的时间，要真的体会出那种统一的本源性状态，捕捉到那活的源头，很要做一番破除积习、排除障碍的功夫才行。

海德格尔进一步问：“哲学”作为“形而上学”终结之后，还剩下什么？他说，还剩下本源性、历史性的“思”，“哲学家”成为“思想家”（思想者）——也许可以说，这就是钱先生说的，不是“专门家”而是“通人”的意思。

在本源性的意义下，“思想”不像过去西方传统理解的那样为一种抽象的、概念的、逻辑的体系，逻辑的规则是“无时间性”的，而真正的“思”则是有时间性的，是历史性的。

我们总在“思前想后”。这个“前”，并非仅仅为过去的“事实”，而我们只作为知识来把握其“前因”；这个“后”，也不是仅仅作为未来目的实现之“后果”。所思所想都不是纯知识性的，而是存在性的。这种历史性的“思”，对“前”表现为一种“思念”，对“后”表现

抢”，只要不怀恶意的，大半可以相交，与之交谈，与之交往，以扩大我们自己的生活圈子。

或谓西方人经过两千年的探索，其智者提出之学说，竟与中国古代圣贤的精神有许多暗合之处，岂不是说明中国传统只合弘扬光大，而绝无改变和发展之理吗？

当然，中国学术之人文精神，堪为西方之学习、借鉴，这是毫无问题的，但就我们中国人来说，我们在那种历史性怀古式的、自身圆满而也相当混沌的状态怡然自得得太久了，这样也会影响各学科分门别类的发展。一棵树，如果尽往地底下长“根”，恐怕也会影响枝叶的茂盛，而移花接木未尝不是改良品种的办法，善种植者，当有体会。

西方人得分门别类发展之益，是很明显的。且不说物质世界的繁荣，大半得力于各门经验科学的发展，就是人文、哲学来说，有没有一个逻辑的、科学的思想的训练，还是不同的。海德格尔把西方的哲学历史问题，重新思考了，有所悟彻，而有没有这样一个思考过程，也是很不一样的。中国传统也讲“工后之拙”。“少小离家老大回”，无论漂泊半生、历尽艰辛地回到“家”里，或是一帆风顺、衣锦荣归，毕竟和这个“家”的关系不尽相同了。

就以海德格尔的学说言，它固然超出了西方传统哲学的规范，与东方民族的传统思想有不少共通之处，但毕竟仍有相当的区别。即以“历史”观来说，他的想法与钱穆先生重心也不同。钱先生说：“历史记载人事，人不同，斯事不同。人为主，事为副，未有不得其人而能得于其事者。事之不完善，胥由人之不完善来，惟事之不完善，须历久始见。中国史学重人不重事，可贵乃在此。”（《现代中国学术论衡》，第110页）。钱先生以此讲中国历史，一定是很中肯的，但细想起来，钱先生仍是将宇宙人生分为“人”和“物”两极，“事”属“物”，历史事件之间是一种客观的机械关系，如果光侧重于这一点，则没有“人”的地位；但按海德格尔的意思，历史地所思的，既不是机械性的“物”，也不是个别的“人”，而是“人”与“物”相统一的“世界”，因而真正的“历史”却正是研究那本源性的“事”（Ereignis, event）。不错，“事”是“人”做的，但“做”出来的“事”比之与那做事的人来又有另一层意义，这就是海氏的学生们后来所谓的“作品”（“事”）大于“作者”（“人”）的意思。从根本上说，“事”并不只是一件件客观的动作或物质的产品，而且应具有不同于自然产品的“意义”。钱先生说，中国人常“事”与“物”合用（《现代中国学术论衡》，第123页），但我们也常听说“事”与“情”合用，可见“事”也可以不仅是“物”，而有“情”在内，就海氏的思想来说，具体的“人”和“物”皆必消失，而唯有“事”永存，这个思想，他的学生发挥成"有效应的历史意识"。这就是说，古人已去，但他的作品（包括物质建设性的和文字著述性的）则常存。这个说法，当然也可以提出不少批评，但总不能置之于不顾。就西方学术文化的发展说，"事"之分析保存了西方人努力"工作"的精神，"做""事"仍被置于核心地位，而不流于抽象地、空洞地谈论"做""人"。海氏这一派学说的贡献在于指出"事"不仅是"物理"因果系列的环节，也不仅是"心理""随意"系列的环节，更是一种"自由的必然性"。唯其有"必然性"，自有历史的延续和继承，后人当尊重前人前事；但又唯其有"自由"，后人才不必迷信前人，盲从古训。故海氏历史观重在对"将在"的设计，并不完全依恋"曾在"，而强调"曾在"与"将在"本为一体，都是"存在"的历史、时间状态，其中有一种不同于因果联系的"命定"的延续关系。"命定"（Destiny）并非迷信，而是一旦自愿的选择，自由的"决定"、"设计"和"决断"做出以后，则又有"身不由己"的一种"必然性"在。

"做事"与"做人"本不可分，钱先生强调"做人"重于"做事"其用意固不在让人不做事或少做事，只是未了解西方人所谓"做事"，也可以不完全是纯功利实用的，"事"中自有道德文章在。在海氏思想影响下，德国雅斯贝尔斯强调"现时之自由"，法国萨特强调"注定的自由"，都是强调"做事"时自由之决断。正因为人"做事”时被注定是“自由”的，所以对所做之“事”有无可推卸的“责任”，从而在“做事”中必定见出“道德”；而“不做事”同样也要负责任，进、退都在“做事”，以“隐退”、“退让”、“无为”来推卸“职责”，而求“自我道德完善”，被认为是不可能的。人只有在“做事”中“做人”，在“工作”、“实践”中完成自身的德性。人在改造客观世界中，也改造人自身。我总觉得，这个说法比之“修身”、“养性”的教导来说，自另有一种境界，而似乎也更切实些、积极些，在理论上也更严密些。“工作精神”和“述而不作”这两种教导，如果人们必得对它们作一种选择的话，那么现代中国人的答案是不难预测的。

中国自古是个大民族，历史上长期比较的可以自给自足，也许本可以这样承续下去，以保存“道统”，做一个个的“完人”；无奈世上除中国人外还有其他民族的人，这些民族强大以后有时常要欺侮中国人——当然中国历史上也有欺侮别人的时候——西洋人、东洋人都有欺侮我们的时候，使中国人不能不认真对待；另一方面当然还有更多的不是存心欺侮人的正常的交往，也不能拒人于千里之外。总之，我们生活的世界在扩大，我们的视野也在扩大，我们已经在各种交往中理解着西洋人、东洋人。他们的学术文化我们是可以理解的，也应该去理解，我们的学术文化他们也是应该而且可以理解的。

我们不仅以各种方式和途径求中国人内部的“会通和合”，而且也不断以各种方式和途径来求与西洋人在学术文化上的“会通和合”；尤有甚者，我还想补充一句，在世界性交往的潮流下，中国人本身也已有各种倾向，不正视与其他民族的交往，要求中国人自身的“会通和合”如今也是相当困难的。

当然，钱先生会说，他并不反对各民族之间的文化交往，（钱先生自己就曾访问过欧美各国，有不少外国朋友，这是他在《八十忆双亲·师友杂忆》中详细介绍过的。）但在交往中，中国人应以自己的文化传统去“化”西方文化，而不能有“变”无“化”。诚然，我们不能“食古不化”，也不能“食洋不化”，“化”的确是一个很高的境界，但也并非不须分析。“化”或许以“消化”作比喻，但西方文化并非真的“食品”，而是人的“作品”。我们与他们是“人”与“人”的关系，不是“人”与“物”的关系。“人”际交往，“我”在改变“他人”，“他人”也在改变“我”。“我们”既在“化”，也在“变”。不但与洋人交往如此，国人之间的交往亦复如是。“我”是“人”，“他人”也是“人”，“我们”不能把“他人”“吃掉”、“化掉”，以“他人”之血肉来养肥“自己”，反而美其名曰“承续道统”或“道德完善”。“他人”也是“活人”、“自由人”，与“我”在同一个层次上，而不能把一切“他人”视作“贱名”而“化”于

“天地君亲师”的“一统”之中。事实上，中西文化的会通和合，必定使双方的面貌都有所改变。

概括起来说，钱先生在坚持中国文化“会通和合”精神方面的彻底性和坚定性是很令人敬佩的，现在的问题是如何在更广阔的视野上，在更深入的理论思考上来发扬这种精神。

钱先生在中国传统文化方面学识渊博、体会深刻，著述也很丰富，目前这里刚出版了他的两本书，以后当会陆续印行他的其他著作，这些著作也必将更进一步推动我们对中西学术文化关系问题的深入的思考。

一九八八年二月二日于中国社会科学院哲学研究所

（原载《读书》一九八八年第四期）

注:《现代中国学术论衡》，钱穆著，岳麓书社一九八六年五月第一版。

# 灵魂的归宿

## ——为刘耀中近著而写

我和刘耀中先生只见过一面。去年夏天一个晚上，做编辑工作的老同学曹其敏带来一位美籍华人，说这位先生说的那些哲学问题不好懂，所以带到你这里来了。那天晚上刘先生兴致勃勃地谈了几个小时的西方哲学、文学、宗教。几个月以后，刘先生从美国寄来他的书稿复印件，并附有一封信，要我替他的书写一篇序。

刘先生这本书涉及西方文学的多，涉及西方哲学的少，我对西方文学所知极少，所以与其说我评了它，不如说我学了它。我也是喜欢文学的，记得刚从大学毕业来到研究所时，曾有一个相当庞大的计划，要读遍西方古典文学名著，可惜没有读几本，世事就起了变化，先是“反右”，后是“下放劳动”，然后“反右倾”、“四清”，紧接着就是“文革”，现在看像一个电视连续剧，可是那些年月如何熬过来的，连自己也说不清了。无论如何，那个文学作品阅读计划，像以前的一切“计划”、

“规划”一样，彻底落了空。如今，客观的条件固然比以前好，但主观上却又力所不能及了，甚至都不想及了。

当然，我仍然相信文学和哲学面对的是相同的问题，处在一个文化的相同的层次，它们当中可沟通处是非常多的。但是文学要读的书太多了，而且部头都很大，既然它思考的问题和哲学相通，所以就宁可费点劲去啃哲学书了。所以不怕文学专家们笑话，我常常读一点节写本来弥补知识上的不足。

把这个情况写出来并不是说我这种态度有多少理由或有什么成效，我深切感到这是一个缺憾。就中国人的眼光来看，文化是一个整体，文、史、哲本不可分。我研究西方哲学，一直也努力把它放在一个统一的文化背景中去看，譬如研究古代希腊哲学，我很想把那时的文学、戏剧、风土人情、诗歌音乐等甚至体育活动都作一些考察，也收集了有关的材料，可惜只是在戏剧和造型艺术方面做过一点工作，其他的只能留待异日了。

这样对比之下，我就觉得十分钦佩刘先生能孜孜不倦地读那么多文学作品，兴致勃勃地一一加以评论，抒发自己的看法。尤其是，刘先生比较重视荣格（刘先生译为杨格）的心理学，所以在评论诸作家时，务求弄清他们的生活，对我这样的在文学知识上需要启蒙的人固然有引导入门的作用，但又不是一般的生平介绍，而是有学理上的根据的。

从本书内容来看，刘先生兴趣非常广泛，不仅文学，包括宗教、哲学、心理学、社会学甚至炼金术等等，都在他思考的范围之内。这一点我也是很欣赏的。我自己兴趣也很广，不喜欢我的人可以批评为杂。我觉得，人文科学不像自然科学用一种实际的需要来作研究，而就是因为有“问题”才去“思考”。但不定哪儿会出“问题”。所以我的兴趣是随“问题”在转移。“我在思想”，“想”“什么”？“想”“问题”。“问题”不是我想提什么就提什么，是日、月、山、川、他人、社会“让”我“提”的，也是这些东西（我生活的世界）让我“想”的。刘先生的注意力也在随着“问题”而从荣格心理学到乔伊斯的意识流，到海明威的强者意识，又到贝克特的那个等不到的“戈多”。刘先生的这本书，并不是系统的、客观的现代西方文学史，而是刘先生自己所想问题的历史记录，因而是他自己灵魂的记录。

看得出来，刘先生的“灵魂”固然受这些文学作品的“支配”，但同时又是很“自由”的。他写这本书，不必求“系统性”，因为他不想编文学史，而只想把他心中的问题和对这些问题的看法说出来。

人家向我介绍，刘先生是水利工程专家，在美国加州一个水利工程部门工作，他在他的工作方面是很不自由的。他虽然具备很强的工作能力，在多年的供职中，对加州的水利建设多有贡献，但却长期得不到主管部门的升迁。为了在那个复杂的、异邦的美国世界得到比较公平的待遇，刘先生还需要多方面的奋斗。

然而在人文科学领域里，刘先生却是很自由的。他不是美国（汉）学界的人物，也不想挤进去分一杯羹。人文科学不是他谋生的手段，而是他的爱好、他的性情，是他的灵魂的归宿。我也搞了大半辈子人文科学了，我是这个“界”的专业成员之一，但我时时觉得以人文科学作谋生手段是很不安全的。各个社会搞人文科学的似乎都有难念的经。过去我们总觉得受政治的冲击太大了，政治家有自己的实际政治需要，譬如绝不许你说孔子的好话，非得要你说老子是什么主义的等等，如今似乎又感到经济的压力太大了。这也难怪，社会要解决吃、喝、住房、交通、各种实业建设问题，你人文科学一时用不上，自然就有“被冷落”之感，于是就有人有“孤独”之呻吟，实际上是在唱“长铗归来乎”的调子，求得更多的赏识而已。我看刘先生这种解决办法很好，谋生归谋生，思想归思想。要工作，我有高超的技术，对社会有用；讲思想，我有深刻的见识，使灵魂有所依托。可惜我们晚了点，学技已不可能，懊悔也来不及了。如果再有一次机会作选择，我大概也会像刘先生那样，学一门科学技术，做一些对社会有益的实际工作，然后再来为我的灵魂找一个归宿，思考那人文科学的问题，体察宇宙、人生的大意义，那时我再来谈问题、写文章，就不仅仅是“工作任务”，至少也像刘先生那样，不必考虑什么“行业”里的种种关系，使文章真的是自己的灵魂的表白，不必为建立什么“派”、什么“论”、什么“家”而孜孜以求。

刘先生是中国人，生活、工作在美国，但却一直醉心于西方文化的体察，这也是他“自由”的一种表现。中国人在欧美搞文科的，大部分都搞汉学，这当然是很好的，是发扬我中华文化的重要方面军。但其中似乎也有一些值得探讨的问题。华裔学者为在异邦学界有一立足之地，最方便的是以中华本土几千年文明历史与之形成鲜明之对照，所以就一般方法言，注重差别的多，注重吸收、融化的反倒少一点。这种情形，与中国本土的学人的倾向似乎正相反，就像华裔侨居更多保存中国传统习俗一样。

中国知识分子对自己传统文化和西方文化的态度，有一个历史变化的过程。这个问题我没有细研究过，但有一点感想。就哲学来说，我们的老师辈，或更老一辈的学者出国留洋学习西方哲学和文化，大多从我国固有文化传统的坚实基础上去学西方文化，这种情形即使在五四运动以后仍是如此。我曾看过我的一位老师在国外读的外文书，旁边批着此处像朱子语、此处为 × 子语这样的批语。我还知道有的老师在国外留学期间读中国的古书，起先觉得很奇怪；后来，我自己也出去进修了，才感觉到似乎只有靠我们老祖宗的东西才能“镇”得住洋人。在外面我谈康德，得到洋教授一句“你是真懂康德的”已是受宠若惊了，但你谈中国的“礼”，他只有瞪大眼睛听着的份。这是一种吸引力，中国传统文化的吸引力，“还是回到研究中国文化上来吧”，我内心常有这种声音。

不过，我们这一代知识分子，毕竟与我们的老师辈不太相同。我们是解放以后成长起来的，是在全社会学习马克思主义学说的环境下成长起来的。过去的学习，有做得好的，也有做得不好的，或者说，不好的时候还很多，但毕竟是一个很长的历史过程。我们还生活在中国这块土地上，但我们的灵魂已经受到新的洗礼，我们的灵魂是在中国解放后的环境下塑造起来的，从没有像解放以来以马克思主义对中国传统文化的改造那样深刻，那样广泛。应该说，我们已不像我们老师辈那样依恋我们的传统文化，因为马克思主义本非中国土生土长的。我们眼界在从小学习时起，自然就扩展开来，至少扩展到德国（的古典哲学）、英国（的政治经济学）和法国（的空想社会主义思想），中国早已成了世界（革命）的一个部分。我们被教导，对中国传统文化是要批判继承的，好坏要有个标准，这个标准就是马克思主义的理论和思想。所以，尽管作为中国人，中国传统文化无论从哪一方面说都有很大的吸引力，但感到这个文化需要改造这一条，倒也不是口头上说说的，而是真心实意这样想的。这样，据我所知，和我差不多前后在外进修的人，除专攻中国文化的外，回国后转向专门研究传统文化的极少。有一个信念是逐渐地坚定起来的：中国人和外国人，不能你说你的，我说我的，更不能在中国人面前说外国的，在外国人面前说中国的——这当然就介绍和发扬来说，是必要的；而要做到：别人想的问题，我也要想，别人讨论的问题，我也要讨论。要这样，就必须对西方的文化有一种锲而不舍的钻研精神，从而在同一层次上与西方学者展开对话，进行学术性讨论。如做到这一点，我们的文化优势也自然能发挥出来，因为我们不是白板一块地来学习西方的文化，我们有自己的文化背景，只要真的弄懂人家的意思以后，不愁没有我们自己的观点和看法，而倒也不必在尚未真的弄懂的时候，就先来几顶帽子。

这就是我常常向往的东西方在人文学术上也能展开相互的对话、讨论甚至争论的局面。扩大对话，就是扩大生活，也是扩大世界。我们的灵魂是依附于我们的世界的，扩大世界也就是不断地塑造我们的灵魂。灵魂的归宿就在世界之中，世界要不断地扩大，灵魂的归宿也就宽绰一些。人不是也常想住的房子要大一点吗？

刘先生出生于中国广东中山县（今中山市），十五岁去美国，如今“家”住美国洛杉矶，他在工作上有时一定觉得不像住在“家”里，但在谈论西方大家的小说和哲学时，可谓“如数家珍”。刘先生来我家的那天晚上侃侃长谈之后，得知他的书将可在中国出版，他激动地对我说：“我的灵魂有了归宿了。”刘先生的书是向住在中国本土的人诉说他这个在美国长大的华裔如何看西方文化的，他把他的灵魂还给了中国本土。其实，依我看，刘先生似乎有好几个“家”，中国是他的“老家”，美国也不能说是“新家”，而实际是一个“家”，我们都住在“这个世界上”，“世界”为我们塑造了各自的灵魂，我们迟早要把自己的灵魂还给“这个世界”，使其有个归宿。

一九八八年一月二十七日于北京

注：《荣格、弗洛伊德与艺术》，刘耀中著，宝文堂书店版。

之外，也不在我之内，而恰恰是“我”在“世界”之中。在这个根本的、本源的意义下，所谓“世界”，就既不仅仅是我生活的“环境”，也不仅仅是我科研的“对象”，这种“世界”，我们中国人有一个很好的词，叫作“境界”。中国的“境界”很难译成欧洲的语言，胡塞尔、海德格尔想说一种既非纯物质的、又非纯思想的“世界”，费了许多的笔墨，才让人懂得他们的意思；而中国的“境界”虽不能够完全等同于他们要说的，但总是相当接近他们的意思了。

习惯于抽象思维的西方人，一定觉得中国的“境界”、“意境”很神秘，其实却是最为普通的，只需要最基本的日常经验就可以体会出来的：因为谁都是生活在实实在在的世界中，而不是生活在“纯物质的世界”，或“纯思想的世界”中。区别于物质功利和概念抽象的世界，所以“境界”、“意境”为“诗意的世界”。“诗意的世界”，在广义的、而不是在文体意义上来理解“诗”，则是最为基本的、本源性的世界，是孕育着科学、艺术（狭义的），甚至是宗教的世界。在本源性定义下，诗、艺术与生活本为一体，“诗”是“世界”的存在方式，也是“人”的存在方式，所以最初艺术原是生活的一个部分，艺术活动是节庆活动。在这个意义下，“艺术、诗的世界”，就不是各种“世界”中的一个“世界”，而是，各种世界得以产生的本源世界。

这样的世界，是生活的世界，是活的世界，就是宗先生说的“灵境”、“心境”，不过宗先生的说法偏重于“空灵”、“心灵”方面，但他真正的意思还是肯定“境界”的“情”、“景”交融，“虚”、“实”相生的。说“活的世界”不是主张“物活论”，也不是宗先生早年倾向的那种“泛神论”。实际的关系正好相反，“泛神论”之所以得以产生，正因为我们的生活的世界，不是“死寂的世界”，而是向我们展现着一种活生生的意义的世界。“活的世界”就是“人的世界”；“心境”、“灵境”实为“人境”。

“人境”是人的基本的生活“环境”，是我们工作、学习、生活、交谈的日常世界，我们在这个世界中经历着生、老、病、死、成功、失败等等悲欢离合的“事”，这是一个最为基本的世界，只是由于社会事务、科学技术日益繁复之后，人常常容易遗忘这个基本的世界，而“诗”和“艺术”主要的作用就是把这个“失落”和“遗忘”了的世界显示出来，唤醒人们的“记忆”，从而牢牢地铭记、守护这个世界，哲人们同样也是要把这个被“蒙蔽”着的“世界”揭示出来，所以哲人和诗人在做同一件事。

宗先生对这个本源性世界的深刻体验，得力于他那坚实的哲学修养。他研究过康德、尼采、叔本华、柏格森等人的哲学思想，这些修养使宗先生具有透过现象看本质的锐利的目光。西方的哲学，近年来有许多变化和发展，但它的主要意图仍然是要把握住、守护住那过去叫“本质”的本源性、基础性的世界。从胡塞尔、海德格尔到如今尚称活跃的伽达默尔以及法国利科、德利达诸家，都在用不同于古典性的方式来“想”这个世界，想方设法地让世人“懂得”、“理解”这个世界，他们当中大多数人也都意识到这个世界和历来讨论的“诗的世界”、“艺术的世界”有着密切的关系，甚至他们当中已有一些人早已注意到中国关于文化艺术的思想，对他们理解本源性的世界会有许多的帮助。果如是，我倒觉得，中国学者、特别是宗白华先生对于中国艺术“境界”和“意境”的体会，是很值得他们重视的。

“意境”、“境界”离不开“境”，所谓“境”乃是“地方”、“处所”、“环境”，因而是一个“空间”。西方的科学和哲学对“空间”的问题研究得是很多了，但他们的着眼点大多集中于知识性的科学的世界，就连康德虽然看出了“空间”的先天性——即前科学、前知识性，但仍坚持它只能被运用于科学的世界。直到近几十年以来，才有人想到如何理解那个本源性世界的空间关系是一个大问题。

宗先生在讨论“意境”时，首先提出的就是这个空间问题。在解释龚定庵的话“西山有时渺然隔云汉外，有时苍然堕几榻前，不关风雨晴晦也”时，宗先生说：“西山的忽远忽近，不是物理学上的远近，乃是心中意境的远近。”（《中国艺术意境之诞生》）现在来看，后一句话当然会引起误解，但前一句话却是很有理的。“远”、“近”原是一种“尺度”，物理学、地理学都有自己的相当精确的计量标准，但在最基本的生活中，谁也没有先学了物理学和地理学之后再来谈“远”、“近”，正相反，物理学和地理学的精确标准，是在这个基本世界中，“远”、“近”关系的基础上发展、完善起来的，而且今后还会不断发展、完善起来。基础世界中的“远”、“近”，我们不妨叫作“本源性”、“基础性”的“远”、“近”。“天涯若比邻”说的（吟诵的）正是这个基本的世界中的“事”，而不是科学性世界的事。

西方文明早期，古代希腊的哲人曾说“人是万物的尺度”，这句话常常被误解为主观唯心主义，而产生这种误解的，首先是西方人自己，因为长期以来，有不少西方哲学家把“人”理解为“纯思想性”、“纯精神性”的主体。事实上，倡导这句话的“智者学派”理解的“人”是活生生的、感性存在的“人”，是生活中的“人”，他们所谓的“尺度”，正是这里说的“原始的”、“基本的”尺度。这个根本的尺度后来被西方人遗忘了，经过漫长的岁月，才又想起了它：原以为由抽象概念和物质利益所把握的世界是靠“近”我们的，但实际上是最“远”的；原来以为那深不可测的“本源的”、“本质的”世界是最“远”的了，实际上却是“近”在眼前的。

关于艺术境界中的空间关系，宗先生有一篇很有意思的文章叫《论文艺的空灵与充实》，文中宗先生以空与充、虚与实的对立统一来谈中国艺术境界中的空间关系，这可以说是涉及了本源性空间的最基本的特性，是中外哲人的共同的问题。在西方，古代希腊的原子论者讲世界之本源并不先是“原子”，而认为“虚空”同样是一种“始基”，这在哲学思想史的发展来说，要比巴门尼德的“铁板一块”的“存在”的“世界”进了一步。有了“虚空”，世界才是“动”的，“活”的，这是古人的想象，但也是最基本的经验。为了维护这个基本经验，古代的人还想象出一种最为“稀薄”的“物质”（或“灵魂”〔气〕，或以太）能“穿透”一切物体。庖丁的“刀”“无厚”，才能“游刃有余”。事实上，中国古代老子的“道”就是“空”的，所以才能运行万物。但只是“空”，也形不成世界，所以孟子说，“充实之谓美”。本来，从物理上来看，世界就是“充实”的，世界充满了物质，而物质是不可入的，所以用单纯的物质是打不进去的——古代的“原子”没有缝隙，原子之间只能“相撞”，只有“人”才能打入这个“充实”的世界，因为“人”不是单纯的物质，而是有思想、有感情的活生生的存在，人是有“灵”气的，这点“灵”气可以打入物质世界。“世界”只有对“人”才有“缝隙”；自从世上有“人”在，“世界”的必然就接纳了“人”的“自由”，“人”以自身的“自由”打入了“世界”的“必然”。并不是庖丁的“刀”真的“无厚”，而是人的“灵巧”的“技艺”“改造”了世界、肢解了牛。这样看来，萨特所谓“无”，在老子的“道”、苏东坡的诗（宗先生所引：“静故了群动，空故纳万境”）中，已经意识到了。世界找不出“灵气”、“思想”、“情趣”到底“在”何处，所以说它在存在论上为“无”，但又可以无所不在，而中国的艺术境界，正可以说是有无、虚实的统一。

宗白华先生对中国绘画中空间布置的研究是大家所熟悉的，宗先生在新中国成立以后更进一步把他的体会贯穿于中国传统戏曲中，从演员表演的“造境”作用，来谈中国戏曲舞台空间的虚实、有无，也是很值得重视的。宗先生在一九六一年发表的《中国艺术表演里的虚和实》一文中说：“中国舞台表演方式是有独创性的，我们愈来愈见到它的优越性。而这种艺术表演方式又是和中国独特的绘画艺术相通的，甚至也和中国诗中的意境相通。”在这段话后面，宗先生特别注明要读者参阅他一九四九年写的《中国诗画中所表现的空间意识》，可见对于中国艺术“意境”中的空间特性，宗先生是有一个融会贯通的看法的，无论绘画、雕刻、建筑、书法、戏曲、音乐，都离不开“境界”和“意境”——一种基本的、本源性的“空间”。

宗先生体会中国艺术的意境，重在一个“通”字，

业”，因为他们所看到的、塑造的、讨论的、探讨的“世界”，原是一个“最最”基础的、“最最”根本的、“最最”普通的世界。所以哲人与诗人也是“最最”普通的人，宗白华先生就是这样一种人。

至少，从我知道宗先生以来，他始终是一位宁静淡泊、潇洒超脱的长者。“淡泊”不是“不进”，“超脱”也不是“出世”，恰恰相反，宗先生很忠实于他那哲人与诗人的“使命”，孜孜不倦地探索着哲学和艺术的问题，“超脱”和“淡泊”正是为了“入世”，进入那最根本、最基础的世界，体察那最真实的、本源的世界，有所为而有所不为；在更多的人为各种实际事务奋斗的时候，守护着那原始的诗的境界。诗的意境有时竟会被失落，并不是人们太“普通”、太“平常”，而是因为人们都想“不平常”、“不普通”。

当然，世事纷繁，各业相殊，更多的人要为科学技术的进步而奋斗，也不应一般地反对在各种竞争中“出人头地”。但只要人类存在，那宇宙人生的最普通、最根本的意义总不会完全失落的；社会毕竟需要哲人和诗人，也必定会有哲人诗人在，即使有时只有很少的人数。从这个意义上说，宗先生的精神和事业也是不会泯灭的。

（原载《读书》一九八八年第八期）

注：《美学与意境》，宗白华著，人民出版社一九八七年版。

# 英伦三月话读书

去英国前，《读书》杂志编辑让我注意一下英国的“书”的情形，回来给他们写一篇有关“书”的文章。读书人当然爱书、关心书，回国后写点有关读书的感想，乃是分内的事，下面是一些杂感，不成系统，但确是真正的想法。

## 一、英国书贵

此次去英国，本有一番购书的计划。八年前在美国进修，当时所购之书，大半围绕古代希腊哲学、文化方面的材料。两年内平均每星期至少逛一次书店——我所在的那个小镇，地方不大，大概有五六家书店，足力可及，所以“一次”包括了五六家书店，有关希腊文化，举凡原著、字典、材料汇编、研究著作……无不尽力购得。当时曾对朋友说，该小镇书店中凡带古希腊字的书，皆在考虑之列，是故那次购得之书，至今享受不尽。这次访英，购书方向拟有所改变，即当年财力未及的现代哲学方面，应列为此次重点。不想在英国三个月，此项购物（书）计划完全落空，在这方面真可谓乘兴而去，败兴而归，其中唯一的原因，是书太贵了。

这三个月，我在伦敦住了一个月，在牛津住了两个月。伦敦有两家大书店我是常去的，一是伦敦大学附近的“狄仑斯”（Dillons）书店，一是主要市区中的“弗埃尔”（Foyer）书店，前者为大学师生服务，学术性强点，后者更为广泛些，但它们的共同点是一样地不便宜。牛津是个很小的镇，市中心咫尺方圆，倒有世界最有名的“勃莱克威尔”出版社和书店，也有“狄仑斯”分店，还有牛津大学出版社的门市部，它们同样商量好了不让书价便宜毫分。

这些大书店里的书，可谓琳琅满目，应有尽有，我原就知道、也想买的书固然可以找到，还有那原不知道、而一旦知道了就非常想买的书，也在那里待（付）价而沽。德里达的《文（字）学》、《绘画的真义》，我在国内没见到过英译本，在这几家书店，随时可以买到，但平装每本都在二十镑左右，想到国内当有法文原本可读，也就打消了购买的念头。

新书价钱是按汇兑率折算的，全世界都差不多，那么旧书又如何？过去在美国时早就听人说，欧洲已无旧书行业，此次在英国证实此话不确，英国大城市、学府所在地，当开有一些旧书店，大书店有时也有旧书专柜，譬如伦敦大学附近“狄仑斯”的三楼，就有专门卖“二手书”的地方，但遗憾的是英国的旧书也不便宜。比较新一点的书，降个一二镑就算不错的了。我在美国买了波普《开放的社会》上册，这次想配一本下册，在牛津看到新书平装七镑九，旧书平装六镑九，而我的上册虽是旧书但是精装的，才两个美元。当然，更不用说，许多新出的书是买不到二手书的。不错，新书也有降价处理的，我在牛津期间碰上“勃莱克威尔”书店一次大降价，但这类书一般都没有多少学术性价值，以烹调、旅行、普通画册占多数，再者所降也无几，往往拥挤半天，毫无所获。

书价昂贵，苦了读书人，中国留英学生经费少，一般是不敢买书的；其他国家的留英学生也觉得英国书贵，竟有从自己国家带书来念的。我在牛津参加一个康德哲学的研究班，一位来自美国的女学生手中拿着美国印的斯密司英译《纯粹理性批判》，正巧我也在美国买了这个英译，我问她是不是八美元，她说“是”，并指着英国本地学生手中的说，“这里要十镑一本。”

一点也不错，我在美国一般以两角五分钱买的一批旧书，如基托的《希腊人》、《希腊的悲剧》等，英国都在两镑以上。

感叹书贵的，不仅是学生，教授也如此。一天，埃塞克斯大学一位教康德哲学的教授到牛津来，在“勃莱克威尔”买了一本关于如何理解康德哥白尼式变革的书，让我看看有无价值，我首先看到的是那本不大的书竟要二十五个镑！那位教授告诉我，在六七年以前，她没有感到买书是个负担，如今需要在日常开支中做出特别的安排了，她叹了一口气说，“这个月我只能买这本书了。”

当然，买不起书，不等于读不起书，无奈中外的读书人都爱自己藏一些书，一来自己用起来方便，二来是一种爱好。买了书不一定“读”它，有时只是“看”它，对着那些书“看”，也有一种愉快。前者可由公共图书馆来解决；后者则只能量力而行了。

## 二、“读”“书”“明”“理”

然而，“书”毕竟是要人“读”的，而不是要人“看”的。“书”作为“看”的“对象”，是一般的“物”，有许多装帧很漂亮的书，就是照顾到让人“看”的；但“书”原是要人“读”的，作为“读”的“对象”，就不光是“物”（body），而是“（原）文”（text）。德里达说，“书”终结了，“（原）文”开始了，大概就是指这个意思；“书”不是一般的“物”，而是“文”，“书”、“文”不可分，这同样也是中国人的传统的观念，

“读”“书”即“读”“书文”。

世上之所以有“书”，说明了个人的局限、交往的必要。“书”是历史的现象，是人际交往的桥梁。人的知识，大部分是靠读书得来的。做事增长知识，读书也增长知识；“读书”作一种交往、交谈观，同样也是一种“（做）事”。就研究哲学的人来说，“读书”主要为了“明”“理”，哲学的各种知识，主要亦即各种的“理”。

“理”在“事”中，的确不错，但“理”要“学”而有“思”，才能“明”。什么叫“思”？“思”就是“想”“问题”，伽达默尔主张有“问题”的“逻辑”，我觉得很对，但“问题”的“逻辑”，恐怕也就是我们所说的“理”。现在许多法国哲学家都认为，“事”中之“理”，永不能“明”，意在反对欧洲逻辑中心主义传统，是很有意义的；但人毕竟要“明”“事”“理”，这是很不容推翻的。

“思”可以自己“思”，也可以大家一起“思”，即是“讨论”，“讨论”“问题”；事实上，自己“思”同样是一种“讨论”。面对面的谈话，是讨论，读书也是讨论。世事纷繁，大家都很忙，读书就成为最为方便的讨论方式。一个人的能力（包括思考能力）很有限，自己“想”了，还要看别人怎样“想”，于是非读书不可。

英国三个月，越发感到自己读书太少，明白的“事”“理”太少。我们这一代中国知识分子，失去的时间太多，读的书太少。以前都说，外国人工作紧张，这是事实；但这几年我们中国知识分子工作也很努力，至少我敢说，现在我比我接触的一些英国教授更为用功。所不同的是，他们没有失去那么多时间，按部就班地读书，我们要追上十多年二十年时间来，谈何容易！

我们更不是不“思”，即使当年在干校劳动时，绝大部分人都在“思”。军宣队管天管地，但管不了人的“思”——想“管”而不可能。高压不能管“思”，但他人的“思”却可以管“思”，与他人“思想”的“交流”、“讨论”，可以丰富、改变一个人的“思想”，讨论、交流的深广程度，决定你自己的“思”的水平。可惜，在失落的那多年时间中，至少我自己是在一个较低的水平上进行着“思”，要改变这种状态，亦非易事。

在学术工作上，很令人沮丧的事是：自己“想”出来的“理”，竟是别人早已“想”出来的，而且“想”得比自己好。不读书，或读书不够，则常会陷入这种境地。

这次在英国讲“海德格尔在中国”这个题目时，曾向外国同行承认了我自己的一段弯路，如今再向国内的读者承认一遍：前几年我研究了胡塞尔、海德格尔、雅斯贝尔斯诸家的思想，体会到关于“语言”有一种完全不同于分析学派的思路，并从现象学、存在论的思路想到了“语言”应向“文字”转变，结合着我国传统的文字学系统，拟以“文字哲学”代替“语言哲学”。为此，我还发明了一个词叫“Grapheology”，在原意为“笔迹学”的字中加上一个“e”去，以示区别。在这个大题目下，某些具体的想法，写进了我的《书法美学引论》。应该说，写这本书时，并不是不知道法国有个德里达，但所知不详，也没念过他的书。后来才发现，德里达在六十年代后期已出版过一本大著作，书名就叫《文字学》，用的是“Gramatology”。于是，我只得老老实实读他的书，我承认，他想得比我系统、深入，想得比我好得多，尽管我可以采取一个立场来批评他，但只有在研究他的著作之后，才有这方面的发言权。至于我自己的那个计划，只能作为一种思路记录下来，作为科研计划，就没有多少价值了。

我也老老实实告诉英国的同行：他们向我提的问题中有一些我摸不着头脑，等弄清意思后，才发现，有的问题也竟是我曾认真想过的，但因不知道别人也在（或早已）想这个问题，没有对话、讨论，就没有继续想下去。

读别人的书，不一定或一定不会完全同意别人书中所讲之“理”，书不是印刷上的翻印、翻版，但“问题”要对得上号，即都在“想”相同的“问题”，而“想”出来的“理”就（或一定就）不完全相同。“理”是“事”的“理”、“问题”的“理”，把别人的“理”弄“明”了，自己的“理”也就出来了。“六经”不是“物”，而是“文”；“我”也不是“物”，而是“活人”，是“思想者”。作“六经”的人虽死了，但“书”“文”是“活的”，读古人书如对古人谈话，双方都在改变，谈不到谁欠谁的问题。

哲学的书，不是旅游指南，读旅游指南，改变的只能是“我”；哲学的“理”，是“活”“理”，不是“死”“理”，但毕竟是“理”，其间关系，只有从交谈、对话、讨论中去体会。哲学的“知识”，只是在这一点上是与“指南”差不多的：“知道”别人怎样“想”的。

## 三、多读些法国哲学方面的书

在英国三个月，回来却讲法国哲学，自己也觉得有点“文不对题”。不是说，英国哲学书没有吸引我的地方，譬如波普的书，是我一直想读的；还有斯特劳森的书，特别是他那本讲康德的书（《感觉的界限》），在英美影响很大。这次在牛津康德研究班上，学生们讨论所发问题，大多受斯特劳森的影响，而他那本书，却一直没有引起我国的足够重视。这些书都是应该补读的。

但是，我读书常是跟着我想的一些问题走，这个阶段我脑子里想的是从胡塞尔、海德格尔以来的问题，很自然地由他们上溯康德、黑格尔，下及伽达默尔的解释学。这个系统的另一支，由胡塞尔、海德格尔、雅斯贝尔斯影响及法国萨特、梅洛-庞蒂，如今经过结构主义，出现福柯、利科、列维纳斯、利奥塔德（Lyotard）、德里达等等一批重要的人物，使法国在当代欧美哲学中占有很富特色的地位。

我们知道，法国在欧洲近代哲学史上有过杰出的贡献。就对现今的影响来看，法国的笛卡尔当和德国的康德并驾齐驱，而把英国的培根抛在了后面。然后，慢慢地，法国的哲学似乎成了德国哲学的影子，只是在最近几十年内，法国的存在主义、结构主义，才在德国哲学的基础上，结合法国自身的特色，开出了自身独特的花朵。

所谓“独特”，就哲学来说，首先有了一些自己的、独特的问题。譬如，德国哲学自胡塞尔现象学以来，从一个新的、现代的、不同于黑格尔古典式的角度谈主体与客体的同一关系，提出了“生活的世界”、“我在世界中”等，使人们对“思想”、“语言”、“主体”等观念焕然一新。“思想”不仅是逻辑概念体系，“语言”不是这种体系的符号和工具，而都是“存在的方式”，是“在世”的，而非“出世”的、抽象的。这是很大的变化。这个变化，到了法国，自萨特、梅洛-庞蒂起，“（身）体”的问题重新占据哲学主要地位。并不是说，德国哲学不讲“（身）体”，而是地位不同了，意义也不同。法国哲学家仍嫌德国人理解的“思想”、“语言”，过于空灵，过于“超越”，突出“身”“心”之不可分性，使德国人所想要坚持的“我”与“世界”“同在”的信念更加

研究所的图书馆，希望陆续能将这些法国哲学家的著作补齐了。

读“原著”要塌下心来钻研，所以我无意延长逗留英国的期限，在住足时间后，即速回国。主要不是因为在异乡感到“孤独”，而是北京的这间小“写作间”在召唤我。我五十岁时分到了这间小屋，当时曾发誓至少在这间小屋待十年（规定是六十退休），如今整整三年过去了。三年中在这间小屋我“会见”了多少思想的巨人！我费了不少时间和胡塞尔“打交道”，先和他本人谈，读他的主要著作，读不通时就请来他的朋友来读，读介绍、研究他的著作，总算和他交了朋友，然后读海德格尔、雅斯贝尔斯……。如今我打算在这间小屋里“接待”法国诸公。我这种“接待”很有一些方便之处，不论死的活的，也不论人家愿意不愿意，召之即来，挥之即去；当然，如果你态度不严肃，不尊重（它）他们，（它）他们是不张口的，这就是说，即使打开了他们的书，你也不会读“懂”它们，不知道他们在“说些什么”。

当然，在这间小屋，我也写作，表面上看，这几年我写得也不少，但就我内心来说，我不是很愿意写的。还是那句话，你对别人如何想的，所知不多，那么自己想法的分量、价值，就大有可疑；这样的书文，写出来又有多大意义。

如今我这个态度又多了一层客观的“理由”。大家都在说，现在出一本书真不容易，尤其是学术性著作，订数上不去，出版社赔不起，如何是好？我作为作者反躬自问：何必要惹得出版社赔钱呢？少写书，多念书吧！打一个不恰当的比喻，“文化大革命”中几乎谁也别想出书，不曾想，歪打正着地“憋”出了一些好书来。学术著作本以质量为第一。

“说”是广义的“写”，“写”也是广义的“说”。狭义的“读”是“说”和“写”的准备，但广义的“读”亦是一种“说”和“写”。人“说”“话”是因为有“话”要“说”，希望今后写作时，也要到真的有“话”非“说”不可的时候再“写”。

一九八九年一月七日于中国社会科学院哲学研究所

（原载《读书》一九八九年第六期）

# 学者的使命

## ——读陈元晖《论王国维》

陈元晖同志以其新著《论王国维》相赠。元晖同志是我素来敬佩的学界老前辈。至于王国维，我只是大学毕业不久，在陈翔鹤先生鼓励下，写过两篇文章谈“意境”。记得一九八二年在哈佛燕京图书馆，偶然遇见叶嘉莹教授，她居然还记得我谈王国维的文章。当时我非常惭愧地辩之以“少年之作”，浅陋不堪，私下则立愿要好好写一篇研究文章，“以正视听”。不想一晃都快十年了，这个愿未曾还了，有知道我这个意思的，则劝我何不趁元晖同志书出版之际，写一个书评，于是遂有此文。当然“愿”仍是还不了，现在写的，不过是借题发挥的一篇杂文，只是再也不能以“少年浅薄”这类的话来自饰了。

王国维是我国近代最大的学者之一，作者在书中总结了他在史学、文学、美学、哲学等方面的成就，在诸多方面，他都有承前启后、开一代风气的巨大作用。他的许多研究成果，至今仍是治史学、文学、美学者所不能忽略不计的；然而，他的学术工作，到五十岁就彻底终止。在动乱的几十年间，能“随意”驰骋于哲学、美学、文学、史学之间，而所到之处，无不立下自己的丰碑，则必有惊人的聪明才智和刻苦的钻研精神，否则不可想象。

然而，学者当亦是一个活生生的人，“学者”亦是“学人”，而“人”则是具体的、复杂的、有矛盾的。万物都有各自的“性”，但“人”似乎是一个“例外”，没有抽象的“性”，只有具体的“性”，所以马克思说，“人是社会关系的总和。”各种关系随时代而变，个人则由各人在这种关系中的地位而定。这样，王国维不是一个抽象的“学者”，不是“史学家”、“文学家”、“美学家”这类概念所能穷尽他的；而相反，他作为“学者”的“学问”，时常还是受他作为“学人”的具体情况左右的。他的“思”、“史”、“诗”是他的“存在方式”，而不光是一种“学问”。这种情形，在王国维身上是很突出的。

王国维生当中国近代史上大变动时期，现实社会中的种种“问题”，迫使有思想、愿思想的人去“思考”，迫使有感情、敏感的人深觉矛盾与不安。王国维的学者生涯以“哲学”而始，当非偶然。

元晖同志的书告诉我们，“王国维在三十岁以前是一个哲学家，三十岁以后的二十年是一个文学家和历史家。”（第255页）王国维初读康德《纯粹理性批判》时，是一个二十多岁的青年，读不懂，转而读叔本华的书，于《世界是意志和表象》的批判康德部分，领会了康德的思想，这样再读康德，觉得读懂了，而且认为再不懂的地方，正是康德自己不通的地方。

应该说，二十多岁的青年人一下子读不懂康德，是绝无奇怪的。记得我在学校于郑昕老师指导下作康德的论文，那本《纯粹理性批判》也如同“天书”一样，还是靠了桑木严义那本粗浅的论康德的书，才使论文得以“蒙混过关”。参考叔本华读康德当然也是一条路子，因为叔本华的书写得比康德清楚明白，德文也好；但王国维一下子就被叔本华吸引住，则不能不说有他自己的选择了。

我们知道，康德和叔本华不但在学说内容上，而且在治学方法和学术精神上是完全不同的。在学术内容上，康德与叔本华哲学在根本上的不同和对立，是大家常研究的题目，如康德的理性主义、叔本华的非理性主义等等，在这里我想说的是在学术精神上的不同，即康德似侧重于以学术的态度来看待生活，而叔本华则侧重于以生活的态度来对待学术，康德为一“学者”，而叔本华则为一“学人”。“学者”亦为“学人”，已如前说，不过康德把他对生活、社会（当时主要是法国大革命前后欧洲之局势）的看法、感受，大都化入他的哲学性思考、著述中，成为他的学术工作的内容和内核；而叔本华以及尼采则将哲学性的学术工作，当成他自己生活的一个部分，以全身心的情感和热情来“拥抱”自己的哲学，大有与自己的“哲学”“共存亡”之势。这样，叔本华、尼采老把生活的痛苦带入学术，终于在挣扎中以毁灭自己的生命为了结；康德则不然，他尽管在哲学性思想方面相当激进，但在自己的生活上却很平静，很平常。他甚至在受到外部压力时，能巧妙地以“作为学者不放弃自己观点；作为臣民则理应服从”来应付那“缄默令”。康德把生活当作一个学术研究的对象，以理智、冷静的态度去观察，分析，研究它；叔本华、尼采把学术工作当作自己的生活，把学术上的矛盾，当作实际生活中的痛苦，终于不能自拔。康德的著作，使人头脑清晰、生活净化；叔本华、尼采的著作，则夺人魂魄、移人性情。

叔本华、尼采以诗人的气质来治哲学，以诗入思，对所思之“问题”，怀有无限感情，可为之生，亦可为之死；康德则以哲人气质来谈美学、艺术和诗，所以他在《纯粹理性批判》和《实践理性批判》之后，尚要有一个《判断力批判》，以理性之批判态度，对待“美”、“艺术”和“目的”（意义）。在康德，“天才”只限于“艺术”，而常人亦可领略“美”之“意义”；“天才”是人间“宠物”，可遇而不可求，这是康德客观冷静的态度；叔本华、尼采之“天才”、“超人”之说，固出自康德，但在旨趣上则很不相同。

王国维三十以后，绝口不谈哲学，其原因不是外在的，而纯属内在思想上的。他在《静安文集续编自序二》中说，他放弃哲学的理由为哲学的学说大都可爱的不可信，可信的不可爱，以此来说明他情感与理智的矛盾，是很深切的。他把“形而上学”、“伦理学”、“美学”看作一个“可爱”的领域，则以情感的态度来对待它（们），是很明显的了；但他的理智又告诉他，这些“可爱的”“思想”，往往“不可信”，而那些实证的哲学，如斯宾塞，却又缺乏形而上那触及宇宙、人生最深层处之感人力量，“可信”而“不可爱”。

启发王国维体会到这个矛盾的，恐怕仍是康德。康德是指出、揭示“形而上学”作为知识体系“不可信”最有力的哲学家。他把形而上学传统上一直确信的“本体”、“神”、“意志自由”、“无限”、“绝对”等等，都以非常确实的方式指证为都只是一些“观念”，而不是实实在在的科学知识。然而，康德并没有说那些“观念”绝不可信，恰恰相反，他认为那些“观念”只是在“知识”上不可信，而作为整个人类的生活来说，不但可以相信，而且应该相信。我们知道，康德曾经提出过三个问题：我们（人类）可以“知道”些什么，应该“做”些什么，能“希望”些什么。这最后一个问题，即是“相信”人类理性的至高无上的“至善”，使一切知识和行为最后有一个意义和规范。所以康德哲学恰恰在限制知识，而为

“信仰（信念）”留上地盘。康德这个“信仰”，并不是情感需要“寄托”、“慰藉”，而是一个理性的“悬设”，既是可爱的，也是可信的，是一种理性的爱。

王国维缺乏这种素质，他的“爱”，停留在理性的彼岸，失去理性的根基，而他的“信”，则只限于具体的、实证的知识，殊不知这种知识自古希腊以来，就常被指出是变幻的，不可靠的。“信”尚不及，何谈“爱”哉。

王国维终生都处于“信”与“不信”、“爱”与“不爱”的矛盾之中。不但社会动荡，世事艰难，更重要的是在思想上、精神上没有一个“安身立命”之所。他那才智过人、情感丰富的精神世界，竟是一个比现实生活更为激烈、更为不安、更为痛苦的领域，最后终于不堪忍受而崩溃。他在放弃那个“可爱而不可信”的“哲学”之后，按他的“自序”说，移于文学而欲于其中得直接之“慰藉”。他作诗词，并想写剧本，虽然他对所作之词，自视甚高，但剧本创作却未曾尝试，于是他的工作转向了历史的研究，其中包括对文学的历史性研究。在历史的领域里，他的成果最多，多从考古、考据入手，“信”则“信”矣，不知可曾找到“慰藉”，更不知可爱不可爱。

我想，自从王国维研究重点转向历史考古、考据的研究之后，他的精神领域中的分裂和矛盾就进一步加深、加剧起来。在他作为学者工作时，是一个严肃的、冷静的、勤奋而又充满才智的科学家，但作为一个活生生的人来说，他的精神世界充满了痛苦，“爱”那些明知“谬误”、不可靠的“哲学”，“爱”那些教人悲观、教人发疯的学说，“爱”那些封建愚昧的东西；而这些东西已明明是不可信，不可靠，因而他所爱的是一些没有“希望”，没有“前途”的东西。明知没有“希望”而偏又“爱”之，其痛苦可想而知。

王国维三十之后讳言哲学，要和叔本华、尼采分手，原本未尝不是好事，但他并没有在文学、历史的研究中体会出一种新哲学去代替它们，他似乎没有“爱”上任何一种新哲学，因而可以说他老处在“旧情难忘”的地步。不错，在他的史学研究中，看不出有多少叔本华、尼采的影响，但在他的生活中，在他的内心，这种哲学却会像幽灵那样纠缠着他。所以“可信的不可爱”，“可爱的不可信”固然是他三十岁时的自述，但这个矛盾是他一生困境的最清楚的概括。试想，一个聪明绝顶、感情充沛的人，精神上总处于“无希望”的悲观境地，能够维持多久，可以想见。

王国维于一九二七年六月二日自沉于昆明湖，时年五十周岁。对于王国维此举的解释和评价，一直有许多说法，研究起来，亦颇费篇幅。元晖同志书中不为贤者讳，批评了王国维的封建忠君思想，也对如此成绩卓著的学者的早逝表示惋惜，我想这种态度是实事求是的，也是公允的。

如前所说，学者也是一个生活中的人，而作为一个具体的活人来说，有些事，有些念头，不是很容易弄清楚的，我们只能言其大者。王国维自沉的具体原因，可能是多方面的，要立案审查起来，一定是比较复杂的，但我们可以肯定他是“有自杀动机”的。诸家所云，如王、罗交恶，罗氏逼债，年前丧子……可能都有些关系，促使他感到“无希望”到了极点。但从当时情形看，清廷彻底崩溃，北伐军即将入京，恐系主要导因，尤其是当时北京对北伐军的某些传闻，有人把王国维列入将被惩处的名单之内等，对这样一个内心已很矛盾痛苦而又敏感多虑的“学人”来说，犹如大祸临头，为免“再辱”，则一死了之。“清廷”真的成了一个极端的“可爱而不可信”的东西；尽管王国维和那个“东西”并没有什么实际上割不断的关系，只是精神上难舍难分。同时，还因为他未曾把那可信的东西当作可爱的东西，于是那个“可爱的”东西眼看彻底覆灭时，在生活中则“一无所爱”。失去了信念，失去了希望，因而失去了未来。没有未来的生活，即是生活的终结，则是死亡。

按实际情况来看，王国维固然是忠于清室王朝，但并未参与多少政治活动，而且事实上，辛亥革命后，他也还继续从事学术工作，设想北伐军入京，如果政策掌

情、意无不各得其所，古今之世变，无不在历史之规律中。王国维作为“学者”，仍不脱“学人”之气质，而作为“学人”，他在社会关系中则是属于封建忠君那一方面的，尽管这个关系，是思想上多于实际上的。令人痛心的事实是：那些王公贵胄、政客要人，或可摇身多变，左右逢源，独有学人王国维反而不愿变，自愿成殉葬品、牺牲品。固然历史自有公断，当今论者大都肯定“王国维不是职业政治家，也不是社会活动家，而是一位学者”（聂振斌：《王国维美学思想述评》，辽宁大学出版社，一九八六年），但抚今思昔，审时度势，总令人感慨万分。

叶嘉莹教授说：“像静安先生这样一位天资优异的学者，如果能生当安定太平之世，使他可以尽毕生之力专心致志于学术之研究，则无论于文学哲学的开新之研究，或历史文化的考古之研究，他都必然会给我们留下更为辉煌伟大的成就乃是可以断言的。”（《王国维及其文学批评》，广东人民出版社，一九八二年）对一代学术巨子的惋惜，元晖同志的书也有同样的感情。我在这里想要为叶嘉莹教授补充的是：世事的纷繁复杂，社会的治乱，是学者很难左右的，因为学者只是社会组成中的一小部分，其对社会的影响，也许可以是比较长远的，但常常不能于当下着力的，这样，学者为最大限度地完成自己的使命，就需要学会在任何情况下都要以学术为重，坚守自己的岗位，努力从事自己的工作。这样说，并不是要学者脱离实际，闭门造车，而是要在自己的学术工作中，运用先进的立场、观点、方法，提出先进的学说，以服务社会的进步。从康德到黑格尔这些德国古典哲学大师，其中费希特的社会活动多一些，但没有一个职业的社会活动家，而马克思却说他们的哲学是法国革命的德国理论。

然而，在王国维身上，“学人”与“学者”是分裂的，他生活在一个极端的矛盾状态中。王国维的自沉，不仅在实际上终止了他的学术工作，而且也是在思想上放弃了他的学者的使命。

我想，元晖同志书中批评王国维的自沉，惋惜他终止了尚有远大前途的学术工作，其意义也在于此。陈元晖本人是学者型的老同志。记得六十年代在农村，他身边常带一个很大的笔记本，说他每天都读列宁的《唯物主义与经验批判主义》，做笔记，给我的印象极深。回城后，元晖同志研究康德哲学，出版了专门研究著作。如今年事已高，但仍著书立说，不减当年。《论王国维》就是他近年来的研究成果。元晖同志以学者的精神来看王国维，必定会在充分肯定他的学术成就的同时，对其自沉所反映出来的弱点表示批评和惋惜。

“学者”以“学”为自身的存在方式，只有在不能为“学”、无法为“学”的情况下，才是学者的生死存亡的关头。在这个意义下，我们当可以说，在任何情况下，学者须紧握手中之笔，犹如战士须紧握手中之枪。

（原载《读书》一九九〇年第十期）

注：《论王国维》，陈元晖著，东北师范大学出版社一九八九年版。

# 读那总是有读头的书
## ——重读黑格尔《精神现象学·序言》

好久没有读古典哲学方面的书了，这次因要给学生讲课，重新读了黑格尔《精神现象学》的某些章节，侧重在读这本书的“序言”（前言）部分，有一些感想，跟学生说了，他们觉得还有点意思，我就把它写出来，供更多的人来参考。

这些年来，许多人都不大喜欢黑格尔，觉得他的哲学太绝对、太强调普遍性，不大符合当今的潮流，因而即使在古典哲学范围里，也宁取康德而不取黑格尔。黑格尔当然应该受到批评，马克思就从根本上批判了他；黑格尔和康德的优劣，从新康德主义提倡“回到康德”后，就是个争议的问题，这些问题都很专门，说来话长。在这里我想说的，只是我在读了《精神现象学》“序言”后，我真的又被它吸引了，有时还甚至有点激动，觉得过去读书太不仔细，有些道理为什么看不出来！而实际上我这本书上已被不同时期的颜色笔和各种符号划得五花八门，但这次仍然要找一支新颜色笔重新划过。总之，不论你同意不同意它的理论，但它却迫使你承认它是一篇好文章，值得你经常去阅读它。

《精神现象学》是黑格尔与谢林分手、创立自己的学说的第一部著作，这个“序言”是在全书完成之后写的，概括性很强，而整个宗旨就是在批评谢林，在批判、分析中阐述全书的主要观点。那么，黑格尔和谢林究竟不同在何处？当然，过去我们也都知道，谢林的哲学是直观的，后期是天启（启示）式的，而黑格尔则是辩证的、有发展的，虽然这种辩证发展是精神的，因而是唯心主义的。现在看起来，这些理解当然都是很正确的，并没有什么错误，但却又是很抽象，需要进一步展开的。

我们知道，“绝对哲学”是谢林提出来的，黑格尔一直也是赞成的；而“绝对”不能是一般意义上的“知识”——即科学性经验知识，这是康德所指明了的。在康德看来，“绝对”只是一个“理念”（一个“观念”），因为建立不起一个直观的“对象”，因而不能用科学知识的方式去把握它。然而，“绝对”并不是毫无意义，它不能在理论上得到证明和证实，但在实践上，在道德上，却是一个必然的前提。“绝对”就是“全”、“最终目的”、“至善”……，这些“观念”的意义，康德也是很看重的，他只是指出，事关“绝对”的“观念”，不可能成为知识。康德这个立场，在德国哲学中，很快就有了变化。事实上，费希特已经在实践“大我”的基础上把“绝对”纳入了“哲学知识”的范围，“绝对知识”、“绝对哲学”已在孕育之中。关于“绝对”的知识，不是一般的经验的知识，而是超越的哲学的知识，这个思路到谢林那里已经很成熟了。现在的问题是：关于“绝对”的“知识”到底是怎样的？谢林说，我们在“静观”“自然”和“艺术”时，可以体会出“绝对”，“自然”和“艺术”“启示”着我们，因而“绝对”既不是一般经验的“概念”，就只能是一种“直观”。“绝对”成了“自然”和“艺术”启示出来的一种“境界”。黑格尔觉得，谢林这种思想，危及“绝对”作为“知识”的可能性，因为它很可能将一切“概念”都排除出去，而成为“诗意的”、“朦胧的”直觉。

在这个背景下，我们看到，黑格尔对那个“绝对”要做出另一种选择，即即使它成为一种真的“知识”，但又与从康德以来对“知识”的审视协调起来。黑格尔解决这个问题的关键在于他在这个“序言”中所提出的“真理是全体”。

“真理是全体”是大家都熟悉的黑格尔的名言，贺（麟）先生过去常常引用，我也听得很熟了，但到底怎样理解？过去我理解这个“全体”，把它和“过程”、“总体”联系起来考虑，这当然是正确的，也是很关键的，但还需要和这个命题的基础及前提联系起来，才能更透彻些。“全”是什么？首先，“全”就是“绝对”，因此，这个命题的基础和前提是“真理是绝对”，而这句话，是康德所不愿意说的，因为康德认为“绝对”是一个观念，不能成为知识；黑格尔却与康德针锋相对，说“真理是绝对”，或者甚至可以理解为：只有“绝对”才是“真”“知识”、“真理”。这里，问题又转到如何理解“真理”。

中文译成“真理”的德文为“真（东西）”（Wahre）的抽象名词化——“Wahrheit”，即“真（东西）”之所以为“真（东西）”的那种特性。“真”与“假”（Falsche）相对，一切“有对”（相对）的东西都有“（虚）假性”，而只有“无对”（绝对）的东西才真的是“真（实）”的。对“真东西”之所以为“真东西”（Wahrheit）的把握（begreifen），是为“真知识”。这样，“真”与“知识”又联系了起来，而“真知识”就是指：“知识”之所以成为“知识”的那种“特性”，于是，“知识”在德文为“Wissen”，而“知识”之所以成为“知识”的那种“特性”，就是“Wissen”的抽象名词化——Wissenschaft，在德文就是“科学”的意思。我们看到，黑格尔的特点在于：那种“schaft”、“heit”不仅仅是抽象的，看不见、摸不着的，而且也是可以“把握”的——“把握”的名词化就是“Begriff”——在德文为“概念”、“观念”这类的意思；于是“真（理）”、“绝对”、“知识”、“科学”和“概念”都可以连贯起来了，但这些词只有在不放弃它们的最原初的意义下，才是可以连贯的，才不至显得那样奇怪和勉强。

然后再来说那个“全体”。“全体”不是一个“观念”，不是一个“抽象”，而是非常“具体”的，因而是非常“实在”、“现实”的东西，这样才能是“真”的。此话怎讲？在黑格尔看来，“全（体）”不是一个抽象的概念，不是一个词、一个符号；那个词、那个符号不是“真”“全”，只有在真的包含了“全部内容”的“全”，才是“真”“全”。譬如我们说“椅子”，这只是说出了一个“名字”，一个抽象的“概念”，当我说“椅子”时，你可以想象各种各样的“椅子”以此来伴随你听到的“椅子”这个词，因而这把“椅子”还是非常不确定的，不是一把“真”“椅子”，然后人们又说，这把椅子是“有弹簧的”、“布面的”、“黄颜色的”……，于是你听到的“椅子”这个词的内容逐渐丰富起来，明晰起来，确定起来，具体起来，虽然，“椅子”仍是“椅子”，却是一把“真”“椅子”。所以，一切的抽象的“性”（schaft，heit），一切抽象的“概念”（Begriff），只有在“全”的意义下，才是“真的”、“实的”（wirklich），才是可以“把握”（begreifen）的。推而广之，“绝对”表面上虽是最普遍、最抽象的东西，看不见、摸不着、经验中找不出直观对象来等等——康德就是狠狠地抓住了这一点——但作为“全”来看，却是最真的、最实的、最具体的。黑格尔这个道理你可以不用它，但却不能说是没有根据的，用古代智者的话来说，这个道理是“强”的。

“绝对”作为“全”，在黑格尔意义上当然不像桌、椅、板凳那样简单。“绝对”这个“全”不是各种“属性”的逻辑的“综合”，而且是一个历史发展的过程，从这个精神指导下来看桌、椅、板凳的诸“属性”，也都不是天生的，而也有一定的历史发展过程。

“人”的成长（生长）可说是这个历史发展过程的最典型的例子。“人”在婴儿时期，智慧初开，“精神”（Geist）处于“蒙昧”状态，随着岁月增长，经历了人世沧桑，才逐渐丰富了“人”之“属性”——譬如，你上了学，有了知识，成了“知识分子”；你参了军，学了军事，成为“军人”；你又打了仗，立了功勋，成了“将军”；或者你著书立说，成了“学者”……但只要你还活着，你就还没有“全”。“皇帝”可以成为“乞丐”，“好人”可以成为“坏人”，“学者”可以成为“最没有知识的”“反动权威”……，只有等你“死”了，才“盖棺论定”——不是“评价”上的“论定”，而是指你的“事”已“做完”了，而“人”的“属性”是由“人”“做”的“事”来“定”的。所以，后来海德格尔才说“死”是真正的“全”；同时这也正是萨特所侧重指出的，只要人活着，人就是“自由”的，你的任何的“价值”“属性”，都是“不定”的。拿破仑小时候跟别的小孩差不多，只有他做出了那一桩桩惊天动地的“事”后，“拿破仑”才是“拿破仑”。“拿破仑”三个字，只是一个“名字”，一个“符号”；但我们说“拿破仑”时，这三个字已经和他那些“事”分不开了，因而“拿破仑”三个字包含了他一生的全部经历和历史。这时，“拿破仑”才“真”的是“拿破仑”。

拿破仑如此，古今帝王将相、圣贤哲人无不如此，就是那“凡夫俗子”、“贩夫走卒”亦复如是，就连“上帝”也不例外。在黑格尔看来，“上帝”如果不是一个“全”，不与尘世的苦难历程相契，那么，“上帝”这两个字，也不过是一个“名字”而已。我们可以引申开来说，“上帝”等待着“神学”，“基督”等待着一部“圣经”。

从“真理是全体”，我们可以进而弄清那句不好懂的“绝对即主体”的意思。应该承认，对这句话我很长时期在理解上是很恍惚的。当然，我可以把“主体”理解成“人”、“精神”、“理性”、“能动性”——都很可以说得通，现在看，也没有错。但黑格尔为什么一定要用“主体”（Subjekt）这个词，而不干脆用“人”、“精神”、“理性”？说“绝对是精神、理性”不是更明白些？再说，黑格尔不是客观唯心主义吗？“绝对”不是主、客观统一吗？这些问题一直找不出好的解答来。

前几年，我产生了一种怀疑，觉得这里的“Subjekt”

可以作“主词”来理解，在我写《思·史·诗》那本书时，加强了这个信念，因为黑格尔说“上帝是存在的”这句话是“同语反复”，可见这里“Subjekt”的用法和语言有关；但那时对“同语反复”进一步的意思还没有弄清，只是把它当作黑格尔对哲学史本体论论证的一个发挥来看。其实，黑格尔强调“绝对即主体”是和上面那个“全”有关系的。

我们知道，一个语句有“主—动—宾”或“主—系—表”，这个“主—系—表”的结构和哲学有很大的关系，系动词成了与本体论（存在论）难以分开的、产生问题的根源之一。现在，黑格尔的问题出在“主（词）”和“表”、“宾”上。黑格尔指出，如果我们光是说，“上帝是存在的”，“上帝是永恒的”……，那么“上帝”仍然只是一个“毫无意义的声音，一个空洞的名称”。只有那个联接“上帝”这个“主词”的“宾词”（表词，Predicate）说出“上帝”到底是“什么”之后，这句话才有意义，“上帝”这个语词才有内容。“主语”必要有“宾语（表语）”来“完成”其“意义”，“上帝”必要有“人事”（尘世）来“完成”（显示）其“迹业”，“基督”必要有“圣经”来“完成”其“使命”。“迹业”、“使命”使“上帝”成为“上帝”，“基督”成为“基督”；“宾语”使“主语”成为“主语”。“主语”等待着“宾语”，“宾语”“完成”“主语”，“宾语”是“主语”自身完善、丰满的“中介”。“主语”是所要展开、讨论的“主题”、“题目”、“论题”，是一个“目的”；“宾语”这个“中介”，则是“主语”这个“主题”、“论题”、“题目”“完成”自身的“环节”，通过这个（些）“环节”，“主语”“达到”“目的”，成为“结论”、“终结”。“终结”的“主语”，仍是“开端”的那个“主语”（目的一要〔待〕论述、展开的东西），但却已是完成了的、有具体内容的、真正的、现实的“主语”，而不是一个抽象的、待展开、待讨论的“论题”。所以“绝对即主体”，实即“绝对即主语、主题、论题、题目”，“绝对”是一个待展开的主题，也是一个已展开的主题，“绝对”（在黑格尔哲学中）是“目的”，也是“结果”。这样，这个“绝对”，就既与从古希腊以来的“起于此又复归于此”的“始基”学说相衔接起来，而又从主、宾关系上发展出新的内容，既避免了主、宾关系中的“同语反复”，而又保持了“主语”、“论题”直接的“同一性”。“主语”“外化”为“他者”（宾语），而这个“他者”使“主语”回到其自身，使“主语”真的成为“主语”，使一切所要论述的“主题”，都得到“阐明”。正因为有这一层意思，黑格尔在这里才不用“人”、“精神”、“理性”来说“绝对”，而用“Subjekt”，就像海德格尔不愿意说“人”，而非说他那个“Dasein”一样。

与“绝对即主体”这句话直接相联的，还有一段话说明“主体”与“实体”的关系：“一切问题的关键在于：不仅把真实的东西（Wahre）或真理（Wahrheit）表述为实体（Substanz），而且同样理解和表述为主体。”为什么要从“主体”来理解“实体”？如果像我过去那样，把“主体”理解为“人”、“精神”、“理性”、“能动性”等等，则总觉得还隔着一层什么，不是很清楚，但如果从上面的角度，把“实体”在主、宾关系上的地位确定，则就可以使理解得到推进。

我们知道，“实体”是与“偶性”相对，这是传统哲学的看法，“实体”是一切性质中不变的、永恒的、使某事物成为某事物的那种特性。哲学家们为“实体”这样一个特别的、但却很重要的“特性”，大伤脑筋。康德按亚里士多德的办法放在他的“范畴表”中。从这里，我们追问：“范畴”是什么？“范畴”在希腊文中有“分类”、“规范”的意思，原来，就可以作“宾位”来理解。“范畴”要回答的问题是“是什么”，这里“范畴”就是那个“什么”，譬如“人是一种动物”，“动物”就是“范畴”，把“人”归于其下，归于这个“类”中。“实体”是一种特殊的“范畴”，是“事物”之所以成为某“事物”的“本质属性”，于是“人”的“实体”，即“人”之所以为“人”的那种“本质”。这是一般的、传统的理解；黑格尔在这里的不同之处在于：“实体”不能光作“范畴”或“宾位词”来看，而且还得要从“主位”上来看。“实体”固然是某事物的“本质”，使该事物成为该事物，但这个“本质”却不是现成的东西，而同时是一个“论题”，有待展开；展开了的“本质”就不是一个抽象的概念，而是一个具体的概念，是发展了的、历史的概念。使拿破仑之所以成为拿破仑的那个“本质”，是拿破仑的全部历史，因而拿破仑作为一个独特的人来说，没有抽象的“本质”，而只有具体的“本质”。从黑格尔这种观点来看，不但“人”的“本质”是具体的，“万物”的“本质”都是具体的，连只是一个观念的“上帝”的“本质”，也都是“具体的”；只有在这个“主题”充分展开为“结论”时，它的“本质”才暴露无遗，尽管这个“主题”仍是那个“主题”。“人”还是那个“人”，但已饱经沧桑；“物”还是那个“物”，却也星移斗转，在斑驳陆离中呈现它自身的本性。

“主题”是“开端”，也是“终结”，“终结”是“主词”经过“宾词”的“中介”回到了自身，好像一个漂泊流浪、奋战于世界的游子，回到了“家园”。“主词”经过“宾词”回到“主词”，游子从“主位”到“客位”，又回到“主位”，从“离家”到“回家”，经历了人生的历程，无论腰缠万贯或是身无分文，俱已无可奈何，“我”终究是“我”，“我”已“完成”（“我”的“事业”）。

说到这里，我跟学生说，黑格尔这样理解“开端”和“终结”的关系，被现在西方有些哲学家叫作“终极论”（或“末世论”，eschatology），将“本质”置于“终结”处，从我们以上的讨论，还是真有些历史与逻辑以及知识论相统一的深刻之处，探讨起来不是很有趣味的吗？但也不要以为对“开端”与“终结”只有一种理解。利科说，和黑格尔相对立的还有弗洛伊德的一种观念，认为“本质”不在“终结”处，而是在“开端”处。黑格尔说，拿破仑之所以为拿破仑，在于他的全部历史，可是弗洛伊德会说，拿破仑之所以会做那些事，原因或许就在他小时候有什么“情结”。这是一个完全不同的解释方向，可以叫作“考古论”（或始基、开端论，archaeology），正好和“终结论”相反，这种情形，利科叫作“解释的冲突”。不过，我说，方向固然相反，但在联结“开端”和“终结”的关系上，在精神上似乎还是有不少相通的地方。

说到这里，我想起了一件往事。大概三十年前，一位同事说，黑格尔的书不好读，过去总想把他说的每句话都弄懂，后来觉得大可不必，有些话也许他自己都不懂。说这话时，那位同事和我一样都很年轻，他可能早忘了这个意思，但我却一直在琢磨它。三十年了，多少读了些哲学书，我诚恳地对学生说，按我的体会，书跟书很不一样，有的书的确是应该、也经得起反复读的。我们不能说这些书“句句是真理”，但我觉得至少其中主要的、大部分的话都是有根据的。这就是说，不一定是“真理”，但说那些话毕竟是有理由的，不是“大言欺人”，更不是连自己都不懂的“不知所云”。这几年，我在读哲学史上许多大家们的著作时，都有这个感觉，这次在读黑格尔这个“序言”时更有这个感觉，恨不得再多读几遍，恨不得把全书再读一遍。大家们的书的确有这样的吸引力：让你恨不得再去读它。

我这样的态度是不是过于迷信古人、古书，过于迷信“他人”、“他人的书”了呢？我认为不是这样的。恰恰相反，我跟学生说，大家们的书之所以总是有读头，正在于他们从不轻信任何他人的话，对任何人说的话都要用自己的脑子去思考，对任何话都要追问说它的“理由”和“根据”，像毛泽东说的，凡事要问个“为什么”。

这种说法表面上看似乎很矛盾：既说要钻研他的话，又说不要信他的话；实际上这里并不矛盾，因为你不信他的话，才钻研它；又因为你相信他的话不是无缘无故说的，才值得你去钻研它，弄清它的缘和故；弄清之后，你也可以不同意它，但你必须承认，说这话的人不是在胡说。

世上的书浩如烟海，哲学类的书也多不胜数，大部分书都各有用处，但有一些书是经得起推敲，应该钻研的。就哲学史言，我们叫这些书为“古典著作”。“古典著作”是一些总是有读头的书。什么叫“有读头”？就哲学而言，就是经得起多问几个“为什么”。有的书，问它三个“为什么”就问住了，有的书可以问十个二十个也问不倒它，而有的书则似乎可以永远问下去，它都有话来对付你。

这就是说，有些书似乎永远是“活”的，它随时都在准备回答你的问题和批评，为自己的立论进行答辩。柏拉图、亚里士多德的书是这样，黑格尔的书也是这样。黑格尔早已死了，但他的书并没有死。黑格尔不是“死物”。人不会和死人打架，也不会和“死”了的“学说”、“思想”辩论。你被打了，表示你活着；你的“思想”被批评了，被反驳了，表示这些“思想”还“活”着。“古典哲学”正是在不断地被批评、被质询、被否定中表明它们还“活”着的。正像活人不意味着总是“正确”、不犯“错误”一样，“古典著作”也不意味着它们都是“正确”、“无误”的，但它们“活”着，这就很好。

一九九〇年十二月三十日于中国社会科学院哲学研究所

（原载《读书》一九九一年第四期）

注:《精神现象学》,〔德〕黑格尔著，贺麟、王玖兴译，商务印书馆一九六二年第一版。

# 从哲学方面说“读书明理”

“读书”可以从许多不同的角度来谈：“读书有用”、“读书无用”，还有“书中自有”点什么东西等等。我来谈“读书明理”这个意思，我想，这至少是包含了读哲学类书的主要精神在内。

“读书明理”这句话要分析起来无非是“什么叫‘读’”、“什么叫‘书’”、“什么叫‘明’”、“什么叫‘理’”四个方面的问题，而每个方面似乎又都够哲学家们写好几大本“书”，我这里要做的事是把这四个字的意思有分、有合地来做概括性的考虑。

“读”是“解读”，“书”是记录下来的别人的“话”——当然也可读“自己”的书，那是把“自己”当作“别人”来对待，“读书”就是“理解”“别人的话”，就是“听（懂）”“别人的话”。“明”是“明白”、“明了”，“理”是“道理”、“事理”。于是“读书明理”就是指“理解别人对‘事’之‘理’、‘道’之‘理’说了些‘什么’”。

一般来说，读了书，明白了那个（些）“什么”，也就算是明白“书”里所说的“事理”、“道理”了。然而，“书”里直接说的“理”未必是对的，而且有些“理”，是“事”“物”的“原性”，光明白这些，对哲学言，还是很不够的；就读哲学书而言，不但要弄清别人说的“什么”，而且要弄清别人是“怎样”“说”的。“怎样”、“如何”是一种“方式”、“过程”、“道路”，所以就哲学书来说，“读书明理”的那个“理”字更重要的是指一种“思想方式”，是思想的道路、历程。所以我们说，读哲学书要弄懂那位哲学家（作者）对所论之“事”是如何“想”的，有何种“想法”、“看法”，这个“法”即是“（方）式”。之所以如此，可能是因为“哲学”里所“谈论”的，大多不是具体的事（物）的具体的“属性”（西方哲学术语叫“偶性”），而是一些带根本性的“问题”。在哲学里，“事”即是“问题”，“事理”即“问题之理”。所以，“事理”用“道理”，是“道路”之“理”。从这个意义来看，我们想说，读哲学书，不仅要注意“事”之“理”，而且要注意“思”之“理”。

说到“方式”、“法”，一般都以为是形式、工具、手段方面的事，而“思”之“理”也可以被理解为只是那些形式的“逻辑规则”。哲学当然也要用这些手段方面的工具，尤其应当十分重视掌握那些逻辑的规则；但这里所说的“思想方式”却不仅仅是这方面的意思。就手段与目的统一性而言，“读书”不仅仅是一种手段，以“明理”为“目的”，而且可以说“读书”就“是”“明理”，“明理”就在“读书”中。打个比方说，衣、食、住、行固然可以说是以“生活”为“目的”，“吃”是为了“活着”，但更应该看到，衣、食、住、行原本“就是”“生活”，是“生活”本身的一个基础部分。所以，“读书”之于“明理”，就如“粟帛”之于“生活”一样，是一种“存在方式”。

此处，“理”即是“法”，“法”是“活”的，“理”也是“活”的，可以有“死理”，但不可有“死法”，“法”必是“活”的；与“法”（式、过程、道路……）相结合的哲学的“理”，则也必是“活”的。“对话”是两个“活人”的“对话”。

“法”、“理”是“活”的，因为“人”是“活”的，“哲学书（家）”是“活”的。在过程中，在路上，在思想的道路上，总是“活”的。“活”东西是动的，发展的，有生命的，有精神的，一句话，是“活泼泼”的。辩证法是马克思主义哲学的活的灵魂。“哲学”是一门“活泼泼”的学问。我们读（称得上）哲学的书，总会体验到一种活的思想，活的精神，不但能看到那缜密的思想结构，而且也能感到一颗跳动着的心。这种“书”，绝不是“死”的“文物”、“文献”，而是“（生）活”

的“(路)标(志)”。一部哲学史，不是死文件的记录，而是活思想的体现，是生命的历程，是“思想”的“成长”。所以，我不大赞成那些把“哲学(史)”当作“死”的“经济学”的西方所谓“后现代主义”思想，尽管我也很重视研究它。“哲学”有自身的“历史”，而不是“考古”的“对象”。

“书”是“活体”，不是“死物”。“书”是“作者”(他人)与“他人”(另一个“他人”)对话、讨论、争论出来的成果。“独白”也蕴含着“对话”。这样，“我”“读”“书”，也就是“对话”的“对话”。是“再对话”、“再思考”。“对话”不是一次性的，而是经常“反复”的，反复“读”，反复“讨论”，“道理”就出来了，真理(“真”的“理”，即关于“真实”之所以为“真实”的“理”)愈辩愈明。有些书的思想、道理初看(听)起来，很新，我们不熟悉，好像遇见了“陌生人”；但一回生，二回熟，多接触，多讨论，就熟识了，或许这个“陌生人”还“认识”“我”的一些“朋友”呢。

譬如，最近我读法国列维纳斯的书，先读他的《全和无限》，觉得摸不着头脑，读了几页就改读他早年的《实存与实存者》，觉得有了对话的基础，因为他这本书中“对话”的“对手”，我也多少是“认识”的。

在《实存与实存者》中，列维纳斯首先告诉我们，他的思想很受海德格尔影响。一点不错。但他又与海氏不同，他是海氏“对话”的另一方。

海德格尔在《存在与时间》中从“Dasein”（中译“此在”、“亲在”。“Da”也有“它”<彼>的意思在内，所以英译为“there-being”。我觉得，说“此在”太近，说“他在”<“在那儿”>太远，可惜没有一个“中程”的副词来说它，拉丁文有istic一词，比hic<此>远，比illic<彼>近，但作代词时含有贬义。海氏Dasein在“我”、“你”、“他”的称谓中，应在“你”的位置上——顺便在此一提。）谈“Sein”（存在，在），认为“Sein”因“Dasein”而“明”；后期从“Sein”入手，但仍有“Dasein”作为前提。列维纳斯则一开始就从“ilya”（“有”，“there is”）入手，“ilya”是普遍的“有”，但不因其为“普泛”而是一个“概念”，恰恰相反，它是实实在在的“有”，只是这个“有”还“没有”“明”起来，是“暗”的、“黑”的，如同“夜晚”一样，这就是哲学里说的“物质性”（materiality）的东西。列维纳斯说，“ilya”是第三人称作“无人称”用，而且是“现在时”，因而不是空灵的，而是最为实在的，“实在”到了像一堆巨大的、无形状的“东西”（体积），“压得”你透不过气来，有点像古代希腊巴门尼德的“铁板一块”，又有点像我国古代老子说的“有物混成”。

我们每个人都有不少“在黑暗中”的体验，如黑夜在大海中行船，周遭一片漆黑，无声无息，但并不是“无”，而是实实在在的“有”。这个“有”却“没有”“（宜人的）世界”，船行海中，就像驶入“坟墓”一样。不是说“死”不能自身体验吗？“黑夜”就是“死”的“体验”。因为“死”并不归于“无”。归于“无”并不可怕，可怕的恰恰是归于这个不可名状、漆黑的“有”。

列维纳斯说，“ilya”（普泛的“有”）是一切“存在者”、“实存者”（existents）的根基，是一切实存者之所以为“实存者”的“实存（性）”（existence）基础所在。这里，列维纳斯又与“实存主义者”（存在主义者）对上了话。我们知道，海氏早期曾用“实存（性）”来解释他的 Dasein，但列维纳斯则用“实存（性）”来理解“有”（there is）。“实存（性）”尚属无人称之第三人称之列，它匿名、无形、静穆、无光……一句话，它尚“未有”“（生活的）世界”，而为“赤裸的”（naked）“有”。这个“有”，为“朴”之所以能成为“朴”的根基。“朴”（物质、材料）是为了“用”，可以为“器”；但“朴”之所以能“用”、能为“器”，是因为它本已是“有”。大千“（有用的）世界”（生活的、宜人的世界），其根基处皆在这个无名、无形的“朴”——在这个意义上，我们真正可以说，“朴”为“朴素”——“朴”之“素”。

你看，这里我自己也在和列维纳斯交谈起来了，“朴”的观念，是我从老子书里得（看、听、读）来的。只是我国的“朴”似乎没有西方那种压抑人、令人畏惧的性质。

列维纳斯和现象学者、实存论者三方面的对话，使他自己的思路和理路有一种独特的方式。他把“ilya”（有）和“existence”（实存）结合起来，使“有”具有一种向“生活世界”过渡的“可能性”，也使“实存”不能归结为空灵的、精神性的“无”。这样，他就既不同于海氏现象学，又不同于萨特（雅斯贝尔斯）实存（存在）论。

在列维纳斯看来，普泛的“有”，因为是“实存”，它就有了一个时空“位置”（position），这就是“此时”、“此地”（here）。“有”（ilya）是无人称，但却是“现在时”。需要注意的是，列氏此处的“here”不是海氏的“Da”。列维纳斯说，“Da”已是一个“世界”，是“历史”，因而包括了“过去”和“未来”；但“here”只是“现时”。“Da”是线形的，而“here”是一个“点”。

然而，列氏这个“点”，不是几何学上的“点”，而是一个“实点”。几何的“点”只是符号，本身是“无”，而列氏这个“点”却是实实在在的“有”。这一“点”很重要，比起那些实存论者来说，列氏的“实存”就因这一“点”而另有一番天地。

“点”如是空（灵）的，就仅仅是单纯的“思”的度，是“我思”；“点”如是实的，则除了“我思”的度外，还有“我在”的度。“我思”不可怀疑，“我在”也不可怀疑，因而“吾身”（body）也排除了笛卡尔的怀疑。

“我思”与“我在”之所以不可怀疑是因为在“我思”、“我在”之前，在“我”进入（分有）这个“世界”之前，“世界”早已作为“有”（ilya）而存在，这个“有”虽是不透明的、黑的，但却是实在的。这个“有”对“我”说来，永远是“他”，“我”不可能完全把这个“有”转化为完全透明的、光亮的“（我）思”。

不仅如此，“我”作为一个“点”（here）也不能完全“透明”成为“纯思”，“我”永远面对着“他”，而且在“时间”过程中，“我”也不断地变为“他”。

我们看到，把“我”这个“点”“实体化”（hypostasis）带来了一些重要的结果。

首先，随着“现时”、“我”的“实体化”，那个被实存论者架空起来的“自由”，也现实化了。按照雅斯贝尔斯、萨特的说法，“自由”是“实存”的本性，但由于“实存”归根结底只有一个纯思、纯意识的度，所以“自由”被归结为“选择”（意志）的“自由”。列维纳斯说，既然作为“自由”基础的“现时”是“实体化”的，则“自由”就不仅仅是“思想”的“自由”，而是“实际（体）的”“自由”，因而“自由”同时也是一种“负担”，一种“责任”。不错，实存论者当然也谈“义务”、“责任”，而且讲得很厉害，甚至认为唯其“有自由”，才需“有责任”。不过，需要注意的是实存论者的“责任”

是“后来”的事，即“现时”固为“自由”，但要为一切未来之后果承担不可推卸的“责任”；列维纳斯则认为，即使在“现时”，“自由”与“责任”也不可分，因为“现时”本不是空的，而是实的，“现时的自由”，就是“现时的责任”。这样，“自由”与“责任”不必等待在“时间”序列中才显示出来；恰恰相反，“时间”常常会“冲刷”“责任”，但“现时”的实实在在的“责任”才是真正“不可推卸”的。

“现时”的“实体化”还有一个有趣的引申，这就是它可以和犹太—基督教的“复生”（复活，resurrection）观念联系起来，这是我未曾料到的。

过去，我总觉得犹太—基督的“复生”观念是地地道道的“迷信”，我始终不理解这种明显的骗人的把戏，为什么一直有人认为还值得讨论。我想，你如果说，人的“精神”“不死”，或者说“灵魂”“不朽”，“思想”是“永存”的，等等，我还可以想出个“理数”来，尽管可以不同意它，而这正是西方哲学史上许多哲学家所“相信”、甚至鼓吹的“道理”；但说人死了还又“复生”，真是不可救药的愚昧。中国人俗话说，“人死不能复生”，比那些自命不凡的洋人通达“事理”得多了。

当然，应该说，“复生”观念的的确确是迷信，即使在“理”出点思路来之后，也还不能否认这一点。说能“理出点思路”来，只是说这个问题也并不像开始想象的那样简单。

这方面的"理数"，我也是读了列维纳斯的书后受到启发的。列维纳斯说，既然"现时"是"实体性"的，实存论者（雅斯贝尔斯）所谓"永恒的现时"就不再是思想（自由）的永恒性，而是"生"（birth）、"死"的重复，"死"并不归于"无"，而是"生"的一个部分。"现时"的"永恒性"就是把实实在在的"现时""重复"下去，把"生""重复"下去，而不是"精神"、"灵魂"、"思想"自身"永存"下来。这样，所谓"实体性"的"现时"就和"生生不息"的道理联系了起来。"生"之"道"，"生"之"理"，不在尚未实现的"未来"，而就在正是"现实"的"现时"。这样，列维纳斯说，所谓"希望"，并不完全着眼于未实现的"未来"，而就在当下的"现实"中。"希望"不是空的，"希望"在另一个"现时"，"希望"是实实在在的东西。实实在在的"希望"（hope），就是一个"许诺"（"保证"，promise），这就是犹太—基督中的"弥赛亚"（Messia）。这位古希伯来人幻想中的"救世主"却不像古希腊人实际中的"哲学家"那样只"构建"一个永恒的思想（理念）的世界，而是"保证"（许诺）一个实在的、现实的"现时世界"的来到，这就是"复生"。

在这里，我们看到，古代希伯来人和古代希腊人的思路和理路确有相当的区别，他们可以成为"对话"的双方。前者重在“生生不息”，是一种“线性”的发展观；后者则重在“周而复始”——万物起于“始基”，又复归于“始基”，是一种“圆圈式”的发展观。而西方的“哲学”，由于从其母体带来的特点，使它的思路在古代希腊诸家奠定的基础上生根、成长，而对希伯来人的思路考虑较少。如今“哲学”逐渐发现，希伯来人也是一个“对手”，他们的想法也是不可忽视，值得与之讨论的。

事实上，我们所谓的“现时”，本也不仅仅是一个“我”。不错，“他”可以“不在场”，“我”却总是“在场”的，但还有一个“你”，也总是“在场”的。所以“现时”本非铁板一块，至少是“一分为二”的，其中有“我”和“你”。这里又出现了另一个对话的对象，这就是马丁·布伯，他在二十世纪初就写过一本小书叫《我和你》。他是把犹太—基督思路哲学化的重要人物，列维纳斯也很推崇他，吸收了他的思想，在他的《全和无限》一书中有进一步的发挥。

说到这里，我们还得回到“读书明理”的话题上来。我们看到，列维纳斯的书是经过和“别人”“讨论”后写出来的，他和海德格尔、雅斯贝尔斯、萨特、马丁·布伯以及中世纪和近现代的宗教家、神学家等等都有很深入的讨论。他关于普泛的“有”的思路，甚至可以一直追溯到亚里士多德的“悲剧”观念和康德的“崇高”观念（研究这个思路线索，一定是一个很有趣的题目）。相信他的主要讨论方式是读他们的书，也相信有些书他曾是反复读，因而是反复讨论过的。只有这样，他自己的“理”才逐渐地“明”起来，从而才会有自己的“书”。

“书”不仅是那些纸张、油墨斑迹的物质材料，“书”也不仅仅是那些物质材料作为“符号”所代表的抽象的“思想”，“书”也有“体”，有“身”（body），好像一个“活人”站在你面前。“书”拿来当枕头垫子，或者解开那些“符号”的“语词”“意义”，都不是“书”的完全的“用途”和“作用”。作为“活体”的“书”，它是你的“对象”，你只能和它讨论、对话、争论。就“我”来说，“书”常在“你”的位置。“书”把已然“不在场”的“作者”（他），“固定”在“你”的位置上，使之“在场化”（“现时化”），以供“我”与之“对话”。

当然，严格意义上的“读书”并非“明理”的唯一途径，直接的交谈和交往是更为重要、更为基础的，今后交往媒介进一步的发展，这种直接交往和交谈势必更方便，因而可以更广泛。然而，直接性毕竟是有限的，而且，正如现在的解释学家所指出的，直接交谈常有许多偶然性，而“书”则总是有所提炼的，所以“读书明理”这句话又有一种学理上的保障。

多读书如同多交友，朋友越多越好；但也要有一些知心朋友，有一些你讨论得比较充分、理解得比较深的书。多读书，如韩信将兵，多多益善，这是“将才”；如果不能或不愿“称王称霸”，那就少“将”点“兵”。要在亚里士多德、康德、黑格尔、海德格尔等等之间，当个小“排长”，也就很不容易了。总之，只要体会出、“明白出”“道理”来，就算是明白人、通情达理的人，“书”就没有白念。“读书明理”是大的方面，读多少书能够“明理”则是个具体问题，因人而异。“理”的基础在那个“有”(there is)，它常在“暗处”，要通过努力才能使它“明”起来。“别人”努力的结果（书）是必要的，甚至是先在（法）的，但也只能帮助“我”“明白”，而不能代替“我”“明白”。

正因为“我”体会出来的“理”原本是从“别人”那里“学”、“得”来的，是向“别人”“请教”出来的，是“读书”“读”出来的，所以“我”自己的“理”，才不是个人的、私人的，“理”才有相当的普遍性。“我”也可以把自己体会出来的“理”，写了出来，成了“书”，借“别人”讨论、批评。“书”是交流、交往的“结果”，也是交流、交往的“开始”，“书”“等待着”批评、讨论，“等待着”“另一本”“书”的“产生”(“生产”)。

这样看来，“理”在哪里？“理”不在“你”处，也不在“我”处，更不在“他”处；“理”甚至也不在那一本一本的“书”中，“理”在交流、交往中；如果说，“书”中有“理”的话，那是因为“书”正是交流、交往出来的。这个意义上，“读书明理”这句话的重点，就既不在“书”，也不在“理”，而在那个“读”字上。

一九九一年九月二十八日于中国社会科学院哲学研究所

（列维纳斯《实存与实存者》，据说已有中译，本篇所据为一九七八年 Martinus Nijhoff 出版的英译。又及。）

（原载《读书》一九九一年第十二期）

# 过于短暂的豁然贯通
## ——再谈哲学的“读书明理”

上篇讲读书明理的文章（见《读书》去年第十二期），写得不很通畅，总想再写一篇，并非为“挽回影响”，实在为求心安。

读书明理，这个“明”字，可以理解为一个“通”字，“融会贯通”，则有“豁然开朗”的感觉。当然，这些都是很高的境界，如果有，可能也只是相当短暂的时间，而大部分是在穷塞、困惑的处境之中；不过这种感受虽然稍纵即逝，却很真切。

近几年有些青年学者喜欢研究海德格尔，大半侧重于他的后期思想，对前后期的关系有些不同的看法，有的把区别看得小些，有的则看得大些。最近又有学者专门研究海氏后期的“Ereignis”，提出自己的译法，问我的意见，这些，我都按照我平时想好了的现成的想法，做了回复；而我主要的精力则集中做我那个课题项目，并未把这两件事联系起来。说起这个研究课题，也是一块心病。本来就不多的合作者都离我而去，偌大一个“西哲中科学与宗教两种思想方式研究”只剩我一人，从古代希腊写起，眼看快到期限，刚刚写到“巴门尼德”。为写这部分，不敢贸然下笔，想到先要读读海德格尔的东西，于是重新拿起他的《形而上学导论》（英译），看看这次能否挖出点什么有用的东西来。不想读着读着，这些日子以来脑子里的问题，似乎都串了起来，自己的立足点似乎渐渐坚实起来，虽不敢说已经“豁然开朗”，但那海德格尔、巴门尼德、胡塞尔、康德、黑格尔……以及围绕着他们的那些问题，在我脑子里原来的方位上似乎乱了一阵之后又重新组合起来，至少是“自我感觉良好”，于是又放下那个大项目，先写这篇短文章。

海德格尔在这篇《形而上学导论》中，劈头第一句话就问“为什么是‘是什么’（Seiende），而不是‘不是什么’（Nichts）？”，真是万事起头难，这个问题就很难懂。这个问题表面上问得好奇怪，人们不是老是问“不是什么”吗？譬如斯宾诺莎就曾指出，一切之否定，都包含着肯定：“不是什么”，总意味着“是什么”。这个意思还受到黑格尔的表扬，那么海氏此话又是从何说起呢？为免误解，人们把这里的Seiende译成“有”，Nichts译成“无”，这样中文很通顺，但未能完全表达海氏的意思。海氏这里的“Nichts”自然是针对前面那个Seiende发的，但海氏声明，Nichts所否定的，不是个别的“存在者”，而是作为总体的“存在者”，是全部的“存在者”，但恰恰不是绝对的“无”，因为海氏的Nichts否定的是前面那个Seiende，而不是否定Sein，从这样的意思来读那句话，才有上面那种中文译法。“为什么是‘是什么’，而不是‘不是什么’？”说得更明白点就是：“为什么是‘是什么’，而不是‘什么也不是’？”Nichts否定的是一切的“什么”，而恰恰不是那个“是”本身。这样，我们就可以引申出一句更为清楚的中国话：“为什么人们老是研究（探索、询问）‘是些什么’的东西，而不研究（探索、询问）那‘什么也不是’的东西？”这样，我想，这个意思不就很清楚明白了吗？

按海德格尔的意思我们可以进一步说，对于那个“什么也不是”的东西，我们不能再进一步追问“是什么”，而只能问“为什么”。“为什么”是问那个“什么也不是”的东西的“根据”，而不是从知识上来问它是“什么”。海氏说，许多人可能终其一生提不出“为什么有一个‘什么也不是’的东西”这个问题，而汲汲于弄清这个大千世界都是些“什么”，但这个问题却是最广泛、最深层的，因而一旦提出，是谁也不能抗拒的。

这时，我一下子就想起了手边正在做的有关巴门尼德的研究。古代希腊巴门尼德不也是提出了那个不同于具体存在者的那个“存在”吗？他的问题的重点在于：对于变化万千的感觉世界，你可以既说“是”（存在，有），也可以说“不是”（不存在，没有），沧海桑田，日新月异，但对那个“是”（存在，有）本身，却“不能说”（这是巴氏原话）“不是”，“是”就是“是”。不过，巴门尼德没有分清“为什么”和“是什么”的问题，对那个本应“什么也不是”的东西也要问个“是什么”，说它“是圆的”，是“有边的”，等等，这就奠定了一个“形而上学”本体论（存在论）的传统，把“Sein”当作“Seiende”来对待，于是关于“Sein”的学问也成了一门“科学”，以为学了它就可以“知道”那个根本的、总体的“Sein”“是什么”了。

西方哲学到了近代，康德很清醒地看到那个总体的“存在”，不是知识的对象，即不能问“是什么”，他说“存在”不是宾词，有关“存在”“是什么”的那些“什么”，只是些理念（观念），所以康德重知识论，而知识论只问“什么”，并不专门去问那个独立的“是”（存在）。在知识论中，没有那个总体的“是”或“存在”，只有与“什么”结合在一起的“是”或“存在”，这正是海德格尔在《康德与形而上学问题》一文中肯定康德的地方，认为康德把“是”或“存在”与时间、空间联系起来，是对西方形而上学传统的突破。

然则，“是”、“存在”和“什么”不可分，就是现象学，是黑格尔、胡塞尔的思路。

从某种意义说，现象学是康德知识论的扩展。康德的“现象”知识，限于经验的、自然性的知识，而扩展了的现象学认为有一种特殊的、不同于自然科学的知识体系，可以完整地把握那个“是什么”，“是”、“存在”通过那些“什么”表现、显现出来，“本质”通过“现象”显现出来。“本质”不是抽象的概念，它与“什么”不可分；“绝对”固是概念，但是思辨的、具体的，它会显现自身，显现出来的“绝对”、“本质”……，就是那个完整的“是什么”，因而不仅是“想”出来的，而且是“看”出来的，是“本质的直观”，“直观的本质”。胡塞尔说，“说”总要说些“什么”，引申开来似乎可以说，“是”也总要“是”些“什么”，这个与“是”结合的“什么”，就是“理念”，就是“世界”。

“是什么”就是“什么”，“理念”的世界是无可怀疑的，因为理念的“什么”不是抽象概念的体系。抽象概念体系表面上好像“铜墙铁壁”，坚不可摧，但实际上却处处可以提问题。把这些可以提问题的知识“括出去”，“存疑”、“搁置”起来，剩下的是一个真实的、无可怀疑的、人生活于其中的“生活世界”。

胡塞尔在现代条件下承黑格尔“精神现象学”之思路，以笛卡尔“怀疑法”作其现象学方法论之核心，将经验的、自然的世界“括出”去，问一个“现象学的剩余者”“是什么”，看来也是很能自圆其说，但他的学生海德格尔却进一步问：为什么非要“是什么”，而不是

“不是什么”？关键的问题就这样引导出来了，海氏又把问题从“是什么”转向了“是”（存在，存有，有）。如何从新的，不同于巴门尼德、亚里士多德的角度来理解这个问题？按我们上面引申的说法：说“不是什么”在这里就意味着“什么也不是”，而这句话的意思又是：“是”已“是”矣，但却未成“什么”。所以，“不是什么”、“什么也不是”不等于绝对意义上的“空”、“无”，不是说什么东西也没有，只是说这个东西是尚未成形的，或竟是个“四不像”，也许从中国人的“朴”字来理解它，尚称妥切；当然，它也有点像亚里士多德所谓的“质料”。在这个意义上，我以前说过，“这是什么”中“是”在“什么”之先，故“存在论”在理念论之先。

然而，这里所用的方法，岂不是仍为胡塞尔现象学之“存疑”法吗？海德格尔才真是胡塞尔的学生，得师门真传，以其人之道还治其人之身，而青出于蓝胜于蓝。海德格尔把一切之“什么”都“括”了出去，还剩下一个“是”，即“存在”、“有”、“存有”。这个“是”才真是“现象学的剩余者”。“是”“等待”着“什么”，而将一切“什么”都“括”了起来，“是”则成为相对独立的“在”、“存在”，“有”、“存有”；有人称的动词就成为无人称的动词——第三（无）人称或动词不定式，“系动词”就成为“存在动词”。

于是，从这里我们也可以理解，为什么对这个

“是”，我们不能问“什么”，而只能问“为什么”，因为我们已将一切的“什么”都（暂时）“括”了起来，它已“不是什么”或“什么也不是”，故而对于这个“是”，如果一定要问，则只能问“为什么”，即问它的“根据”，于是有“非形而上学”之“存在论”（本体论，存有论）。过去的“形而上学”之“存在论”企图告诉人们“是”、“在”、“有”、“是什么”；“现象学”的“存在论”则只探讨“是”之“根据”，即有什么理由或为什么要说那“什么也不是”的“是”、“在”、“有”。

海德格尔说，这个“根据”在于世界上“出现”了“人”这个 Dasein。他在《什么是形而上学》一文中详细谈了 Dasein 的出现和这个“什么也不是”的关系，而在《形而上学导论》中把这个“出现”叫作“Ereignis”。如何理解这个“Ereignis”？国内一些学者不满意用英文 event 来译它，当有相当的道理，不过哲学的翻译很难，我觉得，英译 event 也勉强可以了。event 相当于中文的“事”，“事”与“问题”、“麻烦”等意有相通的地方，以“事”来译 Ereignis，也勉强可以了。世上自出现“人”这个 Dasein 后，“事”就多起来了，或者说，就“出”了“事”了。

“人”是个“提问者”。正如海德格尔在《形而上学导论》中说的，“人”的出现是一个“跳跃”。他对一切的“什么”发出疑问，产生问题，这一“问”，是一个跳跃，它使一切原先很稳固的东西，发生了动摇，只是有了这个问题之后，即在这一跳之后，自己的立足点（根据，Grund）——那个“什么也不是”的“是”、“在”、“有”，才“显现”出来。站在地上看世界，日月山川，高楼大厦，一切一切的“什么”都“呈现”眼前；“跳”起来，脚下的大地——那个坚实的、非它不可的、无可怀疑的“东西”，才“呈现”出来。“跳”固是海氏原话，我的这个引申当然是不很妥切的比喻，“人”不能跳出三界之外，跳不出老君炉和如来的手掌，但“人”的出现，对原来的世界而言，的确是个飞跃，从此世界就有“事”了。

“人”作为与日月山川相类的“存在者”言，是很渺小的，它有什么特权突出自己，不甘心为 Seiende，而要是 Dasein？一方面它的出现，使世界万物“各得其所”，“是其所是”（什么）——Ereignis 来自 eigen，使自己成为自己，但另一方面它又使“世界”——整个的 Seiende 成了“问题”。所以“人”的出现不仅使世界增加了一个品种，而也使世界增加了“事”。

有了“问题”，就要去“解决”，于是“人”要“改造”世界；把世界当作“问题”来解决，于是有人的“劳作”。但一切之“劳作”，又都会重新成为“问题”，要求重新加以“解决”。“人”就是这样一个“不安定的因素”，所以就实际生活言，“人”是“肇事者”。

过去，我总是不太清楚为什么海德格尔要说世上出了 Dasein 之后，Sein 就显现出来了。因不得其解，暂时只能从“世界”向“人”“显现”其面貌这一样一个现象学的普遍原则来理解。这样说当然也没有错，但总觉得未能触及真正的问题所在。原来，“人”这个 Dasein 是一个“肇事者”、“提问者”，把一切的“什么”都“存疑”起来，则那个“是”、“（存）在”、“（存）有”，不就“显现”出来了吗？因为这个“是”、“在”、“有”不是那个（些）“什么”，所以这里的“显现”、“明”也不能像科学知识那样把“什么”是“什么”说清楚，但有这样一个“是”在，则也是无可怀疑的。

“人”就“世界”言是“增加”的部分，是“多”出来的部分，所以是“多事者”；但恰恰是这个“增加者”、“多余者”，使那个区别于 Seiende 的 Sein “显现”出来。

这不又有点像笛卡尔的“我思故我在”吗？不错，海德格尔曾把这句话颠倒过来，说“我在故我思”，那是他强调“思”之“存在性”、“历史性”，并不仅是像我们平时说的先要有个“肉体”然后才有“思想”那个意思。从道理的贯通上来看，海氏那个 Dasein，就是“提问者”，那个由 Ereignis 出现的“提问者”，又是“肇事者”，因此同样是“我思故我在”。“我思”即“我提问”，“我”“怀疑”“一切”，但那个“在”却不可怀疑、不容怀疑。康德说，“思”不能“证明”“在”，“思想中的一百块钱”不等于“实际上的一百块钱”，言之凿凿！

但那是指思之内容而言，即“思”、“想”些“什么”的那个“什么”，你“想”到了上帝，不能“证明”上帝就“在”；然而，如果所谓“思”的意思是指那种“思虑”、“疑问”，则“思”可使“在”“显现”，从这个意义说，“思”或可为“在”之“明证”（evidence，使其显现）。

其实，笛卡尔的“我思”也并不侧重在“我思”些“什么”的那个“什么”，而是侧重在“我思”这件“事”上，所以也是那种 Ereignis，故他的“思”主要也是怀疑、疑问……的意思。一方面，他是说，怀疑者不受“怀疑”；另方面，他也不是说这个“我”就当真不能“怀疑”，而是说“我”之“在”不受“怀疑”。“我”是“什么”，当然可以而且应该怀疑，但“我”之“在”则无可怀疑。恰恰是因为“我怀疑（思）”，那个“在”方“显现”出来了。笛卡尔用了“我称”动词，容易误解为用一种内在的感觉来“证明”“存在”；海德格尔则用第三人称（无人称）特别是用不定人称动词（动词原形），情况就普泛化了。

然而尽管问题普泛化了，要想完全避开“人”而只说 Dasein，不仅很费事，而且是不很可能的。说来有趣，世上很典型地有一件看得见、摸得着的“东西”，的的确确对那个“什么”的问题可以采取躲闪、回避的态度，这就是“人”。海德格尔费了很大的力气，把那个在“什么”之前的“是”、“在”、“有”，说清楚了，说得很有智慧，在西方哲学的发展中，从巴门尼德、亚里士多德……“形而上学”的扬弃中，开出一条新道路来，他的影响是不易抗拒的；但他却不太愿意把他的学说中蕴含了的前提（或叫“中心”）——“人”明确地揭示出来，而留待后人（如后结构主义、解构主义诸位）作为靶子来批评，固然有其自身学理上的根据，但也不是不可作另一种选择的。

“人”正是不能用“什么”来覆盖的。当然，我们也可以问“什么人”，回答可以是工人、农民等等，说的都是社会的分工、职能，未能完全涵盖“人”。那么，“人”是不是真的像当代新潮诸公认为的那样，只是一些“碎片”？我看“人”恰恰就在海氏那个“是”、“在”、“有”的层次上，即未完成那个“什么”的“是”、“在”、“有”。“人”就是那个“是”，而永远“等待”着——“创造”着那个“什么”。

中国有句俗话：“东西是死的，人是活的。”“活”就意味着那个没有“什么”的“是”。“人”是实实在在的“存在”、“有”，它“在那儿”，但它是“什么”？要说清楚真不容易，因为它是“活”的。“物”因“人”而“活”，“床”可以改成“桌子”；“人”既然可以“改造”“物”，当然也可以“改造”自身。今日可为座上客，明日可为阶下囚。“人”当然也可以是“死”的，“人”之“死”中国人叫“物化”。

"人"作为"动物"之一种来说，可夸之处甚少，它力气不大，跑得不快，却是万物中很特别的物，它原则上不接受问"是什么"。

海德格尔会说，我的 Dasein 只是"发问者"，根本不是"受问者"，因此你的问题本身不能成立。

然而，海氏的"不是什么"的"是"也要被问个"为什么"，"人"这个"提问者"不能豁免一切问题，甚至我还想说，"人"首先还是一个"被问者"。"人"可以躲闪一切"什么"，但不能回避问一个"谁"。

在许多的情况下，"谁"和"什么人"是可以通的，但细想起来，又是有区别的。"谁"的基本回答是"我"、"你"、"他"，而用此来回答"什么人"则是不太完善的。在西方的语言中，"我"、"你"、"他"也是动词的人称，所以不仅"提问"、"问问题"，而且有"提问者"——"肇事者"、"（动）作者"。当人们"提问"、"肇事"、"动作"时，已"等待"着那个"谁"的"质问"："谁说（问）的？""谁干的？"这时，就不能完全用"什么人"说的、干的来描述一下了事，而是要回答"我说的"、"我干的"或者"他说的"、"他干的"。"我"或"他"必须要承担这个"发问者"、"肇事者"的责任。"你"是"发问者"，"我"是"受问者"、"承担者"。笛卡尔说"我思故我在"，也许要改的是一个"语态"："我'被思'，故我在"。并不是说别人"想"（思）你"在"，你就“在”；而是说，“我”是以“被别人”“责问”、“要求”、“批评”来显现“我”的“存在”的。“我”首先以一个“承担者”、“负担者”、“负责者”而存在。被别人“需要”、“要求”……的“人”，才是真正的“人”。

说到这里，是不是又和德国的马丁·布伯、法国的列维纳斯所说的道理贯通起来了呢？

海德格尔在《存在与时间》里想用一种没有“形而上学”的“存在论”（本体论）来说他那个先于“什么”的“是”、“在”、“有”，慢慢觉得这个没有“什么”的“是”、“在”、“有”不能用任何的“论”来框住它，到了《论人本主义的信》中就想抛开一切的“论”；而列维纳斯则在“存在论”（本体论）之前，设“伦理学”，以此使“形而上学”（metaphysics，超越物理学、元物理学）面目一新，认为那“超越”之处，正是“伦理学”。“发问者”在“问题”之前，所以人与人的关系早于人与物的关系，引申开来说，那个在一切“什么”之前的“是”，正是“人”。

在“人”与“人”的关系中，“我”处于“被动”、“被问”、“承受”的地位，“我”必须“回答”（别人）的“问题”（质问）。“我思”不是“我”的任意性，而是“令”“我”“有所思”；“我在”也是“我”被注定要“在那儿”。萨特说，“人”被注定“是自由的”，说得很好，但“自由”不是“虚无”，恰恰是“有”、“在”，只是是那个“什么也不是”的“是”、“在”、“有”，因而不是空的自由，而是实实在在的自由，是“有自由”、“是自由”。“我在（是）”和“我是自由的”是一个意思，“是我”是对“质询”的“回答”，不仅是“存在论”，而且是“伦理学”。

我们看到，这些道理是不同的，但又是可以贯通的。所以，尽管列维纳斯常常批评海德格尔，但却很尊敬海德格尔，更常常承认自己很受海氏的影响。

海德格尔的“发问者”大有蔑视一切“庞然大物”（一切“坚固的东西”，一切“什么”）的气概，但却忧心忡忡。现成的一切（什么）都会如“大厦之将倾”，而那个剩余者 Sein 又是“什么也不是”，所以海氏的 Sein 带有某种“悲剧性”。这种“忧患意识”初不仅仅在那高科技时代“存在”（“是”、“在”、“有”）之“遗忘”，因为即使“回忆”起那“什么也不是”的“是”、“在”、“有”，又当何如？

写到这里，落笔时那种“融会贯通”、“豁然开朗”的心情没有了，不安的心情又随着这太短暂的愉快反而加剧起来。谁能料想读书之乐，竟也短暂得犹如世事穷通那样，好像一阵云烟飘忽过去了。沉寂下来的仍是“疑问”和“被问”。

聊以自慰者，我已有言在先，“通”是短暂的，“塞”则是经常的，故要更加努力去弄“通”。一方面把那

"塞"当作动力，继续探索，同时也珍惜即使是刹那的"通"的快乐，写下来，发扬出来。没有"通"之乐，写文章又有何趣？没有"塞"之阻，则读一本书、写一篇文章足矣。"朝闻道，夕死可矣"，既然天下没有哪一个早晨就能全弄通的"道理"，则但愿今晚不要死去，明天尚可继续努力。

（我用的是 R. Manheim 的英译 *An Introduction to Metaphysics*，宋祖良同志为我查出该书第一句话的德文原文，特此志谢。）

一九九二年五月二十七日于中国社会科学院哲学研究所

（原载《读书》一九九二年第十二期）

# 第二编

# 沈有鼎先生和他的大蒲扇

一九八九年初夏，报上发了一则几十个字的讣告，让人们知道著名的逻辑史专家沈有鼎先生去世。这则讣告，大概连学界的同行注意的人也不多。这也难怪，据说发这类消息是按级别的，当然这个级别不是学术性的，而沈先生最高行政性头衔是“离休干部”——沾了清华园早解放的光，而当年北大在城内沙滩，北大教员则无此殊荣。

现在人们想起了沈先生，可能主要听到或读到有关他的一些逸事奇闻，觉得这个人很有趣，想有更多的了解。当然，沈先生有许多好玩的事，学生们凑到一起，说也说不完。不过在我们心目中，沈先生首先是一位博大专深的学者，一个有特等头脑的学者，当然的确也是一个很有趣的学者，有许多奇闻逸事的学者。

作为我国著名的逻辑学家，沈有鼎先生在逻辑学方面的造诣，享有国际声誉。沈先生解放前已有中英文章多篇问世，改革开放后更有专门的论文在国内外学术刊物发表，进一步受到国内外学术界的重视。

沈先生对中国逻辑史的专题研究，更有突出的贡献，由于他运用现代逻辑的工具，分析古代诸家所提出的逻辑问题，使那些问题得到了进一步的澄清和深化。沈先生这方面的成就，可以他中文主要著作《墨经的逻辑学》为代表。

这本书写于五十年代，陆续在当时《光明日报》“哲学研究”副刊发表。沈先生这项研究，当年刚发表时就引起了广泛的重视，被认为是功力深厚而又有新诠释的科研成果。八十年代集辑成书，当我们重新学习时，更感到沈先生学术功底之扎实。那艰深难懂而又脱落误抄的古文，和那曲折迂回的推（道）理，经过沈先生清楚明晰的分析鉴定，显得平实、好懂多了。像著名的“白马非马”、“离坚白”等中国逻辑史问题，沈先生书中从逻辑的指谓等方面，有清楚的叙述，而作为附录收入书中讨论墨经“一少于二而多于五”的文章，更是沈先生思考这个问题取得“巧妙”（原书语）心得，你可以不同意他的解释，但沈先生的解释绝不会把问题搅混，使你糊涂，而是把问题揭示出来，让你知道问题所在，提反面意见时也知道从何下手。我对专门的逻辑问题是门外汉，所以读沈先生书时更多的是感到他那抓住问题不放，力求干净利落地来解决问题的科学态度和智慧，这常给我以逻辑学之外的教益。

我在北大读书时大概只远远看到过沈先生，但后来我们不但是北京干面胡同平房多年的邻居，而且在河南干校就床铺位置言，也是邻居；不但在北京哲学所是同事，而且在河南干校菜园班也是同事。

在干面胡同宿舍里，住的有许多名人学者。宿舍后院盖起新楼房，沈先生原也有资格搬进去，只是他嫌麻烦，就留在前院平房，与我们年轻人为伍。这个宿舍里有两位老先生走路碰头可以不用打招呼而又不以为忤，一位是罗念生先生，一位就是沈先生，但原因各异。罗先生因眼睛不好，看不清人，所以有时躲懒偷偷从他身边溜过；沈先生是不知道他那时脑子里想什么，大部分是你打招呼也白打，他急匆匆走他的路，好像没看见你一样，而他如果真有话跟你说，你走多远他也会追上你。

沈先生要跟你聊，那很难有什么东西能拦住他。一般他是不分场合、地点、时间和条件，只要他想跟你说些什么，也不管你在做什么，劈头就会说起来。不过话得说回来，一般我总是很欢迎沈先生的突然出现，那时他准有什么读书和思考心得来谈，而且他跟我谈的，准是我关心、喜欢的题目，从不谈专门的逻辑问题，因为他知道我不搞它，谈的大都是西哲史方面的话题，每次都使我有所获益，所以每次不论我在做什么，都让他把话讲完，尽兴而去；唯有一次——只有这一次，我正在写我那本《前苏格拉底哲学研究》中一段，实在不想打断，于是就对沈先生说："今天只谈二十分钟。"果然，他看着表——谢天谢地那时他已有一块手表，谈到二十分钟，真告辞了。

沈先生来，有时也是要听你讲。每年夏天晚饭后，干面胡同平房大院里，常常可以看到沈先生手持大蒲扇走来走去，这大概是他读书读"饱"了之后一种心旷神怡的表现。这时，如果我有朋友来，在门口放一张小桌一起聊天时，沈先生就会凑过来，一屁股坐在小马扎上，聚精会神地听我们聊天，很少打扰。在我的朋友中，常遇到这种情形的是徐书城兄，那时他在一个剧团画布景，谈的大多是艺术和美学方面的事，沈先生也听得很入神。

说起艺术，沈先生这样的"怪人"，居然也有那种情趣，而且有很深的修养，大概是一些人想不到的。当然，他是沈周的后代，家学自然很深厚，不过我也没有料到沈先生对中国戏曲的音韵也很熟悉。他知道我喜欢京剧，有一次谈起来，他居然能如数家珍地把那"撮口"、"齐齿"以及十三道辙和《中原音韵》的韵部，分得清清楚楚，使我大为惊讶。后来才知道，原来沈先生会唱昆曲，可惜我没有听他唱过。从说话的嗓音来看，他唱起来一定很好听。

无论如何，他这些音韵学知识，总是早年学得的，居然记得如此清楚，可见记忆力之强。我们所里有几位老先生博闻强记，沈先生是一个。他的外语好，而学外语需要好记性。沈先生不但英语、德语很好，而且懂得希腊文和拉丁文。沈先生懂希腊文是罗念生先生跟我说过的，而他拉丁文的知识所内许多人都曾领教过。记得六十年代初，组（现在的研究室）里让我具体编一本纪念培根的论文集，约沈先生写一篇。只见他天天夹着有拉丁原文《新工具》的那卷《培根全集》，来去匆匆，不久交来的文章是那样清楚、明晰，省了我这个小编辑许多的事。

说起记忆，一半是天生的，一半也靠后天训练。有一次沈先生来大谈希腊哲学，讲赫拉克利特的逻各斯，谈巴门尼德……，他说得太细致、太专门了，我觉得不像是凭记忆来谈的，于是问道："沈先生，是不是最近读了什么希腊哲学方面的书？"他笑了一下说："对，我刚读完柏奈特的《早期希腊哲学》。"原来，他的记忆也要靠"温习"来维持的，怪不得在干校有一次他对我说，"你老说记性不好，记性有什么要紧！"

的确，记性要靠温习，尤其要靠理解；但"理解力"也是一半靠天生，一半靠"修炼"。沈先生的思考、理解力自然公认是第一等的。我常想，我们一般人即使对自己的"思想"，也总有点虚无缥缈的味道，抓不住，摸不着，但"思想"对沈先生则似乎是一个成形了的具体的东西，是他"修炼"出来的一个"物品"，而且是个"活物”，可以呼之即来，挥之即去，要它往东，它不会往西；只要他愿意，随时随地都可以很快地进入“思想”，好像一个演员，用不着“酝酿情绪”就可以立即进入“角色”。

六十年代新来一位副所长，是个很好的人，但因初来，不甚了解具体情况，他到干面胡同分别拜访老先生，沈先生在前院平房，首当其冲，但早上九点去，沈先生在睡觉，下午三点去，他老先生又在睡觉，适逢当时要精简一些老先生支援外地大学，这位同志有意也让沈先生去，幸亏金岳霖先生拦了，才未调出。当然，很快这位同志也知道，沈先生因为随时都可进入“读书”、“思考”的“角色”，所以作息时间没有规律。“文革”前，我和沈先生一墙之隔，或竟是一门之隔——那扇门是后来才用砖砌上的，有时我们半夜听到沈先生哇啦哇啦念书，好在那时我年轻，吵醒了马上又能睡着，并不在意。当然，不是说沈先生只在夜里才读书，只是说他随时都可以读，而且读起来就很难有什么力量让他走出书境。记得邢台地震那年，我在江西四清，接到家里来信说，院子里许多人都出来了，只有沈先生没有出屋，好像仍在读书。很可能，沈先生并不知道除了唐山大地震外，世上还有过一次邢台地震。

然而读书人也有不能读书的时候，我和沈先生都到了河南五七干校，大家都只能读少数的书，专业书当然是禁读的。有一个阶段，我和沈先生一起在菜园班负责推水车浇菜。这是个轻活，壮夫不为，有的也为不成，因为要像驴那样在一个轴心上转，平衡器官不好的，不能干这个活。沈先生和我都不怕转圈，所以一同管这口井。那时沈先生已体会出光膀子可以免去洗上衣之苦这种优越性，直到深秋别人都穿上衣了，他还光着膀子。不过在井台上，他可以不带上衣，却常带着一支小铅笔和一点什么小纸片：有时是拆开的信封，有时是拆开的烟卷盒——他不吸烟，当然是拣别人的，一休息，就看他在小纸片上划些什么，都是些逻辑符号，我看不懂，他也很少跟我说。现在想来也奇怪，那时沈先生和我很少聊天，倒是很认真地天天围着井台转。后来来到河南明港，住在一个大军营里，集中搞“运动”。我和沈先生的床之间只隔着我用箱垒成的“床头柜”。那时大家不种地了，“运动”更是疲疲沓沓，实际的气氛“宽松”多了。李泽厚常和沈先生聊康德，李的床就在我们的脚头，床之间空出了仅容一人通过的小空间。我那时白天读多种文字的语录，晚上打着手电看英文小说。沈先生很夸了我那种学外语的劲头。我和沈先生谈的问题不像李泽厚那样专门。记得有一次谈到中国乐器很多不是汉族的，我说读过夏衍一篇文章，说乐器名为一个字的，则是汉族的居多，我说“有点道理”，不想被人向军宣队告了一状，说我“吹捧四条汉子”。——当然不是沈先生告的。

在政治方面，沈先生在“文革”期间不是重点，只是有一次说一条“最高指示”中“要加上一个逗点就更清楚了”，被开了一个晚上的“批判会”，会上口号也很吓人，有“现行反革命”、“不投降就叫他灭亡”这类的标语和喊声；第二天一早，院子里红卫兵小将再找他，他却在胡同西口的牛奶站——当时是比东口的油饼店高级的去处——吃早点呢。后来，沈先生既不是批判对象，当然也不是依靠对象。不过，那时谁也不能置身事外，至少开会总要想几句来发言批判地富反坏右资黑，尤其是那个“五一六”，挨不过去，沈先生也要讲几句，于是他就说那年 ××、×××（已经倒了台的中央文革成员）在大席棚（在京时学部大院临时搭起的一个会场）来挑动群众啦，××× 就坐在 ×× 的旁边啦，好像他在场一样，其实并无此事；在明港时，陈伯达倒台已许久了，他还在会上一本正经地说“根据陈伯达同志对学部的四点指示……”，引得哄堂大笑。于是，下面就流传沈先生一句“名言”：“我们这些人打红旗也打不像”，他的意思是要说明他这样的人不会“打着红旗反红旗”。

要说“逸闻”，有两件事无伤大雅，补充一下。

“人之初，性本馋”，沈先生的“馋”也很出名。刚住进干面胡同时，他常常带着几本书，到东安市场一家小西餐馆，连吃带喝加上读书，一坐就是一天。好在那时餐馆很安静，人很少，有一次我看到他正在那里读书，也没去打搅他。干校时，尽管伙食比下放、四清要好得多，沈先生还是想到明港镇上小饭店吃一顿。从军营到镇上也还有一段路，他要我陪他去，他请客。说也奇怪，自从他有这个动议后，一连好几个星期天都下雨，没有人愿意陪他去；可是一到星期六晚上，他就老念叨“明天别下雨”。后来还是当时连指导员（所里的干部，不是军宣队）说，“你们哪位行行好，明天陪他去一次”，于是我们两三个人这才下决心陪他去了镇上，那天沈先生最开心，跟他读“饱”书后那副怡然自得的样子一样，而且那天也没有下雨。

另有一事是尚在息县农村种地，一天中午沈先生没有回屋歇晌，一打听，原来他在食堂换饭票，因为他在银钱上一向很仔细，找头必要细细数过，有人恶作剧，找给他许许多多的小硬币，他竟毫不含糊地一一数了，分成好几小堆，数下来居然少了几分钱，开玩笑的同志只得补了给他。

总之，沈先生是个能读书、能思考，也是能吃、能睡的人。随时可以思考、读书，必定要有随时能睡觉的条件，否则身体顶不住的，而沈先生一向身体很壮实。从一九七二年回城后，他又搬到前三门去住，我们见面少了。我们最后一次谈话大概是那年院里在人大会堂举办春节茶话会，在一片喧笑声中，沈先生绕过好几个桌子来跟我说康德“审美判断”问题。

沈先生离开我们好几年了，他的专门的学问当由他的高足们来谈，好在他四十多万字的文集不久将由人民出版社出版，届时我们当好好学习、研究。

现在正值夏令，沈先生又该拿着那把大蒲扇在院子里晃来晃去了，不定什么时候就会坐下来跟你聊。当然，这已成了往事了。说起大蒲扇，如今北京很难买到，前几年小女儿碰到买了两把，每年夏天都拿出来用。有了电扇还要用大蒲扇，可谓“沈氏遗风”，不过“青出于蓝胜于蓝”，我的这把是好的，沈先生常拿的是一把破的。

一九九二年六月十七日于中国社会科学院哲学研究所

（原载《读书》一九九二年第九期）

# 我是还要买书的

近几年我不大买书了，但以前我倒是常逛书店买书。因为我主要买外文书，所以北京几处外文旧书店我都还熟悉，有时还要在上海、天津的旧书店买一点，当然最熟悉的还是北京的。

五十年代哲学所在中关村，进城不方便，等五八年底搬入城内，我住东城干面胡同，离东安市场几个书店很近，买的书就多了起来。那时中原、春明等几家旧书店外文书很多，去逛的人当然不乏前辈专家学者。记得有一次还碰到了周扬，正好前几天他在北大临湖轩接见了我们几个编写美学教材的，故还认得我，问了一声“有什么好书”，转了两圈就走了，看样子对店里的书相当熟悉。

说也奇怪，买书的高潮竟是在“文化大革命”的末期。也许是因为被压抑已久的“文化欲求”突然被网开一面，有一个渠道可以满足一下的缘故，那灯市西口中国书店外文部虽然要凭人事部门的介绍信才得入内，但那些初获“解放”的“牛鬼蛇神”老师们趋之若鹜，有时使那小小的店堂熙熙攘攘，好不热闹。我在那里常可以碰到北大的老师洪谦、齐良骥，已到人大的老师石峻，他们远从西郊而来，常在书店流连忘返；尤其是齐先生，似乎每星期必到，专买法文书，书店的老尚和老刘师傅也常为他留些法文哲学书。

在学部（社科院前身）工作的老师们因地利去的就更多了。我们干面胡同常去的有贺麟、戈宝权，不住干面胡同的何其芳也常去，他有时还带一根棍子将书背回去。据说缪灵珠先生也常去，可惜我不认识他，只是有一次看见他的夫人替他去取选好的书，说是病了，但还惦着这批书。

我那时很穷，每月固定出两块钱，作买书“专款”，所以选起书来掂来掂去，常错过一些好书，至今还在懊悔。后来想了个办法，好像现在的“大款”那样把书都选出来，慢慢地挑那又便宜又好的买，剩下的则给所里图书馆，这样书店也欢迎，而那时五六块钱也可以买一本很好的书，有两三个月我也就存起来了。办法是不错。但每月那两块钱常按捺不住地花了出去，下个月仍只有两块钱。不过，无论如何，我的有关希腊的一些书，大部分还都是那两年收集的，我开始做希腊哲学方面的研究，当然要感谢这些书了。

贺先生知道我喜欢书而又买不起什么书，不但借我书读，有时还送我一些书。在干面胡同大院里，贺先生是藏书最多的之一，中外文书都很多，还有些字画。那时候，机关图书馆一度停止借阅，贺先生家就是一个半公共图书馆，不少人从他家借书，他都慨允。他也常约我一起去西口的书店，有时还要替我付书款。有一次看到有温德班两本文集，他有这个集子，我向他借过，他就要买了给我，我不好意思地拦了，说想念时再向你借。过了两天，贺师母下班送来这两本书，说“贺先生让买给你的”。

贺先生终于落实政策了，补了扣发多年的工资。一天他来约我去西口逛书店，说这回你想买多少就买多少，我替你买。那天贺先生自己买了全唐诗，还有一部新印的碑帖汇编，我则选了部我自己买不起的拉丁文字典。回家的路上贺先生说，你在这本字典上写点什么，留个纪念。后来我用毛笔工工整整在字典上记下了这件事。不过很惭愧，我的拉丁文却一直没有多少进步。

贺先生渐渐地行动不便了，不能再去逛书店；后来眼睛不好，连伏案工作都难了。有一天，我去看他，只见他坐在轮椅上让人推着沿书架“巡视”，威严得像个将军，深情得又像个恋人。

买书原也有点“占有”的欲望在内，为“消解”那层不太好的意思，我才说它是“文化的占有”，好使这种“占有欲”高雅起来。不过既然是为“占有文化”而买书，就要用功去读书，去占有那书的“内容”，不光是“形式”；可是我自己的情形却往往是：买来的书不太读，借来的书则读起来比较抓紧、比较认真，这似乎也是我近年不大买书的原因之一。

然而，如果我认真读的书又是我买来的书，则无论“内容”或“形式”我是都要去“占有”的，这样，这些“书”就会成为“我”的一个部分，成了“我”的“存在形式”——或“我”的“存在场”的组成部分，to have 就会成了 to be。“我”不能没有这些“书”，就像不能没有眼睛、鼻子，不能没有手和脚一样。

所以，我只是说“近年不大买书了”，但绝不说“再不买书了”。我是还要买书的。

（原载《文汇读书周报》一九九三年七月十七号）

# 谈黑格尔哲学的意义
## ——怀念丕之同志

丕之走了，走得那样突然。离开北京时不是还好好的！那健壮而健谈的样子，一点也不像已过七十的人。然而他的确走了，这是一个“事实”，而“事实”往往是对人不利的。“死”就是这样一种最为普遍而又最无可奈何的“事实”。

我认识丕之三十多年了。一九五七年反右前他在高级党校工作，到人民大学听贺麟先生讲黑格尔哲学的课，不久就到哲学研究所贺先生领导的西方哲学史研究组工作。那时我刚从北大毕业，他在我面前有一个高大的形象，不仅年龄比我大——其实那时他才三十多岁，他还是党内的老干部、老革命，原则性很强，我对他一直有“敬畏”之心。之所以“敬”而又“畏”，乃是因为他常常批评人，没有可批评的，他也“教育（训）”人。譬如哲学所还在中关村时，他让我把寄到组里给老先生们的信，分送到各家去，还说“你现在做些细小的事，将来地位高了，就不会瞧不起这些事”，当时我虽然照办，但心里不十分情愿。说来也巧，三十年后，他从上海来京，在我们研究室（这时已不叫“组”了）看到桌上一大堆老先生们的信，他又说：“你怎么也不给他们带回去？”我向他解释：“他们年纪太大，多年难得来所一次，要紧的信都已改寄各家，这些信自有他们的研究生定期带去。”

丕之就是那样的人，好提意见，好批评人，也好“管”人。不了解的会觉得他因长期做领导工作有点架子，其实多接触了就会觉得他那内在的真诚和善意，至于说话方式有点生硬，反倒感到直率可爱了。就说是领导，他也是一个有魄力、有肩膀的好领导，在他领导下工作我感到很放心，因为他尽管批评你，但真有了问题他却能帮你，保护你，更不会把事情往你身上推。

作为一个老党员、老干部，丕之在政治上一贯非常坚定，这一点认识他的人都能突出地感受出来；只是在那疯狂、混乱、颠倒的年代，他的坚定性反倒不灵了，所以也吃了不少苦头，从此以后这个一直做领导工作的丕之，却无一官半职。起初朋友之间议论，觉得他可能不习惯，心理会不平衡，可是实际上他似乎一点也不在乎，正是在“赋闲”以后，他可以全力投入读书、写作，寄情于学术工作，乐而不倦。他的大部分著作，就是这一段时间写的，所以看起来他精神抖擞地做学问，“领导”着他那些书，反倒更得其所哉，说起来也是很令人钦佩的。

丕之一生唯好研究黑格尔哲学。当然，在书里他自己说过，最初发愿研究黑格尔是根据马克思、恩格斯、列宁的教导，后来也一直按照马克思主义的观点来批判、分析黑格尔哲学，有否定，也有肯定。他特别着重研究黑格尔的辩证法，每每加以强调发挥，也因为那是马克思肯定了的。这是丕之研究黑格尔的基本立场，自是不可动摇的。不过，我觉得丕之研究黑格尔哲学已经不完全是要遵守祖训去完成一件带政治性的任务，而有一种发自内心的学术兴趣在内，或者说，丕之研究黑格尔，不仅仅认为“应该”，而且还感到“需要”。

应该说，丕之研究黑格尔，也有他的困难之处。他不通外语，德文未学，英文也不能用。并不是说他不重视外语。刚到哲学所时他跟我们一起听贺先生讲英译黑格尔《精神现象学》，几位老先生给我们讲英文哲学原著选读，他都来听，他还到北大和我们一起听胡家胎先生开的哲学英文课。记得一九五八年我们在七里营劳动，他天不亮就起来在路灯下学英文，那时他才三十多岁，都以为他可以学好。大概还是行政工作太忙，这件事他没有坚持下来，后来的研究工作，只得依靠中文翻译。黑格尔主要哲学著作，是贺先生、王玖兴、杨一之先生译的，很可信，以此为依据做研究，不会有大偏差。

不仅如此，我还和一位朋友谈到过，丕之因不读外文书，则求精读中译原著，反复地读，不仅能融会贯通，而且也能开发出新问题，不像我因学了一些外语，想看的材料太多，分散了精力，对原著往往不能反复研读，就急着去读大量的二手材料。我曾开玩笑地说，我不是“用情不专”，而是“用功不专”，想读的书太多，“信息”大爆炸，我的思想也常被“炸”得粉碎，不像丕之那样专一，反复钻研，得其要领，也能深入，在通信中常提一些困难的问题，发人思考。

当然，丕之读书的面也是很广的，中国哲学、西方哲学，古代的、现代的，文学的、艺术的……，举凡涉及人文科学的，他都读，譬如他有一次来信说，他在读“易经”，又有一次他说花了几个月时间集中读了一些西方现代哲学的书，不过他的结论是“比古典哲学差远了”。可见，丕之心中有一把哲学的“尺子”，对这把“尺子”的信念，他是非常坚定的。

丕之对于古典哲学的虔诚的钻研态度，可以从他的著作中看出来。在这方面，他主要出版了七本书，其中除了《马克思与黑格尔》、《恩格斯与黑格尔》、《列宁与黑格尔》三本外，都是对原著的有选择的逐段解释，是他读书理解的记录，写了出来，帮助其他读者去理解。他的这种工作，使人想起早年英国坎普·斯密斯对康德《纯粹理性批判》的注释，这本注释至今还是学康德哲学必读的书。丕之除了已出版的关于黑格尔《大逻辑》、《小逻辑》的注释外，尚有一部手稿是《精神现象学》一书提要，失而复得，可惜已来不及在他生前出版了。

如今研究古典哲学，特别是黑格尔哲学的人越来越少，就连我们专业的哲学所，我们这个丕之曾工作过的西方哲学史研究室，大家都忙于研究“现代的”或“后现代的”，几乎没有什么人在做古典哲学的历史研究。为提倡研究古典哲学，丕之曾说服了一家出版社出版《康德黑格尔研究》集刊，只出了两集就不出了。丕之为此很伤心。

那么，古典哲学、黑格尔哲学是否真的不值得重视，不值得研究了呢？在这方面，我和丕之一样的固执。

就我们自己的情形来看，解放以后大家学习马克思主义，把德国古典哲学作为它的来源和背景来学，是受到鼓励的；但许多学哲学的，从学习德国古典哲学中得到的，是一种哲学的基础训练，因而他们去钻研这些著作，就不仅仅是为了完成政治学习的任务，而是哲学本身的兴趣在推动他们读康德、黑格尔的书。康德、黑格尔的书吸引着他们。

就国外的情形来说，现今西方国家哲学流派林立，在英、美大学哲学系，学生很少有人读黑格尔的书，但在欧洲大陆，黑格尔仍为一些哲学大家所重视。德国人不会忘记黑格尔，伽达默尔有专门的书讨论黑格尔；法国人似乎比德国人更重视黑格尔，对黑格尔哲学也有一些新的阐发，没有黑格尔哲学的基本训练，看不懂现代欧陆哲学的书，也是意料中的事。一九八八年我在英国牛津，一位教授对我们能否把握现代欧陆哲学表示怀疑，当他得知“黑格尔”这个名字在中国，曾经几乎是“家喻户晓”（household）之后，疑问顿消，说你们有这个“background”。

缅怀丕之，翻阅他的著作，也就如同和他一起复习黑格尔的哲学思想。他在《黑格尔迷宫的路标》（华东师范大学出版社，一九八八年）第41页引用黑格尔《小逻辑》一段话：“所以逻辑学中所说的精神也是纯粹自在的精神［（丕之）按：即精神自身］，亦即自由的精神，因为自由正是在他物中即是在自己本身中、自己依赖自己、自己是自己的决定者。”（《小逻辑》，第83页）

“逻辑”讲必然性，似乎很不自由，即黑格尔的“逻辑学”—“哲学”却是“自由”的学问，不好理解。平常我们说，黑格尔把“自由”和“必然”统一起来了。这话当然不错，但以此来搪塞，似乎一切难题和矛盾都立刻消融于万能的“统一”之中，则是偷懒的办法。黑格尔的意思是说：即使在“他物”之中，“精神”还保持住自身，这才是“自由”。此话又怎讲？按照黑格尔的意思，“精神”是“理念”、“概念”、“理想”，而不是“表象”。譬如我们看到一幢“房子”，作“表象”观，我们“受制于”“对象”，我们“看到”“房子”的形状、颜色，门、窗、烟囱的位置，甚而登其堂室，知其内部结构和陈设布局，等等，都“受制于”这幢“房子”，此处无“自由”可言；如果我们从“精神”、“理念”、“理想”、“概念”来“看”这“房子”，则就不完全“受制于”这作为“对象”的“房子”，而会觉得该“房子”某处应多一个窗户，门前缺少花园，或门廊显得太大……，“意识”到这一点，我们立即会觉得，“精神”即使在“他物”——那幢实际的房子中，仍能保持着自身的“独立”“自主”性，此为“自由”，而此种“自由”，确是比那“受制”的“表象”更有必然性，因而更为高级。因为“精神”本身就已把“已是什么”和“应是什么”统一了起来；不仅如此，“精神”这种“自由”还会经过人的艰苦劳作，“改变”那个“房子”，所以“精神”是更高的“存在”（是）的形式。这样，黑格尔的“自由”是很实在的，或比一切既成的现实更实在的。这种对“自由”的理解，和康德不同。康德的“自由”，没有实在性，只是一个空的“应该”，一个“无条件命令”，只限于“道德性”、“实践性”，以此来推出“善”、“责任”……，并由此导向宗教。康德这种“自由”观，经过丹麦的克尔凯郭尔、法国的萨特，很发扬了一番；但我觉得黑格尔的“自由”观才是希腊正宗。希腊人崇尚“理念”、“概念”、“Logos”，已蕴含了“精神”、“理性”、“自由”的意义在内，但真正开发出来的，或者说，真正把理性与精神自由结合起来，说得透彻的，是黑格尔。

康德的“自由”观的优点在于十分明快，所谓“自由”完全与“必然”对立，与知识对立，是纯粹意志性的，后来被发展成“选择的自由”；而唯有那“道德”之“责任”能够“管”它，使其不至放纵。这样，此种“自由”，人用之则战战兢兢，如履薄冰，完全没有那得心应手、怡然自得的情趣；黑格尔的“自由”观则不然，他说是在“他物”中也像在“自身”中一样，“他物”虽“限制”“精神”，但“精神”仍能自主，此种“精神”就一定是“理念”，是“理想”，因“理念”为“他物”之“理想”，执着于“理念”，则虽在“他物”中，亦有“自由”，或甚至可以说，因为“理念”不是抽象的、空洞的，“精神”也不是盲目的冲动，所以“精神”唯有作为“理念”，或“精神”唯是具体的、在“他物”中的，才是“自由”的。这种在“他物”中的“自由”，乃是古典的“自由”，希腊式的“自由”。人执此“自由”，则可左右逢源，怡然自得，真正体会出那“自由”、“自在”的滋味来。

康德比中世纪托马斯·阿奎那更进一步地将“自由”引入哲学之思考，贡献是很大的，此种观念受到现代哲学家之重视，也是理所当然的；但黑格尔则将“自由”

引入一个哲学体系，成为哲学思想之基石，使之居于哲学之顶端，以此来挽救“理性”于机械、必然的锁链之中，则至少应同样受到重视。现代西方哲学家对此点之忽视，应该说是一个缺陷。海德格尔对黑格尔——以及对马克思给予了学说上的尊敬，是他有大智慧的表现，但他为避免当代“主体”“控制论”的偏颇，而不谈“理念”，不谈“理性”（Vernunft），为强调“存在”之时间性、历史性而不谈“精神”（Geist），使他的学说蒙上一层历史命定论的阴影，并常被误解为“非理性主义”，也是很可惜的。

现代西方哲学，舍弃了黑格尔的“理性”，也舍弃了他的“无限”、“绝对”，认为是古典式体系哲学家“想象”出来的东西，无济于“真理”之把握。胡塞尔的现象学只讲“理念”，而不讲“绝对”、“无限”，因而缺少否定的环节和发展的过程，成为一种直接性的东西；而在黑格尔那里，“理性”与“自由”、“否定”、“发展”具有同一性，因而只有“理性”才是“绝对”、“无限”的。丕之书中引用《小逻辑》另一句话说：“真正的无限毋宁是‘在别物中即是在自身中’，或者从过程方面来表述，就是：‘在别物中返回到自己’。”（《小逻辑》第207页；《黑格尔迷宫的路标》，第195页）此处关于“无限”的阐释，几乎和前引关于“自由”的解释完全一样。“自由”即是“无限”，即“精神”“不受限制”，即不受“他物”的“限制”，而“精神”并非空无内容，故必在“他物”中而不受限制才为“自由”，才是“无限”，所以不是无限地“想象”下去——黑格尔特别批评这种无限制的“想象”为“恶的无限”。可是当代一些学者往往容易从“想象”方面去理解“无限”，认为“无限”是“想象”出来的，有些学者更借此来否定哲学；殊不知即使是黑格尔的“无限”，也不是随便“想”（象）出来的，它是根据一种道理摆出来的，而康德早就指出过，“绝对”、“无限”等恰恰是“不可想象”，是无“象”可“想”的。当然，我们可以反对他们讲的道理，但要反驳他们的立论的“根据”，才能推翻他们的思路——马克思正是这样做的；而不是以一种“想象”来反对另一种“想象”。

其实，“无限”、“绝对”、“自由”、“理性”……，这些都是“哲学”作为一门科学的内容，舍弃了它们，也就会舍弃“哲学”本身。“哲学”从近代以来受到分析性思潮及现象学思潮的威胁，已经给了我们以相当严重的警告：当前欧洲思想的危机，不完全在“存在”的遗忘，还在于“精神”之荒芜，亦即“理性”、“自由”、“无限”、“绝对”之丧失。“人”依赖“万物”而“生存”——叫 being 或 existence 都可以，“万物”“养育”着“人”，但如果“人”在“万物”（他物、别物）中“看”不到“自己”，而只看到“异己”，则“人”就活该没有“自由”，没有“家园”。黑格尔哲学曾被批评为一种“恋乡症”（Nostalgie），我看西方现代有些学派则好像患了“失魂落魄症”（Geistlos），在养育自己的“他者”中看不到“自己”，在“我”、“你”、“他”中看不到“人”际间之“精神”相通处，而反把自己的“家园”“想象”（真的是“想象”的产物）在彼岸的“天国”。我觉得，凡要在这个现实的世界——也是历史性的世界中寻求“自己的”“家园”的，则不能舍弃“哲学”，不能舍弃古典哲学，也不能完全舍弃黑格尔哲学。

从这个意义说，丕之毕生孜孜钻研的那些古典哲学问题，是不会过时的，他对黑格尔哲学所倾注的思想、感情，更不会虚掷；后人凡重视读黑格尔书的人，都会怀念丕之，怀念他那执着、勤奋的钻研精神，对古典哲学的浓厚兴趣和忠诚信念。说到这里，我想到了他书斋墙上挂的那幅黑格尔肖像——还在一九八〇年我第一次去美国时，他让我替他找一张黑格尔的大肖像，我在美国遍寻不得，后来他自己弄到一张，从此就端端正正地挂在了书斋的墙上。

我和丕之各方面都有许多的不同：论年龄他是我的师长，论职务他是我的领导，论习性他十分严肃，我却自由散漫。但三十多年来我们一直很亲密，他始终是我的良师益友，不想前年他来京庆祝贺麟先生九十华诞，怀柔小聚竟成永别。看来，唯有在“死”这件事上，我不能相信黑格尔的理性乐观主义，而要从现代诸家中寻求另一种理解。这或许是我同样重视阅读海德格尔书的原因。

（原载《哲学研究》一九九四年第五期）

# 学者的情怀

余丽嫦九月回京，给我她新著《托马斯·霍布斯》，特别要我看她的“后记”，读后又想起她前一本书《培根及其哲学》的“后记”，找出来对照着读，有一些感想，写下来与大家交流。

《培根及其哲学》一书是一九八七年人民出版社出的，这本书的“后记”中有一种对远在香港的父母、兄弟思念之情，在当时能公开表达出来，是不多见的；《托马斯·霍布斯》是她到香港后的著作，一九九五年由台湾东大图书公司印行，在这本书的“后记”中，余丽嫦又流露出对她工作了几十年的社科院哲学研究所的思念，两相对照，可谓“两地相思”，而又“一种情怀”。

余丽嫦自幼生长香港，中学时只身回广州，毕业于人民大学研究班，来哲学所工作已是一九五九年的事。我从陕西下放劳动回所后，见到了她，从此我们就在同一个研究室共同工作了三十多年。

说也奇怪，所里有些同事，本也有很多的“海外社会关系”，但大家都不知道，唯独余丽嫦，是众所周知的华侨、侨眷、侨属。不过，虽然如此，余丽嫦却是很进步的，反正比我进步得多；她从香港离别父母兄弟到大陆来求学，也是因为她觉得解放后大陆社会公平，人与人之间关系较简单，有爱心。她就是怀着这个坚定的信念，经过了大大小小的政治运动。她来哲学所时，“反右”运动已经过去，以后反五风、反右倾、四清、社教都和她关系不大，她一直是平稳地参加学习的。

可是，“文化大革命”她却过得很惨。那是个“人整人”、“人吃人”的时期，她也被卷了进去，并非她有什么“错误”，而是因为她太“天真”。工军宣队为她办了一个“轻量级”的“学习班”，但仍是不让回家，“隔离审查”，然后就大家一起下干校。那时她的两个孩子都很小，完全托付给了街道上一位大婶。因为我在“文革”中是“逍遥派”，虽不堪“重用”，但比她好过得多；一度还参加她的“学习班”，“攻”她的“心”。

大家同事多年，如今忽又拉下脸来，天天要批评她，起初实在太难为我了；不过，“重复”的力量真大，每天要你“攻心”，竟然从那么一天起，我也“振振有词”起来。孔夫子说的“学而时习之”嘛，不论什么“理”，什么“事”，多“习”了，似乎都是“真”的了！这是一个很可怕的经验呢，但愿以后不要再“重复”！

毕竟余丽嫦是个“天真”的人，俗话说，“没心没肺”。“文革”之后，一切都慢慢过去，慢慢淡薄，慢慢烟消云散了。她宽恕了一切的人和事，包括我这样一个“学”而时“习”之的同事在内，我们仍是好朋友。

“文革”后，余丽嫦全心全意投入她的培根哲学研究，她这本书写了十来年，其间我们有过很多的讨论、切磋。“慢工出细活儿”，她这本书材料和论述都是上乘的。就这个题目来说，如此的篇幅，就连英文的研究著作中，也是少有的。我在英国牛津一家图书馆开架书中，因找不到几本研究培根的专著，就问一位美国朋友，说“你们不大研究培根了”，他不好意思地回答说“还是有的，还是有的”。

书写完了，余丽嫦想把这本书题献给她的父母，因为她觉得离他们太久了，没有尽到做女儿的责任；但那时风气还未开到这一步，我知道不易通过，所以她只得在“后记”里写上了对父母感激的话。——如今这个做法早就不成问题，献给父母、妻子、丈夫、朋友甚至情人的，都“百无禁忌”了。

果然，余丽嫦回香港去了，但她的父母已经不在，只有一个有病的弟弟留在香港；不过无论如何，她那思念父母兄弟之情，得到了一些安慰，我为她祝福。

余丽嫦去了香港，我们的交往当然少多了。起初她在一家出版社工作，还有一些书信往还，后来换了工作机构，连书信也很少了。我时常想到，余丽嫦没有了我们这些朋友是怎样生活的。我们研究所虽不必天天坐班，但余丽嫦在的时候，我这一排的小写作间，每天都有不少人来工作。那时的“常委”有王树人、金顺福、阮仁慧、陈瑛等，再就是我和余丽嫦。工作时互不干扰，休息时互相聊聊，海阔天空、天南地北，各种“小道消息”，都聊，当然也经常聊学问。午餐时更是一次盛会，各人带着自己的饭盒，边吃边聊，最热闹的一次连当时的院长都来了。余丽嫦的《培根及其哲学》，就是在那个写作间定稿的。如今因为各种原因这个“常委会”解散了，这一排的写作间只有我一个人还是天天来，安静倒是很安静，有时静得有点可怕。起初我感到很不习惯，尤其是我的一些文章在送出去前总是请余丽嫦先看看，听听她的意见，实在也想听她夸奖几句，现在这个“第一读者”迁移出去，写好了文章竟有不知所措之感。所以我说，我不知道余丽嫦离开我们这些学友之后，如何习惯的。也许香港社会太喧嚣，工作、生活都很紧张，没有工夫想这些了。

然而，余丽嫦《托马斯·霍布斯》这本书的“后记”表露了她对北京、社科院、哲学所这个“第二故乡”的怀念。她说她工作之余读书、写作时，是她香港生活中的“绿洲”。她说：“八小时后，我就待在‘绿洲’中，和古人、洋人、今人的学者对话、论辩，悠然自得，白天有多少的不快也都悄然退去，了无痕迹。”我想，她在八小时后读书、写作时，她的居室也就成了北京哲学所的小写作间，窗外可以车水马龙，噪音不断，但一坐进这间小屋，则可充耳不闻、心如止水。也许，在这片“绿洲”中，会感到缺少了我们这些朋友，不过事实上我们这里也一个样，只觉得太静了，太静了。

学者以读书、写作为“天职”，“著述”是“学者”的“存在方式”，所以这个小写作间是我的“天堂”；余丽嫦去香港没有了这个写作间还要去营造这个“天地（堂）”，她管这叫“书呆子‘冒傻气’”、“自讨苦吃”。不错，在香港那个地方，余丽嫦这个“绿洲”的小天地与那社会的大气候的反差确实是太大了。不过，我也可以说，我们这里这个小天地，与北京市的大气候反差也是很大的。

我常有这种想法：社科院是最“老”、最“穷”的地方，而哲学所又是社科院里最“老”、最“穷”的，因“老”而“穷”，均为社会的“救济户”。说它“老”，并非说这个机构成立得早，而是说这门学问、这个学术太老了。古老的学问没有时效，就像一个老人，虽也有些经验积累的智慧，但更多的似乎是老人的“絮聒”。

“哲学”是最古老的学问，在某些学派看来它甚至“先于”“经验”——按康德，是“逻辑”“在先”，而不是“时间”“在先”，那么从时间说，“哲学”至少与“经验”“同在”（同老）了。“哲学”在各种学问中是“老前辈”、“老资格”，“工龄”长得很；但它也容易说“老话”，爱教训人，“老气横秋”……总之，它有“老（人）”的一切长处，也有“老（人）”的一切弱点。

余丽嫦是研究西方哲学史的，专攻近代英国经验论。如今哲学研究所，除了研究中国传统学问的外，研究“历史”的很少了。由贺麟先生建立的、我和余丽嫦所属的西方哲学史研究室现在大多数同事在研究现代西方哲学。当然，研究“过去”不能忽视“现在”，这一点，我自己也是很注意的。一度我曾觉得，研究“过去”，可以不及“以后”。如我在研究“前苏格拉底”时，觉得可以先把柏拉图、亚里士多德放一放，研究康德，可以把黑格尔放一放，因为康德不知道有个黑格尔；慢慢我感到这个想法不全面。应该说，只有在了解了柏拉图、亚里士多德之后，才能更深入地了解前苏格拉底诸家；只有在懂得黑格尔之后，才能更好地懂得康德。这样扩大开来说，我们研究哲学史的，要一直追踪到现代哲学的发展，才能比较深入。了解“现在”，才能深入了解“过去”，这个道理我深信不疑，而且自己也努力这样去做了。研究康德，要了解黑格尔，反过来，研究黑格尔，也一定要了解康德，不能说，研究黑格尔，可以不了解康德。过去这个道理，不成问题，如今却受到了事实的挑战。大家都热衷于关心新思潮、新学派，对于“哲学史”，似乎觉得那是“炒冷饭”，只是“历史兴趣”，可以被“断裂”出去了。于是，我们这个研究室，没有人专门研究古希腊哲学，没有人研究中古哲学，也没有人专门研究余丽嫦从事的专业了。

于是乎“哲学”学术本身也出现了反差：研究中国学问的，似乎越古越好，而研究西方哲学的，则似乎越新越深刻。

不过，“哲学”无论多么“新”，也掩盖不了它的“老态”，在大气候、大社会里，它仍是一个“老人”，在各经济实用的学科中，它是一个“老年学科”。“老人”不必为自己“涂脂抹粉”，也不必自暴自弃，“自动退出历史舞台”。“人老心不老”，是为“老人”的“上乘境界”。

这里的“心”乃是一种“精神”，一种“活力”，“哲学”研究的就是这种“精神”，这种“活力”。人类活的“精神”靠人类优秀“文化”传统维系，“哲学”是“文化”的重要组成部分，或者甚至是核心部分。“传统”应是“活”的，因为“精神”本应是“活跃”的。不但“传统”需要现在的精神去“激活”，而且现在的精神也要有“传统”来“激发”，使其更“活跃”，更有“力度”。不要以为“现在”的一切都是“活”的，都是有“生命力”的。说句不怕冒犯的话，现在的“死魂灵”比比皆是，“行尸走肉”的“僵尸”也能“作祟”，甚至表面上“活跃”得很。当这些东西充斥市场时，真正有生命力的“传统”就是“照妖镜”，而且是有效的“激发剂”，而不是可有可无的“添加剂”。

我对近代英国经验论了解得太少，只是因为余丽嫦研究培根，有时我也看点有关培根的书。总体来说，培根在西方学者的眼中不如洛克、休谟的地位高，也没有被赋予像笛卡尔那样大的作用，但马克思却十分重视他，认为他是欧洲近代唯物论的开山祖。由于西方学者不很重视，我们的学者虽很重视但又长期有一些固定的框框，所以对于培根的思想，留下不少可以开发的部分，余丽嫦这本很全面、很详细的书，提供了一个很好的基础。现在，她的新著《霍布斯》出版，说明在学术方向上，仍锲而不舍，可谓非常专一。不过，我知道，余丽嫦对于新思想也是很重视的，她在出版社主持编辑的书中，大多是“新潮”的，记得她曾在信中说，现在的学者既然有新思想、新理论，是古人所未及的，就应该重视它们，研究它们。所以，我相信，在“人老心不老”这一点上，我们是共通的。

眼看香港快要回归祖国，余丽嫦的“两地”的思念总算有个头了。届时虽不一定非回到北京、社科院、哲学所的小写作间，但“间隔”就纯是地理上的了，而纯地理上的距离是隔不了心理上的沟通、交流的。

实际上，就我个人的感觉来说，学者们之间早就沟通、交往了，也就是说，香港的学界早已提前回归了祖国，或者甚至根本上并没有“脱离”过祖国。这里或许缺少些“本质上”、“一般说”、“多数人”的限制词，但我看不必加了。

几年前我去香港开一个关于“安身立命”的学术讨论会。因为我是搞西方哲学的，过去有学术讨论会也都是西方学者参加，参加华人学者的讨论会还是第一次，所以会上一位朋友问我“你过去参加过这样的会吗？”因为他没有见过我。不仅是他，所有参加会的人，除了大陆去的同行外，我们都是第一次见面；但我似乎对他们一点也不陌生，只要十几分钟，就谈开了；给我的感觉是，他们对我也没有多少陌生感。会上会下都是如此。这次结识的一些学者中，后来有到北京，也有到我们研究所来的，见了面就格外亲切。

我想，华人自有华人的血肉联系，而学术也有学术自身的沟通。香港的学者和学术已经或者正在“提前”回归祖国，我想这已是一个实际的趋势，不能置疑的。

一九九五年十月十一日于中国社会科学院哲学研究所

（原载《读书》一九九六年第八期）

# 悼念王玖兴先生

玖兴先生离开我们快一年了,《王玖兴文集》即将出版，以华约写序，却之不恭，但又不敢言“序”，写一篇纪念文章吧。

王先生一九五七年回国来哲学研究所，那是我已经分配到所里工作近一年了，记得贺（麟）先生在颐和园听鹂馆宴请归国教授时，王先生没有“赶上”。那是一次“盛会”：一是我第一次近距离见到一些很大的学者，二是那个餐厅当时不对外开放，贺先生有一个什么证，允许在那里设宴招待客人；王先生没有赶上，他“赶上”了“反右”。

王先生回国时正开始“反右”运动，虽然按当时的政策，刚回国不久的归国华侨，被豁免了，但是贺先生的什么证大概也失效了，所里的形势也陡然变得很严峻了，似乎发现了不少“敌人”，要严阵以待，每个人的脸上都有一种庄严肃穆的表情，所以我第一次见到王先生是个什么样子已经说不出印象了，也可能是因为被豁免而不常来所也不常见面的缘故。

我记得起来的对王先生第一个印象好像是“反右”已经接近尾声，业务的问题又提出来讨论的时候。在一次小组——那时候“研究室”叫“研究组”，贺先生任组长——会上，谈各人的研究计划，轮到王先生时，他说要翻译一本有关存在主义的书，被一位老同志否定，声称本组重点在古典哲学，为深入理解马克思主义服务，所以要以翻译康德、黑格尔的书为主，当时我注意到王先生的表情很不高兴，但只能服从。这大概就是后来王先生与贺先生一起致力于黑格尔著作翻译的最初的动因。

说起翻译，现在看当然是非常重要的工作，就学术领域言，其学术价值绝不低于研究写作，但是当其时也，我们的观念却不是这样的。

当时似乎有一种不成文的“规定”：凡“老先生”皆属于做做“资料”和“翻译”工作，而我们这些年轻人，重点在于“写作”。

当年这种“老先生”和“年轻人”的区别，是实实在在“有形”的，不仅仅是“观念”上的。“老先生”有单独的“学习”组织，定期开会，有固定的参加者，不是随便可以串的。

现在想来，也许这些“老先生”都属于“统战”对象，是由组织决定的。

王先生当然就归入“老先生”这一部分。

对我们这些年轻人来说，当年这个“老先生”组的成员，我们有羡慕的地方，也有不羡慕的地方：羡慕的是，他们的级别高，工资多，住房条件好；不羡慕的是他们基本上不是“培养对象”，做做翻译，作作资料，研究工作要培养我们这些年轻人。这里意味着这些“老先生”是从旧社会过来的，或从资本主义国家回归的，在哲学观点上旧的影响比较深，需要大大的改造，而我们毕竟是新时代大学培养出来的，学的主要是马克思主义，改造起来相对简单一点。

所以很长时间里，我跟王先生是“两端”的人。

我们哲学常常教导人说，“两端—两极”是可以“转化”的。随着时间的推移，王先生从原来的“老先生”“极”，转化为光荣的共产党员；我却从“可以培养—信赖”的“年轻人”，转化成“老先生”了。只是现在想起来，这一切，对于王先生固然是极好的事情，不过也还有些遗憾：他的好事情来得晚了些。改革开放时王先生已经步入高龄，时间是不会倒流的。

比起王先生来，我似乎是比较“幸运”的：我“赶上”的时间比王先生要好。当王先生做“老先生”的时候，我是年轻人，至少在业务观点上是可以培养的，我们可以集中做学术研究工作，写文章，写书，在非运动时期还是受到保护和鼓励的；作为“老先生”，主要就只能按照需要，做一些翻译工作，写文章和写书固然不会被完全禁止，也是不很积极支持的。

这样，在我的心目中，我们研究组的包括王先生在内的主要工作就是翻译古典哲学名著。应该说，这样一种形势，的确造就了一批不可替代的翻译著作，其学术价值和对社会文化的贡献，有的要大大超过一般的学术专著。

就以王先生和贺先生合译的黑格尔《精神现象学》来说，那是下了极大的功夫的精雕细刻之作。那时我跟贺先生同住一个大院，贺先生住后院的高级楼房，我住前院的平房，我经常见到王先生一早就匆匆进大院，我知道那准是找贺先生讨论翻译中的问题了。有一次，到中午的时候，看见王先生又匆匆来找我，说他低血糖，一饿就心发慌，我心里一紧，那时招待客人是一件事，平常的饭食是难以待客的，这时王先生赶紧说，不吃饭，有糖没有，我松了一口气忙说有有有，我从小孩子的糖盒里拿了一块糖，等糖发挥了作用后，王先生这才从容讲话，说他跟贺先生争论起来，也不知是谁把谁改了的句子又改了回去，王先生不同意，跑去争论。我那时年轻，不很懂得翻译工作的艰难，但我已经感到，哲学的翻译工作，不仅仅是语言文字的问题，更是一个学术理解问题，他们的争论，也不仅是文字转化意思问题，当有更多的学理问题在内。

我对翻译工作的观念有一个转变过程，也跟王先生有关，那是晚近的事情了。王先生翻译费希特的《知识论》，所里推荐到院里，要我写一个推荐意见，尽管外语水平低，不敢怠慢，选了几段，对照原文读了起来，对着对着，我发现，王先生的翻译，越是在难译的地方，越见功夫，他的译文，在这些地方，常常照顾到外语、汉语和思想内容方方面面，译文读起来是那样的熨帖，对照以后，才感到译者是下了多大功夫才译得如此的顺当妥切。

这件事情后，我常常跟人谈起，王先生的翻译，有的条件是难得的：首先他的外语好，这当然是很重要的，在“文革”后期，我和王树人同志每星期去他家学德国作家施杜穆的小说《茵梦湖》，对王先生的德文水平有较深的理解；其次，他的中文好，这是我从他的译文和写作文章中，可以看出来的。这一点，过去我仅简单理解为“老先生”中文底子一般都好，而这次看到这个文集里说他原本是跟冯友兰先生学中国哲学的，才使我明白，王先生对于中国学问，是下过专门的功夫钻研过的。

这第三个条件，就是王先生的哲学训练当然很扎实，而且还是很有创造性思想的一位哲学家。这是我和王先生不很多的交往中有深切的体会的。

同在一个研究组，为什么说“交往不很多”？还是因为那个“老先生”的界限当时是实实在在的，虽不是

“不可逾越”，也是相当固定的。

当然毕竟有一些机会可以常常接触的。

譬如，我们这个组在“三面红旗”飘扬的时期，曾到河南七里营人民公社半日劳动锻炼，半日学习马列著作，在那里一住三个月；更不用说那当时并无定期的干校劳动了。这些都是我能够向包括王先生在内的“老先生”学习讨教的机会，当然，学习和交谈的方式要“多样”而“隐蔽”一点，被发现出来，就是不很小的问题。

终于盼到了可以公开谈论学术问题的时候了。改革开放初期，我们西方哲学史研究室——那时已经改成“室”了——有一次盛会，规模很小，除商务印书馆的高嵩和兰州大学一位进修同志外，全是室内的研究人员，之所以说是“盛会”，是因为那是全室同志都参加的难得的一次聚会。我们住在承德避暑山庄，因为什么关系，我们还住进了园子里面，连晚上都可以游园，那景色的确是幽静而带有皇家气派，在那里坐而论道，使得我们这些“老—小”先生——那时我也可以称作“小先生”了——真的得其所哉。那一个星期，几乎每天晚上都要和王先生聊天，在聊天中也经常谈到学术，使我进一步认识到王先生学问的力度。我感觉到，他不仅哲学史的知识渊博，根基扎实，而且思维非常敏捷，理解力极高，并很有自己的见解，怪不得贺先生有一次谈到翻译时，说了一句，“讲到哲学嘛，还是玖兴好”，因为我很认同这句话，就记住了，这几天，我又常常想起贺先生的话，因为辈分小，我不敢到住在隔壁的贺先生那里再次表示我的认同，只是加深了这个记忆。

所以我一直认为王先生没有一部自己的哲学专著留给我们，是王先生自己的遗憾，更是我们后辈的遗憾。

当然，以王先生这样的学养和思想的理解力做古典哲学的翻译工作，成绩之优异，是在意料之中的。

翻译工作的种种学养——上面说了三种，要在极高的层次上统统具备，已属不易，但尚不能说后无来者，只是尚有一个条件，大概后来者就难以“克隆”了，那就是“时间”。

不错，在那个时期，“先生”无论“老”、“小”，都有各种“运动”使之不能做业务工作，但一旦做起来，除非搞“大批判”，那是“紧迫”得很，好在既然称作“先生”，这些任务就不大容易派到头上，而一般的学术业务工作，倒也不像现在那样赶任务、抢时间；那时似乎有“无尽”的时间可以用，工作可以“精雕细刻”，王先生是这方面的典范，雅号“久磨”，当时是开玩笑的谑称，不无“拖拉”之责，但是更多是“慢工出细活”的意思，所以王先生也“笑纳”不怪；如今想来，这样一种“十年磨一剑”的“久磨”精神，是不大容易培养出来了，因为缺乏了那样的条件。现在项目立项，按时交卷，更有那社会之种种名利诱惑，遂使那聪明才智之士，都去搞那“短平快”的工作去了，王先生那“久磨”精神，失去“滋养”的土壤，所以我感到前面那三个条件——外语好，中文好，专业也好，当然会有后来人，只是那最后这个条件，有点不可再复了。

但愿我这是“杞人忧天”。

说到王先生的《文集》，其中有些文章我是知道的，这次主要阅读了早年以及后来的讲演稿子，特别是在一九四五、一九四六年，王先生只是三十左右的年轻人，就已经显示出他的思想之清晰，逻辑之严密，语言之严谨而流畅，难怪当时就受到金岳霖、冯友兰这样的哲学大家的赏识。这些大师们的眼光是很严格的，我尝想，在学问上，金先生认为好的，大概总是好的，因为太严格，他认为不好的，也许并不那么不好。王先生有一次跟我说，金先生有恩于他，但金先生过世后，他一篇文章也没有写，很遗憾。

人生常有遗憾的事情。对于王玖兴先生，我感到最为遗憾的，是他没有为我们留下他系统的哲学思想，他是有的，可惜他带走了。

二〇〇四年十一月二十八日　北京

注：此文为《王玖兴文集》序。《王玖兴文集》，王玖兴著，河北大学出版社二〇〇五年四月版。

# 第三编

# 没有时尚的时代？

## ——论“后现代”思潮

出了一个大题目，做一篇小文章，不过所讨论问题倒不是小问题。

先从“后现代”这个词说起。不是为给它下定义，而是说如何理解它。初看起来，“后现代”这个词有点费解。“现代”（modern）已有“现时”、“现在”的意思在内，加上一个“post”，而又不指“未来”，当如何解？于是人们解释道，“modern”这个词，在史学中专指十七八世纪以来的“近代”，而“现代”（史）则标以“contemporary”，以示区别。又有人说，所谓“后现代”，不是说“现代以后”，而是指“极端的”“现代”，而所谓“极端的”，欧洲人用“ultra”，而我国有人用“extreme”。这些说法当然都很能够帮助理解这个词，但总觉得还需要进一步说明。

现在，我想提出一个说法，请大家批评。按我说，modern这个词不是有“时髦”、“流行”、“时尚”的意思在内吗？过去我们中国人常译成“摩登”，于是有“摩登女郎”之说，而洋人也有“modern fashion”一说。从这层意思说，所谓“post-modern”，不仅是指“后近代”，而且是指“后时髦”、“后摩登”、“后时尚”。这里的“后”，不仅有时间上的前后，而且有意义上的正反。所谓“后时尚”，就是“非时尚”，是“崇尚‘时尚’之后”的意思。我觉得，这样理解，有一层学理上的好处，因为所谓“后现代”诸公有一个基本说法，即现代、当代的社会，已不是“崇尚‘时尚’”的时代，现时代（后现代）不可能有“主流”，不可能有“时髦”，不可能有“占统治地位”的“意识形态”，而是一个多元的社会。在他们心目中，“街上没有流行色”，而是万紫千红、五颜六色。所以，所谓后现代（post-modern），可以理解为“没有‘时尚’的时代”，“没有‘时尚’的世界”，the world without modern fashion。

我觉得，从这个角度，也可以把“后现代”这个思潮的主要思路理顺下来。

所谓时尚，乃是人为的一种风气，一些人开出一种风气之后，要众多的人模仿、学习、仿效，要别人服从，而自己则定为一宗，以道德、法律、真理自居，实际上则以自己的观点、思想、利益强加于人，要别人把它当作道德、法律、真理来服从。后现代诸公认为西方文化的传统正是以道德、法律、真理的名义强人所难的一种

“时尚”，因为事实上并没有超越的、永恒的道德、法律、真理在，所以才会出现“时尚”！曾经自称为真理的，总是要“解体”，一种真理会被另一种真理所代替，就像一种时尚必定会被另一种时尚所代替一样。

道德为一种“风尚”，尚属常理，法律就有自身的确定性，不好用“时尚”来说，而福柯却要说是监狱造成了罪犯。法律并不体现公正，而只是在公正的外衣下，维护着某些人的权利。如果法律表现强者的利益，则是镇压广大弱者的工具；如果被理解为代表弱者的利益，则压制了强者能力的发挥，而尼采对后者表现了特别的反感，认为法律保护弱者之惰性，而使强者不得施展其才能。

那么，真理又如何？真理总要有它的普遍性、必然性，而不能只是一种“时尚”吧？我们看到，后现代诸公很努力地尽各人的聪明才智向人们表明：一向被认为是“真理”的，仍只是一些“时尚”。

认定真理亦为“时尚”的后现代诸公都以“反传统”的勇士自居，其实这种思潮，也有深厚的历史传统在，并不完全是当代诸公独创的。在西方哲学中，形而上学的传统当然很强，那是从亚里士多德以来一个大传统，或者叫“大时尚”。哲学—形而上学追求不变的、永恒的“真”“知识”——“真理”。但是，即使在古代，这个传统也不是唯一的，古代希腊就有怀疑论。著名的怀疑论学派与亚里士多德同时，而且后来学院的领导权竟落入这一派手中。近代怀疑论从笛卡尔、休谟、康德也有一个很强大的传统。怀疑论反对独断论，反对形而上学，反对妄加否定或肯定，提倡一种“括起来”、“存疑”、“悬搁”的精神，原本也有合理的一面，所以能自成传统。后现代派反对西方哲学传统，实际上只是用一种传统反对另一种传统，或者说，用“小传统”反对“大传统”，因为怀疑论这个传统不能满足人们“终极追求”的欲望，虽不乏强有力的思想者，未能成为西方哲学的“大气候”，相比之下，领风骚的时间比较短些。

怀疑论未能成为大气候，现代的怀疑论者——后现代派诸公更干脆认为今后就不可能出现任何大气候，一个时代不可能有统一的、定为一宗的“时代精神”。

后现代派之所以有如此的看法，其核心的理由是认为，世上本没有传统意义上的“意义”、“价值”、“真理”，历代被认为是“真理”的“思想”，原非“一线单传”，而都是具体的实际条件的产物，所以不仅各种思想体系（意识形态）之间相互矛盾，互相拆台（解体），就是一个思想体系内部，同样充满了矛盾，会自行解体。某些思想体系在一些时代被认为是“真理”，令诸“小气候”——百家服从，乃是由权力决定的，统治阶级的思想就成为统治的思想。于是为这个阶级服务的文人学士就著书立说，要万家学习、遵从，并且世世代代学下去。古圣贤的著作将传诸久远，因为它表达了真理，而服从真理就像服从上帝一样，是为人之本，是人的天职。

然而，后现代诸公说，世上何尝有亘古不变的“真理”？组成“真理”的是一些“语句”，语言本是人为的，而它要“说”的“事”却是自然的，要这两者符合——“符合论”原本是对真理、真知识的一种理解，本来就很勉强，不可能天衣无缝，语言和现实之间永远有一条“缝”。

语言的形式是人为的，那么语言的内容呢？“说”总要“说”些“什么”，这些“什么”不可以是客观的、现实的吗？后现代派反驳道，这些“什么”说穿了都是一些表象（representations），是客观现实的代表。当代表固然很有身份，但毕竟不是“原始的东西”。何以见得你能“代表”？还不是有权势的那一层人说了算；更何况，所谓表象式的思想方式，表象式的“真理”观，在黑格尔那里已经受到了批评，他认为表象离不开直观、影像，而真理是“绝对”，恰恰是没有表象的，真理是“概念”的，而且是无表象的“概念”。不过后现代派说，黑格尔的无表象的“绝对”“概念”自身是矛盾的，所以也解体了。总之，在后现代诸公看来，传统上所谓的真理，实际上就像柏拉图洞穴之喻所说的，只是影子，或影子的“影子”，是仿制品（Simulacrum，让·鲍德里亚语）。

这是揭穿传统哲学之虚妄性，而现在的人——后现代的人之所以能够彻底揭穿这种虚妄性，则又与这个时代的“人”的特点有关。这里，我应该赶紧说明，这个所谓“后现代”的“人”的特点，实际是“没有特点”，或者说，“没有共同的特点”，而“各人有各人的特点”，一个个的人，没有“同”，只有“异”。

强调“人”的个别性、差异性，现在西方思潮已经走得很远了，他们甚至认为说“他人”是另一个“我”都不过瘾，说“他”就是“他”，不是“我”。这话说得很到家（到位），因为如果“他”仍是一个“我”，则“我”尚可以“我”之心度“他”之腹；如今“他”就是“他”，则“我”其奈“他”何？

“我”的“话”（写的书、做的报告、出的文件等等）要“你”（他）“听”（听从）吗？凭什么？因为“我”的“话”是真理？谁也不敢说所言之语，句句是真理。那么凭什么？凭权力。除了权力外，“他”绝不“听从”“我”。反过来一样。“我”凭什么“听（从）”“你”的？“我”有“我”自己的见解、立场、眼光。当然，“我”要“读”“你”的“书”，但“读”不等于“听从”，“读”是“解（读）”，是批评，是揭发“你”的“矛盾”。你说你的“书”是“文本”，是“本文”，是“本”；我说你的“书”仍是“流”，不是“源”；是翻版，不是原版。你有你的“文本”，我在“读”你的书时，也有我的“文本”，我“解读”了你的书，我也就有了另一个新版本，所以“读”书，“写”书，不过是各个“文本”之间的参照关系（intertextuality），大家都是仿制品，你不能说因为你有权势，被人为地定为一宗，就比我的高明些。在真理面前人人平等，就是在版本面前人人平等，不过不是人人都要“服从”“原本”，而是“原本”也是版本之一种，与其他版本处于同等地位。

关键问题在于“我”根本不相信“你”的版本是真理，甚至不认为“你”的版本比“我”的要高明多少。“我”和“你”处于同等的地位，谁都不可能被“同化”。“我”、“你”、“他”只能是“异”，不会是“同”。

对“人”的这种异质性的理解，就后现代派言，似乎还有一层意思应该揭明：在后现代派诸家看来，过去的“人”对这种异质性的觉悟，不如现在的人——后现代的人自觉程度高，因而不如现在的人普遍，而只有像尼采这样的少数人才有这样的觉悟。过去的人，因为种种原因——或文化不高，或地位太低……，容易相信“同”，容易“认同”，譬如古代的种族、家族、等级，近代的阶级，以及职业的分工——业主、工人、农民……，而现在—后现代的“人”则不承认有统一的类属，或社会上的类属分工都不能说明“人”之为“人”。“人”是“个体性”的，“个体性”就是“个体性”，“我”就是“我”，“你”就是“你”。现在—后现代的“人”就好像从过去被类属束缚了的“共同体”中迸裂出来的原子、单子那样，人人不同。过去—近代的“人”有点像古代希腊阿那克萨哥拉的“同类体”，又叫作种子。种子之所以叫作“同类体”是因为种子尽管可以生出不同品种的东西来，但它们内部成分是一样的，种子包含了“一切”，无论它多小，同样包有“一切”，所以还可以分下去；而德谟克利特的思路就不同，他说事物分到了最后，种子里那些成分都给分出来，“一切”不在“一”里，“一”不包含“一切”，所以就没有得可分的，是为原子，原子每一个都不同。过去—近代的人有点像阿那克萨哥拉的“同类体”（种子），而现在—后现代的人则是德谟克利特的原子。

过去—近代的人都大体上要归一个属类，是工人就得做工，是军人就得勇敢，是臣民就得服从君主的命令。即使像康德这样的人物，也得服从君主的“缄默令”，而以学者不放弃自己的信念来自我排解。至于大多数的芸芸众生，则各安其分（社会分工之属类），名之曰服从法律、遵守纪律、恪守道德、克己敬业……，就连从事“自由思想”的哲学家，也得“服从真理”。

现在—后现代的人则每个人都是一个充实的实体，一个原子，它没有“缝隙”，真正具有“不可入性”。现在—后现代的人也读书，但他读书不是要从书中“取得”些什么，而是“放进”去些什么。作者“编织”了自己的文本，读者则根据这些“文本”的材料，重新“编织”自己的文本。读者并不是通过“文本”去“领会”作者之“原意”，因为作者已“不在”，“原意”也就“不在”。并不是作者“决定”读者，甚至不是“文本”“决定”读者。如果要说“决定性”的话，在作者、文本、读者三者之间，读者是决定性的。作者（他人）的文本“进入”不了读者内部，因为读者作为“原子”的“内部”是“实心”的。文本只能给读者以影像，于是，有什么样的读者（镜子），就会有什么样的影像，而每一个读者——每一面“镜子”都是不同的，因而“影像”也是不同的。“一千个演员就有一千个哈姆雷特”，同样，“一千个读者就有一千本《红楼梦》”。表面上似乎在读同一本书，实际读的却并不是同一本书，因为尽管人们不能“取出”书里没有的东西，但每个人“放进去”的东西却都是不同的。“取出”的东西为“对象”所“限制”，但“放进去”的东西却没有什么“规定”。

我们——现在—后现代社会就是这样一个由众多“原子”构成的世界，没有大写的“人”，没有大写的“我”，也没有大写的“主体”（Subject），大家平等，而又异质，没有主、客之分。

后现代派诸家很反对西方十九世纪以来的“主体主义”，因为在这个思潮中“人”有一个大的特性，即主体性，它不同于客体性，譬如不能知识化、对象化等等，尽管把“人”说得很“特别”，但仍有一个共同性——不能归结为“客体”的“主体性”。这个思潮，从胡塞尔的现象学以及由海德格尔早期、雅斯贝尔斯等引进现象学的存在主义（existenialism），这两种思潮结合起来在法国很流行了一阵，出了像萨特这样的代表人物，领了一时之风骚。如今后现代派诸公，大概也离不开现象学和存在主义的思路，但他们更进一步和法国的结构主义、符号学这个学派结合起来，发展了海德格尔思想中摧毁性的一面，走到了一个很极端的地步。他们反对从“主体性”来理解人，并不是因为人在世界中，“主体”和“客体”本是一体——这是从黑格尔以来现象学“正宗”，由胡塞尔强调“人文科学”即海德格尔将“Dasein”提高到非经验层次，也算为“人”找出一个暂时（有时限的）落实的地方。后现代派根本不承认有主、客这样一种关系。

“人”是“主”吗？“人”本不是一个“统一体”、“共同体”，“人心各如其面”，每个人都不一样，事实上，不要说过去的人大多数都不在“主”位，就是现在的人，也都被各种社会制度制约住，不能在“主位”。就现代的代议制言，好像很民主，实际上是虚假的。“你”怎能“代表”得“我”？“代表”——representative 和“表象”——representation 一样，是仿制品，不是真货。所以一些激进的后现代派在政治体制上反对代议制，认为那是假民主。

那么，以全体人类为“主体”，而以自然为“客体”行不行？这个问题现代科技发展也向人类敲起了警钟：主体不能向客体榨取过多的财富，人与自然应和睦相处，以求平衡和稳定。其实现象学整个思想系统就是建立在这种和谐关系上，来强调“人文科学”的重要性，不过胡塞尔担心自然科技的发展会淹没了“人”，而海德格尔说“人”和“世界”不是主、奴—主、客关系，而是邻居关系，则似乎又更进了一步。这样，“人”不在主位，也不在客位，主和客本是一种人为的分割。

更何况，如人人都在主位，也就没有了主位。那么，有“一群人”在“主位”行不行？过去是这样，现在—后现代的时代则不行。在后现代，物可以以类聚，而人则不能以群分。不是因为人太大而不能分，而是因人太小而不能分，“人”是一个个不可分的“小个体”。

所以，在这个时代，不可能有占主位的大思潮、大气候，而最多只有小思潮、小潮流；认真讲起来，有多少人，就有多少思潮——或形不成“潮”，则曰“思想”亦可。大思潮领一代之风骚，管很长一个时期，是为时代精神；小潮流则变动不居，才显出生命之跳动，精神之活泼，每个人都能拥有自己的“文本”，拥有自己的世界。人人皆为圣贤，也就用不着圣贤来“教导”众生。

天才的崇拜，天才的时代已经一去不复返，现在的时代、后现代的时代是“人人”的时代，但这个“人人”不是一个概念，不是一个群体，所以不是“大”众，而是每个人的时代。天才的时代过去了，但天才并没有“死去”，只是在人人都是天才时，天才也就不成其为天才。每个人都“与众不同”。

世界上再也没有什么“潮流”、“时髦”——“意识形态”。“你”想“制造”（创造）一个潮流吗？“你”想开一代之风气吗？“我”不相信“你”，“我”要“解构”“你”，使这种潮流解体，而不成其为潮流。于是有“后现代”、“无潮流”、“无时尚”时代。

“后现代”这个“小潮流”（按他们自己的意思，不会有大潮流）很激进，但同样激进的理论开出的却不是“后现代”一家。譬如，既然说，“他”不是另一个“我”，那么，“我”对“他”（你）还可以有一种态度，叫作“诚”，叫作“敬”。

“我”固然是一个个体，但却不一定就是现成的个体。“他”（你）可以是现成的，因为“我”来到这个世界之前，就已有“他”、“你”，“你”和“他”早于“我”。“我”之所以为“我”，是因为已经有了“你”和“他”，“我”是“你”和“他”的“补充”和“继续”。所以，从这个意义上说，虽同样为“单子”，但“你”和“他”都是“实”的，“我”则是“空”的，按古代原子论的话说，“你”和“他”是“原子”，“我”却是“虚空”——古人比我们后现代派诸公“宽容”一些，承认“虚空”也是arche（始基、本源……）。

“我”是“虚”的、“空”的，“我”就要“接纳”“你”和“他”，使自己“充实”起来，“我”就要“听话”、“读书”，“我”要“邀请”“你”和“他”，“我”要“学习”，要“听从”。要“学习”（读）“你”和“他”的“书”，遵守法律和道德，因为法律和道德也是“你”和“他”的经验、教训的结晶。至于那自古以来就受人崇尚的真理，则更是“我”所要追求的，对于真、善、美，“我”充满了诚意、敬意、爱意。正因为真、善、美是无穷无尽的，因而“我”的诚、敬、爱之心也永不会熄灭。

后现代派诸公会说：要知道，“人”是“要死的”，你死了之后，你的一切“作品”，都要由后人来评说。不错，人固有一死，“我”一定会死，但我相信后人作为“自我”言也都是“虚”的、“空”的，他们也要“学习”，他们会先倾听“我”的声音。——虽然“我”的声音是很微弱的，但就是为了这一点微弱的声音，“我”的工作—写作，也就有了“意义”。

你说你是“虚”的、“空”的，要“接纳”“他人”的东西，岂不是太不自由了。然而，只有虚的、空的才是自由的，如果“我”也像原子那样是“实心”的——不是“虚”其“心”，那么反倒很不自由，因为只能受到别的原子的撞击，而受物理世界必然律力的支配，这是古代希腊人已经告诉我们的。在原子的无序的撞击中，才出来一个宇宙——秩序。这全是物理世界的规律，我想后现代派诸公也不愿意自己如此。

“我”则“虚”其“心”，就有了“余地”，有了“可能性”，可以“择善而从”。

或曰，你讲“服从”、“顺从”，一点没有自我的独立性，一副“庸人”相。其实，“虚其心”正是为了更好地“充实”，你这副“臭皮囊”到底拿什么来“充实”它？我想还是以人类一切优秀文化成果来充实之，以这些材料来在我“心”中酝酿、发酵，使“我”在“充实”之后也能在这个优秀成果之中“放进去”些什么，而不是毫无准备、毫无根据或自以为是地“放进”一些废物去。

你说什么“诚”呀、“敬”呀，是你们东方人的传统——不对，“诚”和“敬”你们西方人也开始说起来了，不信读读法国列维纳斯的书就知道了；至于“爱”，则西方人说了几千年了，不是我们东方人特有的。不过从这里也可以看出，东西方的哲学文化原也是可以沟通的。

后现代派诸公这种“无时尚”的时代使人想起希腊古代的“民主制”，那不是“代议制”，而是直接参与的全体会议制——大概就是后现代派某些人所谓“公众场地”（public sphere）的“理想境界”，这在古代希腊雅典城邦小国家的条件下，或属可行，但其效果亦不见得理想。当其时也，那一个个“公民原子”跑到会议上去“碰撞”，从唇枪舌剑，到鼓噪喧嚣，时间一长，因莫衷一是而常常受“蛊惑家”（demagogy）的左右。在纷乱的局面下，于是有苏格拉底、柏拉图以及亚里士多德诸家出，领了西方哲学数千年的风骚，至今人们可以不同意他们的学说，但无人敢说他们创造（制造）的只是一个“小气候”。

“没有时尚”、“没有大气候”的时代未必是好的时代，当人们感觉到这个时代的不幸和悲哀时，也必定会欢迎他们自己的苏格拉底、柏拉图、亚里士多德的到来。

最后，我还想说明一点，我并不认为后现代派诸家都已是些“蛊惑家”，他们多数还是很严肃的学者，我也很愿意读他们的书，重视研究他们提出的问题。但我觉得他们用每个人的小世界、小思想、小气候来代替、取消一个时代的大气候，不是一个好势头。

此外，我写这篇文章，是读了美国普林斯顿大学新出（一九九二年）的一本介绍“后现代”学派思想的书，综合起来的一点感想。这本书不是学术专著，但材料很全，介绍得相当准确、清楚。美国人已接触“后现代”思潮有年，故能清楚、详细、可靠地介绍出来，而对于新思潮的介绍，准确和详细是最重要的。书后并附有三十多页的参考书目，对我国读者很有帮助，我想有兴趣的朋友不妨找来读读。这本书的作者为 Pauline Marie Rosenau，书名为 *Post-Modernism and the Social Sciences*（1992，Princeton University Press）。

一九九三年十一月二十七日于中国社会科学院哲学研究所

（原载《读书》一九九四年第二期）

# 说“五十而知天命”

孔子说他十五岁立志学习，三十而立，四十不惑，五十而知天命，六十耳顺，七十岁而从心所欲，不逾矩（《论语·为政》），说这话时已过七十，孔子死于七十三岁，所以“从心所欲，不逾矩”的境界，未曾持续几年。

为什么已“知天命”之后，又过了二十年才“从心所欲，不逾矩”？孔子说他“五十而知天命”到底是什么意思？“天命”不就是“天道”——最高智慧吗？认识了“最高智慧”还要等二十年才达到“从心所欲，不逾矩”的“最高境界”，不是很让人费解吗？

孔子这段话是他一生经验的总结，有自己的具体意义，也有普遍的意义，所以我们至今还常说“已过而立（不惑）之年”这样的话，可见几千年来，历史已有翻天覆地的变化，但一个人的生命历程似乎仍然大同小异。

孔子一生目标是要在纷乱的世界中建立一种秩序，希望天下由乱到治，而他认为“乱”是“现在”的事，

“过去”尧舜周公的天下是“治”的，所以“未来”的“治”，当是“过去”的“重复”——“恢复”。“过去”之所以“治”，乃在于天下万物（包括人）都各有其自己的恰当的位置，按照自己的应有的“份”，来发挥作用并得到应有的“补偿”。天下各安其位，行其所应行，得其所应得，则就是天下归“仁”，“安于位”就是“安于仁”，过与不及、越位或不到位，都是“不仁”。“不仁”就“天下大乱”。“乱”，就是天下万物“错位”。譬如做“父亲”的不教、不慈，是为“不仁”，做“儿子”的不孝、不养，是为“不仁”，为“君”的“不爱民”，为“民”的“不服从君”，好犯上作乱，都是“不仁”，都会“乱”，“仁者爱人”，这个“爱”也是就其“位”而“爱”之，不是普泛的“爱”。譬如父亲爱儿子，但如果不严加管教，则是“溺爱”，是“害”了他，不是真“爱”他。君子爱人以德，不教而诛，在长者是为“不仁”。所以孔子的“仁爱”是有区别的——也可以说是有等级的“爱”，是具体的“爱”，不是抽象的“爱”。

抱着这个“爱国（天下）”、“爱民”的“仁爱”思想，孔子三十岁“立”于世。“立”什么？“立”是指“立”“命”，即“立”自己的“使命”。——要使天下大治，这种“治”，建立于万物得其“位”的“仁”“爱”的基础之上，则不会再“错位”，则会长治而久安。到四十岁，这个“志向”（命）已经达到不可动摇（不惑）

的地步，无论世事如何纷乱，这个“命”——“使命”都坚如磐石，只是勇往直前。

然而，三四十岁只是坚定地“立”定一个“志向”，还是主观的，到底这个“志向”能否实现，或者实现的程度如何，这时还是没法估计到的。三四十岁正是所谓“主体性”高扬的时候，以天下为己任，要想实行自己一套的主张。到了五十岁，可谓达到一个人事业的顶峰，也正是这个时候，孔子的事业有个大起大落。先是由都宰升到司空、司寇，有了行政权，后来又遭冷遇而退至二线、三线，转向教书育人，并率徒周游各国，以求能行其道，终因未见采用而更退至政治舞台的“后台”，集中力量致力于学术工作，整理古代文献，与学生们探讨各种问题，阐发自己的思想，学生们记录下来后，成为中国的文化经典《论语》这本书。

从这个历程来看，所谓“五十而知天命”的意思就比较清楚：原来三四十岁时的“主体性”高扬的锐气受到了阻抑，在奋争之后，“知道”还有一个比自己“立”下的“使命”更为有力、更为强大的“使命”——“天命”。“天命”是“上天”给你下达的“命令”，是“天”规定了的你的“使命”。世界上的事，并不是你想做什么就可以做什么，即使你的想法是对的，也不一定能做得成，你立身在世，所能做的事，只是去努力完成“天”“分配”给你的“任务”，这是你应该做的，也是你可以做的。康德说，他的哲学是要让人弄清楚：到底人能（被允许）“认知”什么，人“应该”做什么，和人能（被允许）“希望”些什么。明白了这三个问题，也就知道了“人是什么”。孔子对人生在世——在现实的感性世界能（被允许）做些什么是很有体会的，他总结，这种体会，在他五十岁的时候，在他的事业进入高峰而开始下降后，体会出来了：我孔子只能（被允许）做什么事。

在这个意义上，“知天命”不是智慧、学问的终结，更不是生命的终结，而只是“开始”；于是，孔子六十岁“开始”“耳顺”了，到了七十岁，进入“从心所欲，不逾矩”的状态。三四十岁的人，“志向”很大、很高，“主体性”高扬，但并不能“从心所欲，不逾矩”，可能碰许多的钉子，或者消极颓废，或者愤世嫉俗，情绪有许多波动，到五十岁后，就可能找到自己在社会上的位置了，不再那样消极颓废，也不再那样愤世嫉俗，而可以努力地、安心地去完成自己该完成的事业——德国人叫 Bestimmung，英、美人叫 vocation，中国人也叫“天职”，譬如抚养子女是父母的“天职”等等。这样，再有十来年，“耳”就“顺”了，不会因为“他人”的意思不合“己意”，就听不进去。“顺”者乃是“顺”“天命”的意思；“天命”只能“顺”，不能“逆”的。这样，再过十来年，自己的纯粹的“主体性”被“改造”了，心里想的，已不是那“不很可能”的、“空洞”的“应该”，而是在“知天命”、“耳顺”之后，尽自己应尽的“天职”，所以，“从心所欲，不逾矩”，“心想事成”，想做什么就能做什么了，“应该”和“可能”统一了，“人”和“天”统一了。不过，这时“人”已年过七十岁，还有什么作为呢？所以，“从心所欲，不逾矩”似乎只能是一种短暂的“境界”了。

无论如何，按照孔子的经验，在人的生命的历程中，五十岁是很重要的，它提示你，该做些什么，不该做些什么；能做些什么，不能做些什么，你的“天职”是什么，用现在的话说，你五十年的经验给你的人生“定了位”。有了这个“位置”，你如果再“越位”、“僭妄”，或者放弃这个“位置”而“不到位”，则是为“不仁”，就不是“君子”了。

“定了位”不等于“到了位”。你还得努力才能使自己“到位”，所以五十岁是一个“开始”，而不是“终结”。我们固然不能说“人生从五十开始”，但却可以说“人生真正的事业从五十开始”。

从现代的眼光来看，这个年龄段似乎太慢了些，现在强调干部要年轻化，孔子这个说法有些不合时宜了；不过，我认为就“学术”的“事业”言，孔子这个说法，是相当准确的。从实际的情况来揣测，孔子说“五十而知天命”这个“天命”的更为具体的意思就是：他意识到他这一生是要从事“学术工作”的。

就学术工作而言，“五十”岁常是一个分水岭：是成熟期，也是某种意义的“开始”。当然，学术领域内也有许多的“天才”人物，他们在很早的年龄就有划时代的学术成果，像王国维只活到五十岁，他的学术成果就十分可观；当然，我们可以假想他不自杀，活到七十岁，这二十年时间的成果可能更加辉煌——我们只能说，“天才”毕竟是“例外”，一般来说，“大器”总还是比较的“晚成”的。幸好我们的“至圣先师”、“万世师表”不是这种“天才”式人物，而且留下有明确的“人生经验总结”——他是五十岁才“知天命”的，以后以二十年的功力从事学术活动，才达到“从心所欲，不逾矩”的程度。这为我们这些老而无成的人提供一种安慰：孔夫子如此，何况吾辈！

更何况，自孔子以后，学术经验又积累了两千好几百年，就历史传统的学习来说，已不光是夏、商、周三代，只我们自己的传统就有浩如烟海的典籍，不要说十五岁开始“学”，就是在娘胎里开始“胎教”，用通常的办法，绝对“学”不过来。

更何况，如今开放时代，而且近百余年来，中国受到东、西洋文化的影响，需要知道、学习的事不知多出许多来，需要学习洋文、洋书，要与洋人交往，而日月周天的运行和孔老夫子时代差不多，一天只有“十二个时辰”（二十四小时），就是不睡觉也学不过来。

更何况，如今是信息化时代，不但有印刷出来的书，而且有电影、电视……更有电子计算机，信息高速公路，我们要“知道”的，不仅是圣人、学者、专家的意思，就连普通人的意思也不能完全忽略。孔子就说过“三人行必有吾师”，按这个比例算，全世界三分之一的人都可以是我的老师，过去他们的“话”我绝大部分是听不到的，马马虎虎也就罢了，如今他们的“话”我们可以听到、读到的，越来越多了，凭什么你能“不听”？这样，我们要积累经验，想出一些办法来，鉴定哪些“话”要“听”，哪些“话”可以暂时“不听”。

更何况，我们当中大多数人也和孔夫子一样，不一定早年就认识到自己的“天命”——什么该做，什么不该做，什么是能力所及，什么是能力不及的，而是付出多年的代价，做做这个，又做做那个，慢慢地才找出自己的“位置”来，这时也真到五十岁了。

更何况，世事的变化有时不以人的意志为转移，一代人有一代人“浪费时间”、“虚度年华”的苦恼，而有些是不能由他们自己负责的。譬如我们这代人，经过“文化大革命”，在“干校”好几年，加上各种“运动”，有十多二十年时间不在做自己的工作，按孔子的十年一进的计算，已经“浪费”了两个跨度，所以只能是“七十”“知天命”了。或许，现代条件好，存活的时间比古人长，七十已不“稀”，活到九十岁，把这个跨度补回来了，但八九十岁的人，精力当然比不上五六十岁，所以实际上不容易补回来。

凡此种种，无非说明，学术性的工作耗费的时间要长一些，五十岁为一关键，是比较合适的。近读牟宗三先生《五十自述》，知道他在五十岁同意印行自述的全部，可见五十岁对他的学术生涯也是一个转折点。

就孔子而言，他从五十岁知天命后，又经过二十年，才有“从心所欲，不逾矩”之感，可见学术工作的难度；不过，同时也说明，在学术领域里孔子找到了他在实际政治领域里所没有找到过的感觉：在学术领域里，他得心应手，真的使“应该”的变成了“可能”的、“现实”的了。从这种感觉，反过来又印证了他在五十岁时所体会出的“天命”、“天职”感，是正确的、合适的，他以二十年的努力，果然达到了智慧的最高境界——“自由”。

“自由”是“自在”，都出于“自（己）”。“自由”必先“知己”——苏格拉底所谓“认识你自己”；在孔子的意义上，就是“知天命”，认识我自己的“天职”，而不只是“为所欲为”地“主体性”高扬。

“自己”是“什么”？“自己”为“自己”的“本性”。《中庸》说“天命之谓性”，这个“性”是“自己”的，也是“天”“赋予”的，世间万物的“性”，是“天”（自然）“赋予”的；“人”的“自己”的“性”，是“社会”、“他人”所“赋予”的，当然，也是“自己”努力去“完成”的。“人”以“自己”工作、业绩去“充实”这个“性”，使它凸显出来，所以不是不努力，而要很努力去“完成”这个“性”，使之“完满”、“圆满”，使之“尽”。从一个意义来说，“命”和“性”又都不是“先天”地注定的，因而要到五十岁以后才能找到这个“定位”，在这之前只是一个“空位”，是一个“X”；孔子的意思是要人一定去找到这个“位”，否则将一事无成，达不到“从心所欲，不逾矩”的“自由”境界。

于是，“自由”不是“胡思乱想”，而是“知己”，认识自己的“本性”；而这个“本性”，也不是“想干什么就能干什么”，想当“帝王”就能当得成的，更不是生下来就注定了的。“天命”不是“人的命，天注定”的“迷信”。“人”的“本性”，是具体的社会实践的“结果”，是通过体验、思考、实践经验得来的，在这个意义上，你的“本性”，是你自己的“创造”，也是“他人”的“赋予”，所以，孔子才说，“人贵有自知之明”，这个“自知”，就是“知天命”，而孔子是五十岁才体验出来的。

（原载《开放时代》一九九四年第四期）

# 谈“哲学”的“用处”

常常遇到这样一个问题：“哲学”不管吃，不管穿，还有什么用处?

这个问题使我想起庄子的一则寓言。一天惠子向庄子抱怨，说他有一棵叫樗的大树，因为太大了，木匠无法下手，所以工匠们连看都不看它一眼，真是大而无用。庄子说，你这棵树因其太大，而不受斤斧之砍伐，没有人加害于它，有什么可抱怨的呢。

这个寓言很有意思。庄子的意思是说，小有小的用处，大有大的用处。参天的大树不宜做桌椅板凳，即使有下手处，也不能“大材小用”，但庄子说，你可以“彷徨乎无为其侧，逍遥乎寝卧其下”，沐浴于这棵大树之下的情趣，不是高级沙发所能代替的。

我想，包括“哲学”在内的“文化”产品正像那参天的大树一样，其真实价值，不在其有“小用”，而在其有“大用”。

这样说，并没有轻视“小用”的意思。人们的衣食住行当然是很基本的，对人的生活来说，是必不可少的。只是说，人的生活是复杂的，不见得吃不得、用不得的东西就没有价值。人不仅需要物质食粮，而且需要精神食粮。说精神方面的价值“大”，是因为它比物质方面的价值更长久，更深远。“大树”比“小树”的命长，是庄子说的“大年”。

“大树”之所以得享“大年”，在于它没有“眼前”的用处。一切没有眼前用处的东西，都能得到更为长久的“保存”。“原始森林”未曾开发，它“保存”下来了；日月星辰尚未曾被利用，它们似乎为“永恒”。长城不再有防御作用，故宫不再住人，都成了“文物”“古迹”，供人游览（逍遥）瞻仰，为此而禁卫森严地保护着。

不过，大树之所以未被用，不是因为它真的无用，而是因为它太大，工匠们“奈何不了”它，只好“由”它去了。然而，时至今日，惠子那棵樗树，在掌握了高科技的现代人的眼里，也还是一个“小玩意”，或许早已派上了什么用场了。不要说树，就是那日月星辰、洪荒大漠，不都正在被人们开发着么？

人的科技的力量太大了，人的机巧也太高超了。樗树被砍伐了，那不能吃不能用的“文物”，也进入了商品市场，将它“拍卖”出去，转化成货币，于是也成了能吃、能用的了。据说这才叫让“文物”“活”起来。

“文化”产品进入市场是市场经济的必然结果，就像科技的发展必定要向日月星辰、大漠荒原进军一样；再说，“文化人”也要“谋生”，以自己的产品来换取温饱，也是天经地义的事，何况，“物质的刺激”也会促进一下“文化”本身的发展，就像市场促进物质生产一样。这里所要“提醒”的乃是“文化”拥有自身的价值，就像“自然”也有其自身的价值一样，在“开发”的同时，我们应注意“保存”它们的自身价值，而如真的损害了各自的固有价值，则会失去“平衡”——“生态平衡”和“文化平衡”。“文化”和“自然”的自身价值，就是所谓的“大用”。

人的求知和控制自然的欲望是无穷的，但是实际的程度上都是有限的。人不是全知全能的。这样，在人和自然的关系中，总要有那“让它去”、“由它去”的这一层面。惠子的那棵大树，在那个时代的工匠说，只能“由它去”。

“由它去”、“让它去”的态度，是一种“无为”的态度，也是一种“自由”的态度。这种态度倒也不完全是消极的，因为摆脱了直接实用功利的态度，往往能使“自然”的对象成为“文化”的对象，使“自然”成为“美”，使“自然之物”成为“文化之物”（文物）。这样，我想也就是海德格尔所说的 Sein-lassen，“使”（让、令、由）其“存在”，而海德格尔认为这就是“自由”。

人对“自然”不采取直接功利态度，而采取“自由”的态度，于是一切“存在者”（Seiende）就成为Sein；“自然”就成为“历史”、“人文”。海德格尔批评现代社会中“控制”思想的泛滥，称之为“存在”的“遗忘”。所谓“存在”的遗忘就是“历史”的遗忘，“人文”的遗忘，也就是只顾眼前利益，不顾长久的利益，只顾“小用”，不顾“大用”。

在“大用”的遗忘中，“哲学”有一种特殊的“提醒”作用。

一方面，“哲学”（的著作）在“小用”方面一无可取。它不但不管吃，不管用，而且那种“文化”产品中可以存有的“娱乐”、“消闲”（逍遥）的作用都因其过于艰深而大为减色。“哲学”有一个“科学”的体系，掌握起来也不很容易。读哲学书不同于听音乐、观赏绘画雕塑、看电影，也不像读小说和诗，更不是游览名山大川、古刹断垣。这给哲学书籍进入市场带来了很大的难度。哲学家只得以“安贫乐道”来自我解嘲。“哲学”未必“贫困”，但“哲学家”大都“贫困”。

然而“哲学家”堪以自慰的是他研究的“对象”却正是那永远砍伐不了的“长青大树”，而以只有“大用”并无“小用”为自豪。因为其他的文化“产品”，多多少少会有点“小用”，似乎只有“哲学”，它的“小用”小到了可以忽略不计，所以它只有“大用”。

“哲学”就其传统看，研究“无限”。“无限”大的“树”在原则上不可能有任何手段——包括将来最先进的高科技——来将其砍伐的，“无限”不可分割，因而它得以永久“保存”，而享其“大年”。

“无限”为“不受限制”，为“自由”。“哲学”正是以“自由”的态度来对待万事万物，在有限的事物中保持着“无限”，在功利和世界中保持着理性的、清醒的态度，也就是说，不执着于万物的“小用”，而着眼于事物的“大用”。

人们常说，“画饼不能充饥”，凡·高笔下的“鞋”也不能穿，但却比实际的鞋有更大的意义、更大的用处。实际的鞋穿破了就会被扔掉，所谓“弃之如敝屣”是也；但凡·高画的“鞋”却具有永久的价值。康德将这种艺术欣赏的态度叫作“无功利性”（disinterested），其实，事物一旦摆脱眼前实用的“小功利”，自会“显现”出那更为久远的“大功利”。

“哲学”对自身的“大用”要有信心，在日益发达的“小用”世界中多一种洞察力，要在那现实的、功利的世界中，更清醒地、更坚定地保持着世界的“大用”，而不必像古人那样，将“大用”植在那“无何有之乡”。

（原载《原道》第一集，一九九四年版）

# 说“人相忘乎道术”

庄子《大宗师》篇借孔子的口说:“鱼相造乎水，人相造乎道。相造乎水者，穿池而养给；相造乎道者，无事而生定。故曰：鱼相忘乎江湖，人相忘乎道术。”同篇又说:“泉涸，鱼相与处于陆，相呴以湿，相濡以沫，不如相忘于江湖，与其誉尧而非桀也，不如两忘而化其道。”意思很清楚：人和鱼一样，要有一个合宜的生活环境，才能生活得幸福、快乐，其乐融融，以至与环境融为一体，达到物我“两忘”的境界。

所谓与环境融为一体，也就是与自然、社会融为一体，与天地融为一体，但庄子这里没有说“鱼相忘乎江湖，人相忘乎天地”，而这个说法不论按古代的语言或庄子的思想看，都是一种很顺当的说法，但庄子却未用此说，而特别要说“人相忘乎道术”，那么“道术”在这里又如何与鱼的“江湖”相对应，成为人的快乐生活的必要条件?

从“人相忘乎道术”这句话，我们可以体会出：“人”不是天生就能得到快乐，人要与环境（天地、他人）打成一片，还得通过“道术”。人通过“道术”与环境（天地、他人）相造（相就，相适）。

古代的学问家就是提出各种“道术”的人，庄子《天下》篇概括了古代名家“道术”的内容，是最早的一部学术思想史——道术史。

庄周的“道术”得自老子，庄子书与老子书的基本思想是一致的，这从庄子《天下》篇中也能看得出来。他说老聃的道术“以本为精，以物为粗，以有积为不足，澹然独与神明居”，又说“无为也而笑巧”，“人皆取实，己独取虚，无藏也故有余”，这些都是老子书里的思想；而说到庄周自己，则谓“芴漠无形，变化无常，死与生与，天地并与”，并谓“以谬悠之说，荒唐之言，无端崖之辞……以卮言为曼衍，以重言为真，以寓言为广，独与天地精神往来而不敖倪于万物，不谴是非以与世俗处”，则将老子的思想作了自己的发挥，而更侧重于齐生死、灭是非、万物混成、物我同一的“绝对”境界。不过庄子虽然和老子一样强调“返朴归真”，但要达到此种“物我两忘”的境界，庄子则更看重要有一定的“道术”。通过“道术”来“返朴归真”，这是庄子看重“言”——“理论”、“方法”的原因，尽管庄子喜用“寓言”、“荒唐之言”，但他的著作却不仅仅是“启示”和“箴言”，而是兼有叙述和议论的学术著作。庄子书以形象、叙述、推论等各种形式的“言”，来阐述他的“道术”。

和老子一样，庄子的“道术”也早于“天地”，“夫道，有情有信，无为无形；可传而不可受，可得而不可见；自本自根，未有天地，自古以固存，神鬼神帝，生天生地；在太极之上而不为高，在六极之下而不为深，先天地生而不为久，长于上古而不为老。”（《大宗师》）为什么“有情有信”的“道”，却“无为无形”？而“无为无形”的“道”却又“神鬼神帝，生天生地”？

“有情有信”说明“道”是能动的，或者含有某种“信息”（消息），或者是可以“相信”的，可以证实的。“道”的“信息”必可“应验”。“道”可以“生天生地”，使“鬼”、“帝”得到“精神”，或“生”出“鬼”、“帝”来，但“道”却是“无为无形”。这就是说，“道”在“动”之后，并不留下自己的痕迹，它“无为无形”。“道”老是“隐匿”自己，“道”为“玄”、“幽”、“冥”，为在“太极”之至高，在“六极”之至“深”，至大、至精、至远、至古（老），故“不可见”，“不可授”。“道”在“生天生地”发动万物之后，却隐于至远、至深、至高、至下、至古、至老的地方，不可见，不可授。

所以，“道”并非“万物”中之一“物”，不是可以“授”（受）的东西，也不是看得见的东西。“道”不是螺丝钉，留在那组装成了的机器上，可以看得见，摸得着，也可以卸下来给你；“道”好像那种子，生长出来树木、枝叶后，自己就“隐”去。“道”是天地万物的最原始的“种子”，是古代希腊人的“始基”，恩培多克勒的“根”，阿那克萨哥拉的“相同体”——“种子”。

因为庄子的“道”像赫拉克利特的“自然”（生长——亦即种子）一样，总是“隐匿”自己，所以不能马上“指”（refer to）出来，而我们又要来“说”它，来“传”它，以便人们能“得”到它，于是，我们就有了一种很特殊的“语言”，即不是“摸指”外物的语言：所以庄子用“荒唐之言”，用“寓言”，用“卮言”，都为了避免“实”有所“指”，而又要力图将那个道说清楚。

老子书中喜欢用“水”来比喻道。“水”色为“黑”，为“暗”，为“深”；道为“水”中之“物”，似有似无，若隐若显。老子说，“上善若水”（八章），利万物而不争；又说，“道之为物，惟恍惟惚。惚兮恍兮，其中有象；恍兮惚兮，其中有物。窈兮冥兮，其中有精；其精甚真，其中有信”（二十一章），这一段，很形象地比喻了“水”中之“物”，道是真实的、可信的，但却很恍惚，如隔雾观花，时明时暗。

“水”自身无“形”——故古代希腊人叫它为“无定形”（ἁπειρου），以万物的形状为形状，是为无形之形，无状之状；正因为“水”无自己的形状，为“无定形”，则反倒可以“容”纳万物。就能“容”万物言，“水”为

“空”，为“无”；但“水”自身亦为“有”，只有此种特殊的、非同一般的（“非常”的）“有”，才能包容万物，滋生万物。我们看到，无论中国人、欧洲人，古代的哲人都想到以“水”来比喻那最根本、最原始的东西，可谓天下英雄所见略同。

庄子也喜欢谈“水”，他的“鱼相造乎水，人相造乎道”，仍以“水”喻道，乃老子的家法。

庄子还说：“水静则明烛须眉，平中准，大匠取法焉。水静犹明，而况精神。圣人之心静乎，天地之鉴也，万物之镜也。夫虚静恬淡寂漠无为者，天地之本，而道德之至。”（《天道》篇）这种比喻又进一步发挥出“水”“静”可“鉴”“万物”，如同（圣）人之“心”那样。止水可以鉴人，“心”如“止水”，则万物无不明悉于“心”，此时之“心”可谓“得道”；如果“心潮澎湃”、“心潮逐浪高”，则不能“鉴”，不能“容”。故“心”、“水”、“道”以其“无”而得万物，得天下；如果一味表现、强调自身之“存在”，“心”、“水”、“道”仅只是一“物”，以“此物”来对“彼物”，如此而矣。

庄子、老子的理想是要让“道”、“心”、“水”平静下来，成为虚的、空的，则万物莫不可纳于其中，明鉴天下，所以就“道”、“心”、“水”言，似乎只有失去“自我”（自己），才能发挥更大的作用；去掉的是“自我”（自己），得到的是“天下”、“万物”——所以，老子书三章所说“是以圣人之治，虚其心，实其腹，弱其志，强其骨……”就不一定含有通常“愚民”的意思在内，相反，圣人之治，正是要治下百姓人人都像圣人自己那样，“虚心”“纳物”，“弱志”“得道”，正是那“人相造乎道”的世界，即此种世界恰恰不是“动物的世界”（牲畜的世界），而是“人的世界”。在“动物的世界”中，“动物”为“一物”，而在“人的世界”中，“人”则可以“存”（容、纳、得）“万物”，关键在于“人”不能把自己降为“动物”。

就存在论言，一方面人为“自然”的一个部分，它亦是一种“动物”（生物）；但另一方面，人之作为人，正在于它并没有“自己”的特殊的“本性”，而可以以“万物”的本性为本性。这就是说，人可以利用万物的本性使之成为与自己相适应（造）的本性。动物只知躲避“火”，而人却可以“利用”“火”；相当一部分的动物（陆栖的）都怕“水”，人仍可利用“水”。古代有“水晶宫”的幻想，如今人可以在海中筑城而居，以此可以想象，人或亦可以某种“手段”，进入“火山”之中，而不受伤害。从这角度来看，庄子所谓“登高不栗，入水不濡，入火不热”（“大宗师”）当其时虽为一种幻想，但绝非迷信，甚至似乎也不是有某种“特异功能”；事实上，其中两条（“高”与“水”），如今已成现实。

马克思在《一八四四年经济学—哲学手稿》中说过，

动物以自身种属的尺度来适应自然，人则以自然本身的尺度来创造。所以人并没有一成不变的“本性”，而在改造自然的过程中，不断地改造自己的本性。

人以自然万物自身的尺度来改造自然，使之成为适合自己生存的环境——世界，因此，就理论上、原则上说，人可以在任何环境保存、养育自己。如今人类已进入太空时代，人在太空中生活已不是神话的幻想，而是实实在在的事情。

如果说，人真有什么“特性”（本质，本性）的话，那么能掌握万物自身的规律加以利用，参与事物自身运化之进程，从而为自身生存服务，这可以说“人”作为族类的特点之一。所谓掌握万物自身的规律，参与造化之进程，这正是我们所说的科学、技术，而庄子所说的“道术”。“人相忘乎道术”，也就是人以科学、技术改造世界，使世界与人融为一体——自然已不是单纯的外在“对象”，而是人的生活的一部分，就像水是鱼生活的一部分一样。

“鱼”通“水”性是天生的、自然的，而人通万物之性则要靠道术，靠科学、技术。人通过科学、技术掌握万物之本性来与万物打成一片，使自己以天地、四海为家，无往而不适；科学、技术使人“超越”自己的种族——超出动物、生物的种族，达到人之所以为人的境界。

人通过道术（科学、技术）掌握万物之本性，则不执着于人自身种属的立场，可以设身处地替万物“着想”，“我”不仅可以替“他人”着想，而且可以替一切“他者”着想，可以为日、月、山、川着想，能“知道”日、月、山、川的“习性”，在何种条件下，会有何种“动作”。人不必真的变成鱼，就可以“知”道鱼在水中很快乐，可以知鱼性，知水性，这一切，都靠“道术”，靠科学、技术，而不是靠“修炼”，把自己“变”成鱼，“变”成水。庄子的问题仍然是：“庄周”（人）不是“鱼”，如何能知鱼（在“水”中）之乐，而庄子的回答也是“我知之濠上也”（《秋水》篇），而不是说“我”就“是”“鱼”。人说，“我”“看见”了，“我”“知道”了。“理智的直观”乃是科学性思想的基础，凡有一个理智性的概念，必有一个直观性的对象相对应。

从科学性（及科学性的技术）方面来发挥“道术”，西方人的贡献甚大。科学性的思想（道术）有一个很大的特点，就是它的公共性、普遍性；就是说，它的理论、设想和技术，是原则上人人都能掌握的，是经过努力人人都能得到的“道术”。

“公众性”在古代希腊就有很深的社会基础。以中国传统的眼光来看，古代希腊社会可算真正的“小国寡民”。以古代雅典为例，方圆不大，人口甚少，也许相当于我国的一个村落。雅典人的生活主要是公众的，而不是私人的，所以亚里士多德才说“人是城邦的动物”，亦即“人是公众性的动物”。雅典城的私人住宅很简陋，但却有辉煌的神庙，因为这是公众聚会的地方，所以神庙的建筑没有屋顶，以便人多时空气流通；还有那繁华的集市，是苏格拉底讲学的地方。人们在一个小土丘（小山）上开会商议城邦大事，在空旷的地方演戏、体育竞赛，举凡商业、政治、学术……活动，都在露天公开进行。科学技术就是要说那人人都能听得懂、学得会的“话”，做那经过努力在原则上人人都能做得来的“事”。

科学的理论，在事实上固然并非人人都能懂得，但经过学习，都是可以学会的；科学的技术，包括如今的“高技术”，尽管需要很专门的训练以及相应的高级的物质材料，但只要有这些主客观条件，在原则上也是人人可以参与、掌握的；但世界上确实有些“事”，并不是人人经过努力都能做得来的。譬如，像某些艺术性的技术，也许还包括那哲学和宗教方面的悟性，也并不是人人都能很好地开发得出来的。把这种区别说得最清楚——可能太绝对了些的是康德，他说科学靠经验、学习，而艺术则靠天才，而天才是大自然的一种“礼物”，不是非有不可的。我们可以说，世上必定会有一个牛顿这样的大科学家，而却不一定能说贝多芬是非出现不可的。人类拥有牛顿，是必定的；人类拥有贝多芬则是人类的“福气”。这个道理虽然到康德才说得相当透彻了，但这种现象、观念却古已有之。在古代，天才性技术不限于艺术，最早可能在原始巫术中就具有此种意味，所以巫师都是一些具有特殊“灵性”的人。

科学和科学性技术，不靠特殊的、个别的、偶然的“灵性”，而靠普遍的、必然的“理性”，所以古代希腊哲学自阿那克萨哥拉起，就重视“理智”——υουζ，以补充、丰富传统的“精神”（ψνχη）。按传统，ψνχη 固然有很强的能动性、活动性，是“人”最有“活力”的部分，是“生命”之本，但它也可以有相当的“个别性”，似乎每“个人”都有不同的“（灵）魂”；但 νουζ（理智）却绝对不具有“个人”性，而是普遍的、人人“共同”的。正因为这样，当苏格拉底知道阿那克萨哥拉以 νουζ 来解释万物时，高兴得不得了，认为似乎找到了放之四海皆准的真理，后来他不满于阿那克萨哥拉，也是因为阿氏没有把 υουζ 的观点贯彻到底。

作为欧洲哲学的摇篮的希腊哲学本是一个科学形态、科学体系，它要研究那最普遍、最一般的东西，它的“道理”（理论）也努力构造成最普遍、最一般的，从亚里士多德的“存在的存在”，即黑格尔的“绝对”——“无限”，似都离不开这个思路。

西方哲学特别重视起个体、个别性来，似乎是十九世纪以后的事；从一般思想的影响说，大概也是基督教思想深入哲学理论的结果。“个体”性思想的发展，使西方哲学传统有了很大的变化，“主体”之不可归约性、不可普泛性产生了现代西方包括克尔凯郭尔、弗洛伊德等一批强有力的思想家，直到当代之“后现代”思潮，使古典的普遍性哲学思想出现了严重的危机。

庄子的“道术”本也是很具有普遍性的，“人相忘乎道术”，原本也是希望人人都以“道术”为途径，大家共处于天地之间，和谐融乐，相忘彼、此。不仅如此，老、庄的道也是先于天地万物、最为普遍、最为一般的东西，是万物之本，万物之“朴”。

不过，从后世的发展来看，老、庄的道似乎逐渐增加了“个别性”的色彩，“得道”似乎是某些特殊人物的特例，而难于普及于众人之间。“人相忘于道术”似乎只要君主——统治者掌握道术，就可以使天下成为“治世”，人民在其间就自然可以得到和谐和快乐了。这样，对于自然和社会，只寄希望于某些特殊的天才人物——明君、英主，而相对地削弱了对自然和社会的科学理论体系以及对天下之事的科学管理体系和制度方面的研究，就不容易将人治转化为法治。

从这个趋向来看，我们真可以说庄子的思想具有较多的审美、艺术的性质——不在于他喜用寓言、比喻等文学笔法，而在于他的“道术”可以带有较重的“个体性”，可以成为一种特殊的“技艺”，而未曾成为一个科学的概念体系，人人得而学之；他的道术作为技术看，也有相当的特殊性。“庖丁解牛”原是一种科学性技术，建立在对牛的结构的科学知识基础之上，但在庄子笔下，却也已进入艺术的境界，常为艺术家作为范例来用。

科学讲必然之理，科学性之“技术”则讲必然之作用，尽管要达到这一点很不容易，在理论上也有许多问题，这是哲学知识论和科学（技术）哲学所关心的问题。西方的哲学，起初以为“推论”（逻辑）的必然性——a priori，不会有什么问题，康德提出“先天综合判断”，认为后天的综合性知识判断也有必然性；但这个说法一直受到挑战，如奎因（Quine）认为分析与综合之分本身并不可靠，此后乱了阵脚，哲学知识论出现了重大的危机。但尽管如此，科学和技术仍在发展。西方进入高科技时代，如何进一步影响到哲学知识论的理论，尚待探讨。高科技如何对待（处理）“个体”的问题，亦正在更为深刻、更为严峻地向人们提了出来。高科技实际是“高技术”——技术也成了一门“科学”（technology），即原本带有经验技艺性的工艺过程，也成了具有更高必然性的推理、逻辑过程，使科学性技术与艺术性技术进一步分化，从而使技术在把普遍的科学理论转化成具体的现实时，带有更大的逻辑性、理论性、必然性。“具体”的现实世界更加显示出其逻辑的必然结构，而弱化了偶然性中体现必然性时那种“神奇”（巧夺天工）的观念。现实的世界通过高技术被科学化。

应该说，西方此种高科技发展，并不能穷尽人类世界一切之问题，不能平息人类无限理智之不断的发问，因此艺术，甚至宗教自仍有其一席之地，而哲学对此种无限理智本身之思考，更可借高科技之发展寻找到自身的现代新形态。

然而此时我们离庄周思想已经很远，当今世界之高科技、高技术和庄子的“道术”自不可同日而语；但在追根寻源的哲学层次言，我们离庄周的思想仍然很近，因为他思想中的问题如今仍然在不断地向我们现代人提出来：人不是自然地“适应”（“造”）于天地之间，而是通过道术，科学地、技术地“相忘”于天地之间。

一九九四年九月二十三日于中国社会科学院哲学研究所

（原载《读书》一九九五年第三期）

# 何谓“人诗意地居住在大地上”

“人诗意地居住在大地上”（“……dichterisch Wohnet der Mensch auf dieser Erde”），荷尔德林这句诗因海德格尔的阐发而在学术界广为流传。怎样理解这句话？海德格尔在他的《文集》中有集中的论述；我过去把“人诗意地存在”与“人思想地存在”对应起来讲，说“诗意地存在着”为“现实地存在着”的意思，在理解上有些帮助，但总觉得还不够透彻，今试再加研讨，看看能否弄得更加清楚些。

“人诗意地居住在大地上”，说得是何等浪漫，何等美好！可是世上又有如此多的辛酸苦难，残酷斗争，何尝有多少“诗意”？所以，我思考的重点先不集中在“大地”上，也不着重分析“居住”——这是海德格尔那篇文章的侧重点，他自有他的独到之处；我的重点放在“诗意”上。我觉得，在哲学家读起来，荷尔德林这句诗中的“诗意地”并不带有很多浪漫的情调，却有很重的形而上学的意味。“诗意地”涉及对哲学的一个整体性的理解，即“诗意”在哲学里占有一个特殊的地位。

我最近在做亚里士多德的研究，注意到他的知识三分法虽然为大家所熟知，但他本人以及研究他的一些古典学者往往只满足于指出这个事实，进一步的探讨却嫌不够。

亚里士多德在《形而上学》（1025，b）中说，知识（智慧）分“实践的”（πρακτικὴ，practical）、“理论的”（θεωρητικὴ，theoretical）和“制作的”（ποιητικὴ，productive），可是他的研究重点似乎集中在“理论的”；在“实践的”方面，他有“道德、伦理规范学”，在“制作的”方面，他有讲悲剧、喜剧的“诗学”，而在这两方面他的工作侧重在经验科学性方面，较少地在他的“形而上学”（第一哲学）的层次。

哲学后来的发展，似乎把亚里士多德这个三分法忘掉了，常说的是“实践的”和“理论的”二分法。“ποιητικὴ”这个度，被遗忘了，或者至少被忽视了。

ποιητικὴ来源于动词ποιέω，意思是制作、去做……，古典学者们将ποιητικὴ英译成productive，以示区别于狭义的、指一种文学品类的“诗”（poem）、“诗（意）的”（poetical），自有其道理，但显得过于机械，缺乏活力，缺乏“诗意”。

ποιητικὴ被遗忘，被忽略，被冷淡，说明人们对这个“度”的研究和理解不够深入。哲学作为一门学问，长期执着于理论的，概念和“逻辑”是“哲学”的“家”。

哲学可以“居住”在“概念”、“理论”里，但活生生的人必定要“居住”在“大地”上；人不能仅仅“哲学地”居住在“大地”上，也不能仅仅“物质地”存留在“大地”上。“大地”养育着“人”，但“大地”也养育着犬、马、牛、羊，“大地”养育着“万物”；不过只有人才“诗意地”“居住”在“大地”上。“诗意”、“居住”、“大地”对人说来，缺一不可，“诗意”是“劳作”，“居住”为“栖息”，“大地”是人“劳作”和“栖息”的“处所”，“大地”是人“作”、“息”之“所”，是人“安身立命”的地方。“劳绩”使人“立命”，“栖息”使人“安身”，二者皆离不开“大地”。

海德格尔对诗句中的“居住”（Wohnet）有很详细的阐发，但人的“居住”本身也是一种“劳作”——“建筑”。

动物也“劳作”，“营造”自己的栖息地；但动物的“劳作”是“自然”的一个部分，“鸟入林”、“鸡上窝”只是变换自然的另一种存在方式。林中鸟，安睡在自己营造的巢里，仍是“自然”的一个部分。人“日出而作”、“日入而息”，则有另一番意义。

人“营造”“居室”，不仅仅在“营造”自然，同时也在“营造”自己。人回到“居处”——“家”，就是回到了自己。日出而作，人似乎与“自然”打交道——改造自然；日落而归，人似乎“归”于自己。这确是一种“异化”，人在“劳作”中似乎不是自己，而在“栖息”时反倒似乎是自己，鸟儿无论动、静，都是自然，因而它没有自己。

可见，海德格尔重视阐述“居处”的意义，确有他的见地。我这里想进一步说明的是：

“居处”把人与自然“分隔”了开来，“居处”使人自由。这倒不是说，人回到家里可以放纵地为所欲为，而是说，“居处”培养了人的一种特殊的态度：自由地对待自然的态度。

“居处”把人与自然“分隔”开来，不是“隔绝”开来，不是把人“封闭”开来，而是使人与自然拉开了距离，使人与自然有了“间（隔）”，而不是“浑然一体”。“居处”中的人与自然仍然息息相关，但这种关系既不是“实用（践）的”，也不是“理论的”（概念的），而是“自由的”。

“居处”有“顶”，有“墙”，为避风雨，为防日晒，为遮冬雪；但“居处”有“窗”，近观门前桃柳，陌上桑榆，远眺隐隐青山和天际的白云，时常见到的或是落日之晚霞。自然不仅仅是我的物质生活的一个部分——我向自然要吃、要喝，为此而辛勤劳动；我也不仅仅是自然的一个部分——我不受风雪之扰，挑灯夜读，和弦而歌……的确，我与自然“同在”！你是“在”，我也是

“在”；我是“在”，你也是“在”。我和自然都“自在”。“自在”即“自由”，“自由自在”。

“居处”“保护”了人，也“保护”了自然；人“暂时地”不再向自然“索取”什么，让自然“自在”，这岂不正是海德格尔所说的“让—存在”（Sein-lassen），而“让—存在”，正是“自由”。人对自然取“自由”的态度，人“让”自然“自由”。“自由”即“自在”。

人“让”自然“自在”，自然就向人显示出另一种“意义”。门前桃树，院中梨花，原为“果实”对人有意义——可以食用，而且有美味；但“食用”乃在“消灭”它，我们至今还常说“要把这桌上的菜消灭掉”，至少是“改变”它，改变其存在形态——总之使它不“自在”。如今“让”其“自在”，不采撷它，不吃它，甚至不碰它，它对我则是另一番景象。这种景象，正是那“诗的境界”。

“诗的境界”是“自由的境界”，是“自在的境界”。

然而，这样说，是不是“自由”、“自在”的境界是“不劳作”的境界？的确，像“诗”这样的文学，似乎应是与有闲阶级的兴起大有关系的，有了这个阶级，“诗”才作为一种高雅文学成熟、发展起来。希腊人也是这样说的，叫作“悠闲出智慧”。

然而，Ποιέω 原是“劳作”、“制作”的意思，这也是希腊人的意思。于是，我们又回到前面说的亚里士多德的“三分法”。

“制作的”不是“理论的”，而且也不是“实用（践）的”，是三个度，不是两个度。“理论”讲“概念”、“逻辑”的必然性，“实用（践）”讲物质欲求的必然性——顺便说起，“必然性”这个词在西文（英文 necessary，德文 notwendig）原来是指物质需求的必定性的意思，而正是在“制作的”这个度中，具有更多的“自由”的意味。

人由“居处”培养出来的这种“自由”的态度，使人对“劳作”的观念也起了一种变化，即产生一种“自由”“劳作”的问题，人们意识到，“劳作”不仅仅为“物质”欲求所驱使，“劳作”不是为了直接“占有”，除“占有”性“劳作”外，还有“不占有”的“劳作”——“劳动”摆脱直接实用占有这方面的问题马克思对我们有过非常深刻的教导。

不仅不为我“占有”，而且也不为他人“占有”的“劳作”，就是自由的“劳作”，亦即不是为“实用”的、“实践”的“劳作”——即在亚里士多德所谓的“制作的”度中。ποιέω，ποιητική，就是指“自由的劳作”，而不同于“实践的”和“理论的”。

“居处”“栖息”中的人意识到自己不仅可以“自由地”对待自然，而且可以“自由地”对待自己的“作品”。我栽种了门前的桃树，不仅为了吃桃子，而且也为“观赏”桃花。为“桃花”而“栽种”，“栽种”就具有“自由劳作”的意味，即让桃树“自在”，让桃花“自在”——当然，同时我这个栽种者也“自在”。

这样，“自由”、“自在”并不是弃绝劳作，而是使劳作具有另一种性质，具有另一种意义。不仅如此，此种“自由”、“自在”之所以可能，要以劳作为前提，因为“居处”原本是劳作的产物。

任何劳作都需要“技术”，“自由的劳作”更需要“技巧（术）”。亚里士多德也正是在 ποιητική 这个度里，强调了“技术”（τέχυη）。

通常认为，海德格尔这些人对现代社会的科技发展抱忧虑、批评的态度。这当然是正确的。在海德格尔看来，现代科技的发展使人的控制自然的欲望膨胀，以致忘却了人原是应与自然“同在”的。

不过，海德格尔之所以有这种态度，是因为他认为现代技术，太过于强调自身的工具性，为了达到控制自然的目的，被不恰当地使用了。从根本上说，海德格尔并不反对技术，相反，他把技术放到了他的“存在”的层次，与“自由”、“真（理）”等问题联系了起来：技术是“揭蔽”（Entbergen），“揭蔽”、“无蔽”状态，即“真实状态”，为此他专门作过讲演，阐述得很详细。所以，海德格尔认为，技术不仅产生危险（害），也产生拯救，这个思想很值得我们重视。

在这个关于“诗意”的讲演中，海德格尔指出，柏拉图在《会饮篇》（205，6）中说过，使“不存在”“存在”的“原因”（αἰτία）为“制作”（ποίησις），即“制作”是“制作”那原来没有的东西，“制作”为“使存在”，因此，技术就是“使存在”的环节。从这个角度来理解技术，技术就不是工具性的，不是满足人的主观需要的一种手段，而是两个“存在（者）”之间的“沟通”方式。“制作”并非仅仅为制作者自身之需要，而是使两个“存在（者）”互相适应，集合于一个世界中，所以制作之活动、技术之把握，不仅仅是为了人的某种主观目的，而且是人的一种存在方式，所以不是工具性的，而是存在性的。

海德格尔在关于技术的讲演中还提到现代技术不同于过去的特点，现代技术储存能量，不同于过去风车式的直接利用能量，但他说现代技术同样应从“使存在”、“揭蔽”方面来理解。如今，我们已进入高科技时代，智能型机器的出现，使技术与科学（知识）更加紧密地结合起来，使技术不仅是一种机械性的重复性的活动。

高科技的发展，大大增强了人类制服自然的力量，似乎使人的主体性更有膨胀的余地；然而人仍然与自然“同在”。高科技智能型机器的发展，将智能机器化，也给人们提示了智能外在化的倾向。不仅“他人”为“另一个”智能者，而且一切的他者都可能成为另一个智能者。人并不能在最后的意义上掌握、制服他自己的“作品”，更不用说那无限的自然。

技术——包括高科技在内，同样是“让”“存在”，亦即“让”“自由”、“自在”。人的一切“产品”、“作品”都与人“同在”。人控制着天上的卫星，但当卫星升天以后，似乎就是卫星自己控制自己。卫星自由、自在，人也自由、自在。当然，卫星的程序是人设计出来的，但此种设计本身就是要“让”卫星（升天）之后自己运行。人殚精竭虑制造（作）了星星，其功也浩荡，其绩也伟岸，但天上原有星星，比起那亘古之银河来说，人造卫星又显得相当渺小，就像门前的菜园子，比起那一望无际的原野来显得渺小一样。广义地说，自然（φύσις）也在制作（ποίησις），小到花蕾之绽放，大到沧海桑田，都是自然的大制（运）作、大手笔，人只是这个“运（制）作”中的一个环节，人亦是自然的作品。

所以，西方古典哲学在“实践”和“理论”这两个度中，都含有“必然性”的意思在内。“理论理性”摆脱直接实际需求，对世界作静观考察，但遵守着“先天的”逻辑法则；“实践理性”出自“意志自由”，不受任何“条件”限制，但“无条件者”却是一道不可抗拒的“命令”，而似乎只当在那“制作”的领域里，在那“技术（巧）”的领域，在那“诗”的领域里，人才有“真实”的——不是概念的、思想的自由，而是“实在”的自由，也就是说，不仅是自由，而且是自在。

就学术言，我一直觉得我们对康德的《判断力批判》研究得太少，国外似乎对这个《批判》也注意得不够，但是大学者却都没有放过它。我想，理解十九世纪德国古典哲学从康德经费希特特别是到谢林、黑格尔的发展，《判断力批判》是一个关键，因为正是在这里我们可以看到黑格尔那个主客统一的"大全"。当然，也可以把黑格尔的绝对哲学理解为康德《纯粹理性批判》"理念论"部分的积极发展，但要使绝对理念活起来，成为绝对精神，则没有谢林所倚重的《判断力批判》不行。

海德格尔的《康德与形而上学问题》重点只研究了《纯粹理性批判》的分析篇。我猜想，他故意不说《判断力批判》，为的是把这部分问题留给自己来说。"人诗意地居住在大地上"，正是《判断力批判》中所侧重的"审美的"与"目的论的"问题，亦即"制作"、"诗"的问题。

说到这里，我们似乎可以概括地说："人诗意地居住在大地上"也就是"人劳作地居住在大地上"，即"人技术（巧）地居住在大地上"，亦即"人自由地居住在大地上"。

一九九五年四月二十四日于哲学研究所

（原载《读书》一九九五年第十期）

# 想起了“语言是存在的家”

一九九八年八月，我随团赴美参加了两个学术会议。我们先到美田大学，参加唐力权先生主持的研讨会。唐先生是华人，参加会议的有相当一部分是中国人，所以事先说好，我们的论文用中文宣读。这个建议是我提的，其原因一来是因为时间仓促，来不及准备英文稿；二来也是因为我们这个年龄段英文程度还达不到临场用英文把意思说清楚的地步。

应该说，这原是一个藏拙的办法；但为了自己安心，我尝试找一些学理上的“根据”来辩护，居然有些眉目，有了一些想法，这些想法，到了波士顿世界哲学大会上，似乎更加清晰起来。

这个哲学大会，五年一次。一九八八年在英国布莱顿开，我参加了，其间在莫斯科的那一次我没有去，如今在美国波士顿开，算来已隔十年了。不用说，岁月催人老，我已经从中年进入老年，思想有不少的变化，也是很自然的事。

布莱顿那次会，我的态度是很虔诚的，尽管会后我留在牛津时有的教授以一种不屑一顾的样子问我“到那儿去干什么”，但我还总是兴致勃勃地回忆起波普在那次会上的主题发言，还有那安丝孔伯、斯特劳森、利科、哈贝马斯一大批明星，记得当时我还努力做了一些笔记，现在回想起来，竟感到过于认真，甚至过于“幼稚”了。这些人在会上的讲演的意思，不都已写在了他们的书上了吗？又有谁愿意在那种大会上发表“最新研究成果”呢？容或有之，又怎能在那样短的时间内说得清、听得清呢？说到这里，我想起了贺麟先生在给我们讲解康德《纯粹理性批判》第二版序言时说过的，即使康德自己来念这段话，他不相信会有人听懂。贺先生的意思是说，康德书里写的，要反复读、反复思考，才能领会。所以，我想，那种大会，对于交流信息，是很重要、有意义的，但哲学不仅需要“信息”；我们不能说，斯宾诺莎没有机会参加国际学术会议，水平就比那些经常穿梭于各种会议之间的“会议专家”低多少。

当然，这样的会议还可以起到联络感情的作用，大家参加几天会议，似乎也有争论，有的好像还很激烈，但总体的气氛是谦虚谨慎，和和气气。我在一个小组会上有一个发言，这一次当然不能用中文，因为大会工作语言中没有中文。我的题目是将孔子和苏格拉底作比较，原是一个中文稿，已经发表，英文只是一个粗线条的摘要，也已经在此前的一次会上念过，地道的一稿两用。我念完后，一位与会者问我，如果孔子和苏格拉底活到现在，他们会怎样看待问题？这自然是一个很有趣的问题，我也多次谈过，算是有一些体会的；当时我想说一句俏皮话，但说不出来。我本想说，建议再开一次国际哲学会，让他们两位发表各自的观点，但需有人资助。当时我造不好这个句子，就改说了另一些话，而这些话连我自己也不明白是什么意思，可是出乎意料，我的话音刚落，全场不少人竟报以会心的笑声，还得了不少掌声，于是也就光荣下台。出得会场，正遇见从中国去的一群青年学者，我请他们猜我此时此刻的想法，我告诉他们，我感到基督教的上帝很有计谋，把地球上人类的语言打乱了，使人们的交流发生障碍，对于“哲学”这样探讨宇宙、人生大义的学问，尤其是很要命的障碍，它使人们的交流容易停留在较浅的层次，不易深入，这是上帝保持宇宙、人生大义之“秘密”的一种方法，也是保存他自己的一种方法。

据基督教《圣经》上说，人类在遭洪水大劫后，奋发图强，改善自己的生活，并建造巴别塔，直达天穹；上帝见之大惊，认为如此下去，人类将为所欲为，于是击毁巴别塔，打乱人间语言，使人类不得顺畅交流。毁塔只是象征，而语言的分歧，却是一个很实际的问题。

人类为克服语言的障碍，必须付出代价，遂使不少聪明才智之士，向往一种“普遍的语言”，在哲学家中，也不乏其人。

如今人类社会，已远非洪荒时代，一切文明进步，都促进了人们的交往、交流，语言的障碍正在飞速地被克服，在科技高度发展面前，上帝显得无可奈何。假以时日，人类似乎真的可以“为所欲为”了。科学技术的交流，超越了语言的障碍，或者说，它有自己一套统一的语言。我的一位搞海洋声学的美国朋友告诉我，他曾与一位中国同行交谈，尽管这位中国专家不会说英文，但他却能基本上了解其论文内容。我很相信有这种可能。

然而，哲学又何如？我回答不出来。不过，据我个人粗浅的经验体会，我感到要真正深入哲学，离不开自己的母语。

我说这话，绝无意贬低学习外语的重要性。在学习外语方面，我虽然起步较晚，但还是相当认真，也还是比较用功的；也不是说，中国的哲学家不必学习外国的哲学，时至今日，不学习外国的哲学，闭门造车，显然是荒谬的主张。我只是想说，中国的哲学家要想深入哲学问题，当用自己的语言来理解、消化外国的哲学思想，这样，我们所学的外语，才不仅仅是“交流的工具”，而成为我们自己“存在方式”的一个有机组成部分。除极少数人具有双语能力外，我们不太可能以外语作为我们的“存在方式”。

这里我想起了海德格尔的那句不好懂的名言“语言是存在的家”。

我们在海德格尔于一九四七年写的一封《关于人道主义的信》中读到：“语言是存在的家。在这个家里，住着‘人’。”（Die Sprache ist das Haus des Seins. In ihrer Behausung wohnt der Mensch.）

这句话不大好懂，但细想起来，还是很有意义的。

要理解这句话，首先要弄清在海德格尔那里，所谓“存在”与“语言”都是什么意思。我们知道，海德格尔的思想，针对的是西方传统的形而上学，因此，他所谓的“存在”，不是只具普遍性的抽象概念；而他的“语言”，也不仅仅是交往的“工具”。在这个意义下，“语言”和“存在”不可分，就上述那句话中的“Haus”看，这句话的意思，我们或可理解为“语言”是“存在”的“存放地”，或“外壳”，也就是说，“存在”“住”“在”“语言”里。下来这句话的意思比较清楚，是说“人”（也）住在“语言”这个家里。两句话连起来的意思，是要强调“语言”的作用。第一句话是强调“语言”和“存在”是表里的关系，“语言”与“存在”“同在”；第二句话是强调“语言”大于“人”。这就是说，“语言”和“存在”大于“人”；不仅 Sein 大于 Dasein，而且 Dasein 大于具体的、经验的“人”。所以，海德格尔在这里第二句话并没有说“这个家里住着Dasein”，而是说“这个家里住着Mensch”。于是，我们这些芸芸众生在海德格尔的心目中，居第三位。

所谓“人”居住在语言所筑构的“家”里，乃是说，在本源意义上的“语言”并不仅仅是“人”的“工具”，并不是“人”想说“什么”就说“什么”，这里的“什么”，不是“我”决定的，而“什么”（Was，what）本身自有生命。于是，海德格尔还有一句名言，叫“不是我说话，而是话让我说”。这里的“话”，不在普通语言学意义上来理解，不是语言学的形式规则，而是有内容（什么）的“话”。既非“说”的活动，又非语言作为“游戏”（game）的规则。海德格尔这个意思，其实在胡塞尔那里已经有了，胡塞尔的“理念”，就是有具体内容的“什么”，而非抽象概念。这是现象学的基本原则。

于是，这里“话”中的“什么”在胡塞尔为“理念”（在黑格尔为“具体共相”，也是“理念”），在海德格尔则就是他那个“存在”。海德格尔把“理念”拉回“存在”，使传统的“存在论”发生了根本性的变革。“存在”不再是万物抽象的、最普遍的“共性”，因为这样的抽象共性实际为“不存在”——所以在黑格尔、胡塞尔以及古代柏拉图，只能是“理念”；然而，海德格尔的“存在”，又不同于经验的“存在者”（Seinend），不是从万物各自的众多属性中概括出来的“概念”（Begriff， concept），而是负荷着时间、历史轨迹的“文物—文化之物”。它展现的不是该物之自然属性之和，而是展现着该物时间性、历史性的“意义”。在这个意义上，海德格尔才说，Sein 就是 Sein 的意义。这就是说，Sein 和它的历史意义不可分，当我们说到 Sein 时，正是说的它的时间的、历史的意义。Sein 与意义同在。

就语言学来说，“语言”的功能是多方面的，它可以状物、指事，可以抒发情感，可以发号施令，等等，这些是包括哲学家在内人人都要使用的日常语言工具；不过哲学的语言，不仅限于此。倒不是说，哲学的语言更加抽象，更加概括，恰恰相反，哲学要求有更具体、更实在的语言，它要有那和“存在”“同在”的“语言”。哲学所思、所说的是那具体的、时间性的、历史性的“存在”。在某种意义上，我们甚至可以说，“哲学”是“存在”的一种“形态”。“哲学家”要使自己进入“Dasein”的层次，亦即使自己成为“Sein”的一个部分——Sein 的现时状态（Da），才能真正“说”到那个“存在”。“哲学”、“哲学家”与“存在”同“在”。在这个意义上，“哲学”就真的不是一种“理论”的“工作”，而是一种“存在方式”、“生活方式”（维特根斯坦）。

这样，从某种意义上说，“语言”对于“哲学”来说，不是工具性的，而是存在性的；工具性语言需要而且可以“学习”，而存在性语言，则更需要“生活”。于是，“哲学”离不开“母语”（mother tongue）。

“母语”是父母给的，是“家”给的。“家”给的“语言”是最原始的，也是最牢固的，古人吟诵“乡音无改鬓毛衰”，我想也不光是指语音的问题。一九八八年我在牛津大学时听一位教授说，波普晚年因耳背听不太清英文，而听德语就比较好些；不过恰恰是波普曾说德语不是哲学语言，英语才是，想起来倒蛮有讽刺意味的。

哲学的语言，是“家”的语言，哲学语言“有家可归”。那么，又是什么语言“无家可归”？我看抽象的语言“无家可归”。譬如，数学的公式，普天同认，普天同用，它没有家，也无须有家。它是形式的科学。

“家”不是“大庭广众”的公共场所，也不是完全内敛于内心深处的“个人”。古代希腊人喜欢到公共场所讨论哲学问题，所以它的哲学是科学形态的，以物理学，特别是几何学为借鉴；有些哲学派别则侧重个体，容易产生神秘的“私人语言”问题。“家”的语言就得乎其中。各家有各家的“事”，但又是可以交流、可以理解的。

“家”有大有小，哲学的“家”是比较大的，但也不是大到了没个边。哲学不以抽象的、恶的“无限”（黑格尔）为“家”，因为“无限”为“无家”。哲学以“天”“地”为限，哲学和人一样，“生”（住）于“天地之间”。

哲学曾被认为是天马行空，无拘无束；然而哲学的

“书”页上留有空白，中国人给上下的空白起了一个很有意思的名字，叫“天头”、“地脚”。哲学的“思想”，也“在”“天地之间”。

哲学“有家”。哲学有其生老病死，哲学也有自己的名号。哲学的名号不是空集，不是代号；哲学的名号，像人的名字一样，有其具体的历史。曹操不是关羽，康德也不是黑格尔。家里给小孩子起个名字的确比较偶然，但一般来说，这个名字就伴随他的一生，就是他的一生事功、思想、感情的浓缩、象征，不容轻易变换了。大概这就是所谓的“名实相符”吧。

名字当然也有抽象的意义。譬如我们说“人”、“手”、“足”、“刀”、“尺”，大概是就这些东西的共同点来说，与这些东西有普遍的一一对应关系。孔子说，“多识鸟兽草木之名”，这里“名”大概就是这个意思。这些名字是知识性的。

然而，如果我们吟诵元代马致远的小令“枯藤、老树、昏鸦；小桥、流水、人家”，则诗人就不是在教人“认知”这些事物的名字，不是“看图识字”，也不是循字认物。接下来那句“断肠人在天涯”，似乎这些藤呀、树呀都移上了“断肠人”的“情”，光说到这一层似乎还不够。立普斯的“移情说”固然有相当的价值，但尚嫌浅显了些。在这里，如果我们再参考海德格尔对凡·高画作《鞋》的分析，将会有更进一步的体会。这些实物，并不是孤零零的东西，而是在时间、在历史中的，它们有自己的“世界”，而不光占有空间。诗、画中的空间，“存放”的不仅仅是一些实物，而且是它们的“历史”。诗人、画家的“世界”就是他们的“家”。不住在那个“家”里，是说不出那样的“话”（写不出那样的诗）、画不出那样的“画”来的。因为不住在那个“家”里，就不知道那段“历史”，体会不出那种意味。就这些藤、树、鞋的物理的属性来说，它们不能穷尽其历史的意义，在这个意义上，诗人呈现的是那限制不住的东西，于是我们可以说，诗人呈现了“无限”。

哲学和诗同处于一个层次，这是海德格尔与黑格尔一致的观念。哲学要说的，也是那“物性”所限制不住的东西。哲学所说之“事”、“物”，不是实验室里的东西，而是“家”里的东西，是“世间”的东西。要把这些东西“说”清楚，非“住”在这个“家”里不行。虽不一定生于斯、长于斯，至少也要“插队落户”才能“登堂入室”。

在这个意义上，就现今世界交流的实际情形来看，不是人人都能达到“登堂入室”的程度的；就是再过多少年，也不一定能把全人类的语言统一起来，像圣经上说的，全都说一种话。这样，在哲学的层次上，仍然是母语起主导作用。

我们这里强调的是：我们只有用母语来思考问题，

才能够使自己的思想深入到哲学的层次，这个意思当然也包括了吸收别种母语进行哲学思考的成果在内。我们必须读外国哲学家写的书，尤其是那些公认的大家们的书，要反复地读。但我们不是生吞活剥地记住他们的词句，而是要加以消化，成为自己的思想。物质的食粮要用自己的胃来消化，精神的食粮要用自己的脑子来消化，也就是说，要用自己的语言来消化，使原本是他人的话，变成了自己的话。这种消化过程，是翻译过程，但又不仅仅是翻译过程。

翻译是很重要的，但还不够。有时候，哲学和诗一样，是很难翻译的，甚至是翻译不出来的。不仅如此，我们甚至可以说，哲学上越是基本的概念，就越难翻译。我们中国哲学里的“道”、“仁”、“心”、“性”，西洋哲学里的“ideas”、“substance”、“Being”等等，就是海德格尔的“Dasein”，都很难找出相应的文字来对译，不得已，只能用音译或干脆夹用原文。

从某种意义来说，翻译也是消化，好的翻译不仅是文字的转换，而且是思想的理解。就是将人家说（写）出来的思想，自己重新“再”想一（多）遍，这样，也就成为了自己的思想。于是往往还会出现一种情形：文字上虽然找不出恰当的对应词，但却可以有把握地说，它的意思已经懂了。我想，凡能用自己的话将他人的意思复述出来，也就可以说，已经理解了他人的意思了。

所以，在我们的工作中，用我们的母语来重新思考西方哲学家所思考过的问题，并用我们的母语将我们学习、思考的结果说或写出来，当是我们研究工作者的重要任务之一。有了这样的功夫，我们的工作才会有新的贡献，而不至于光停留在介绍、引进的水平上；也就是说，我们不仅要“知道”西方哲学有何种“信息”，而且要消化它们，成为“自己”的一个部分。

我们这样说，并不意味着有了母语就万事大吉。哲学要使母语深化，甚至也有某种母语不够用的时候。海德格尔常要拼造一些字，或在某些特别的意义下用某些字，恐怕也感到他的母语的局限。这在他晚年和人的谈话中，有明确的表露。他的那个“Dasein”，原是一个最普通的德文字，成了他的哲学的基本范畴后，很多德国人觉得费解，因为他们太习惯于当下习惯的意义了。有时这个特殊的意思，对外国人反倒更好理解些，因为外国人反正不太熟悉这个字，容易摆脱成见。

于是，事情又出现另外的一面：由于世界上的人说着不同的语言，对于宇宙、人生的根本大义用不同的语言翻来覆去地说（想）它，对这些问题，就会出现多种角度的理解，于是，一方面出现分歧，另一方面也会在深度和广度上有所拓展、积累。这或许是上帝在打乱人间语言时所没有料到的吧。

不仅在哲学的层面，就是在经验生活的层面，我们也会感到有一些意思是外语所不易完全表达的，而必须换一种方式来说；中国人口众多，历史悠久，某一些意思，甚至只有某一些方言才能表达得恰如其分，这是许多人都有的经验。从这个方面来看，造成分歧的不同语言，对人们的思想情感，对生活的意义，又起到多层次挖掘的作用，同时也说明了互相交流的必要。就哲学来说，这种交流，就更为重要，更有启发。

譬如西方哲学经过几千年的发展，在逻辑理论的发掘方面有很多的经验，特别是它从希腊的传统如何迎接基督—犹太传统的挑战，如何在理路上找出理解的途径，从而在自己的体系中“化解”宗教问题，实在是很值得重视的。这种“化解”，和中国从儒道传统“化解”佛教，使“三教”合流，有异曲同工之妙，但其具体的形态，又有许多的不同，这样，就很值得互相交流这方面的经验。当然，这是一个很大的课题，需要长期深入的研究了。

无论何种途径和特点，其基本的立足点当是将异己的化为自己的，这样，这个“自己”才不是空疏的，而是充实的；而那些异己的（好）东西，也才不是外在的，而已是转化成内在的。

“化解”异己，是哲学的基本工作之一，同时也是“反上帝之道而行之”的一种“抗争”。上帝打乱人间语言，以阻遏人的能力。现在看来，科技的发展，甚至会摆脱“上帝”为人类制定的语言——自然的语言，而以人为的共同语言进行交流；只是哲学离不开生活的最实际、因而也是最深层的语言，因而我们抗争上帝的办法，就只能是坚守自己的母语，同时努力将不同语言的哲学思考成果消化过来，使之也成为自己的语言；丰富自己的母语，也就意味着丰富、扩大自己的“存在方式”。哲学的进步，是人们“存在方式”的历史命运。

（原载《文史哲》一九九九年第二期，发表时原题改为“语言、存在与哲学家园”，今恢复。）

# 说“学问”

中文“学问”一词，似乎难以找到相应的外文词汇，至少英语不容易找到，英文的 knowledge 和 wisdom 也许只有“学问”的一个方面的意思；或许把这两个英文词合起来说“学问”，勉强解释得过去。

何谓“学问”？“学”了还要“问”，“学习—学会”“问”，亦即凡事都要“问”个“为什么”，不仅“知其然”，而且要“知其所以然”。“学问”就是要把握事物的“来龙去脉”，“知道”事物的“前因后果”，掌握事物的“发展规律”。在这个意义上，古代希腊的“episteme”意思有点接近，这词中文也译成“知识”，亚里士多德说，“知识”也就是“知道”事物的“原因”。

要掌握事物的“因果联系”，把握事物的“发展规律”，当然要大量地搜集事物的“资料”，这个“搜集—采集”的工作，大概是“学问”中“学”的第一层意思，“学”就是“学习”，就是“积累知识”，这一层功夫是做

“学问”不可或缺的。就“积累资料”言，“问”也是一种“搜集”的方式，尤其是在早先获取资料的工具和手段比较少的条件下，“不耻下问”是“增进—积累知识”的主要方式，如今也有发“问答调查表”来“搜集”材料的。

不过随着科学技术的发展，如今获得资料的手段也大大增多了，除文字媒介外，尚有音像制品，提供生动直观的资料，更有计算机网络，囊括了各种资讯媒介，加之卫星传播，千里咫尺，“耳目”之功能似乎可以“无限”延伸，何止“千里”？

“信息”量大了对于“学问”当然是很有好处的，古人不容易看到的资料，今人竟成为案头之物，我们是何等的幸福！

譬如书籍，过去的珍本善本，如不作收藏用，则网上可以看到，图书馆也能借到，馆际间甚至可以跨国相通；艺术珍品巡回展览，音乐戏剧巡回演出，更有网络的沟通，得来并不很困难。我当学生时要看梅兰芳演出，常常起早贪黑去排队买票，如今梅兰芳虽然已故多年，要“回放”他的一些演出，也有光碟可资参考。

“文革”中发现一本被剪贴废弃的黑格尔《历史哲学》王造时中译本，偷偷拿回，因图书馆停止借书，恳请管理员“徇私”拿出一本完整的仔细对照补齐；现在这本书成了纪念品，舍不得读，好在书店随时可以买到新印的，买一本在上面画道道也不心疼。

然则，面对巨大无比的信息量，做学问的一则是喜，一则是忧，喜的是我们“学”的手段——工具大大的丰富、有效、方便，忧的是我们如何“识别”信息的难度因其量大而增加了。做学问也要有“忧患意识”。

“信息”量太大，难免鱼龙混杂，于是有“有用”的，“无用”的，甚至“有害”的，“虚假”的，等等，于是有“信息大爆炸”之说。对于“信息”，也有个“筛选”的功夫，“取其精华”，“去其糟粕”；“学问家”不仅要有“耳目”，而且要有“思想—心”，“问”正是“思想”的工作。

在这个意义上，我们也可以说，“学问”正是“学”与“思”的统一。“思”就是“问”，就是“想（思考）”“问题”，拟定解答。

从道理上来说，“信息”量增大，并不能完全保证就一定有严格意义上的“学问”，“穷经皓首”不保证一定出“学问大家”，或许会出一些“冬烘先生”，尽管“冬烘先生”也自有价值，对于他们也要有相当的尊重，但毕竟不是学问、学术意义上的“大家”。

这个道理就在于：我们不可能“穷尽”“一切”的“信息”，这个 sense-data 是无穷无尽的，我们不可能哪一天宣布我们已经掌握了一切事物的一切信息，甚至连一个“事情—事件”的信息我们也不能宣称已经“全部”

掌握了，即使再先进的工具和手段也不可能得到、获得“经验材料”之“大全”，而我们也不能等到得到那个 sense-data 的“大全”再来做“学问”，再来做“科学研究”，那样，世间将不可能有任何“学问”和“科学”。世上事物的“原因”和“规律”将永“不可知”，这样的结论就是“不可知论者”康德也是不赞成的。

于是，“学问”——“科学知识”原则上可以——允许“不待—无待”“信息资料”之“全”来工作，这个工作是“思想性”的，不是“感觉性”的。

这个“思”的工作，就“经验科学”研究来说，则是一个“判”和“断”的工作，在巨大信息量面前，有一个“判”和“断”的问题。“谁”来做“判断”？当然是“人”，是做科学研究的“人”，是“科学家”，是“学者”。

于是，“学问”的关键，不仅在“信息”量，而且还在对这些信息做出的“判断”；不仅在“事”，而且在“人”，甚至关键在“人”。

我们现在关于人体、天气等信息量的掌握大概大大超过前人，因而对于疾病、天灾的判断理应比前人更加有准确度，这是一般的道理，具体来说，则也未必，因为还要看医生、气象学家等的“判断”水平，要看科学家在大量信息面前会不会迷失方向，量大有量大的困难，信息量越大，对于科学家的素质的要求也就越高，犹如指挥军队，大将能指挥千军万马，“韩信将兵多多益善”，科学家—学者要像大将那样，不怕材料多，能将材料“统率”起来，对材料之间的“内在联系—因果关系”做出“判断”，找出“规律”，“规律性”的“知识”才是“科学”，才是“学问”。“科学—学问”要求“判断”的准确性。

我们做哲学的，按照一般的说法，面对的是整个的自然和社会，研究的范围似乎无所不包，因而我们也最为深切地体会到“信息—材料”与“思考—问题”的矛盾。很明显，我们绝不能等待信息资料之“全”而后做哲学，那样也就不可能有“哲学”。世上之所以有“哲学”这门“学问”，在于人“无待”掌握“全部”的资讯材料，就“有能力”“提出—思考—判断”带有“全局性”的“问题”，就“有能力”“思考—判断”“世界作为一个整体—全体”的问题，用古典哲学的专业术语来说，就是“有能力”将“经验材料”和“经验概念”“提高”到“理念”层次上，做一个“飞跃”，即现在常说的“超越”。

这种“飞跃—超越”的工作，既和“信息”多少有关，也和做哲学的人—哲学家的“思考—判断”能力有关。

远古时代不少原始民族固然有许多“哲学思想”的“火花”，但形成“哲学”“熊熊烈火”的似乎只有古代希腊和古代中国。“柴薪”不够，“火星”太小，都不易形成“哲学”的大气候、大体系，所以海德格尔说，“哲学”问题的“提出”，乃是一件“大事”，要有相当的信息量，更要有强有力的“思想者”，机缘会合，人们“幸运”地“拥有”了“哲学”这门不能直接解决衣食住行问题的“超越”的“学问”。

就我们做“哲学”的来说，在“信息量”和“思想力”这两者之间，我深感虽然都很重要，但“思想力”却具有“优先”的地位。因为我们并不能说，由于古代信息量大大不如现代，单凭这一点就推断古代“哲学”一定比现代的“低”，犹如我们不能说现在的人就一定比古代的人的思想能力“高”多少一样，就“学问”的“水平”来说，就“思想能力”来说，古代许多大哲学家，还是值得我们“学习”的，甚至还永远是我们的“榜样”。

这也是我们做“哲学”不能不做“哲学史”的一条理由：不仅“学”“历史”的“史实”，而且要“学”古人是如何“提问题—想问题—分析问题—做出判断”的，要“提高”自己的“思想力”，也得向“他人——尤其是那具有很强的思想力的人”“学习”。

这样，“学”“哲学史”就不仅仅是“搜集”过去历史上那些哲学家的“事实”材料，有哪些人，做了哪些事情，写了什么书，说了哪些话，等等，尽管这些材料也是很重要的；“学”“哲学史”更要注重的是对于前人提出的那些“哲学问题”及其“理解方式”作“重新”的“思考”，“学”“哲学”到底如何“提出”和“思考”“问题”的。所以“学”或“做”“哲学史”，不仅仅是“历史性”的，而且更是“思想性”的。这样，我们就可以把“哲学”和“哲学史”“统一”起来，可以说“学”“哲学”，离不开“学”“哲学史”，反过来也一样，“学”“哲学史”也离不开“学”“哲学”，二者本是一回事情，盖因本来“哲学”就在“历史”中。

这也就是我们经常强调的“创造性”的“学习”态度。“学”“哲学史”也就是“学”前人如何“创造性”地“思考”“哲学问题”的。这样的“学”当有利于“增强”我们自身的“思想力度”，而不会像法国德罗兹担心的那样，起到“压制”或“衰减”这种能力的作用。

应该承认，如不注重“培养”自身的“思考能力”，即使熟读哲学史料，也不一定出来大哲学家，甚至不一定出来大哲学史家，因为“历史学”作为一门“经验科学”，同样需要“史家”的“判断”。“史家”要在“时间”的“绵延”中“厘析”出“诸事件”之“内在关系”，使之成为“可以理解”的“科学知识”。

做科学研究，如同做任何事情，“人”是第一位的，“科学家”、“学者”自身的“素质—能力”应占有“优先”的位置。“能力”当然也是“学”来的，所以“学问”乃是“学会”“思考”“问题”，“学会”“分析—判断”“问题”。

二〇〇八年四月十日　北京

# 哲学之"锐气"，久而弥笃

## ——祝《费希特著作选集》（五卷）出版

以梁存秀（志学）学兄主编（主译）的五卷《费希特著作选集》终于由商务印书馆出齐了。这个选集从一九八六年开始翻译，到二〇〇〇年第五卷译毕，已经是十五年的时间，而第五卷的出版，更是六年以后二〇〇六年的事情了。因此这个选集，从选题、翻译、校对到出版、发行，可以说得上是精雕细刻了！

大概是出到第三卷的时候，我深受梁兄那种认真负责、锲而不舍的治学精神之感动，贸然说了一句，"等五卷出齐，我要写一篇书评"，实际上，我明知自己是不够格的书评作者，出于对主编和译者们严肃认真学术精神的敬佩，也出于我对包括费希特在内德国古典哲学家的思想的兴趣，在书已出齐后，写这篇文章，只是我的一个学习心得。

在中国做哲学的都知道费希特的重要性，但是专门研究的并不多，一来是过去只把他看作是从康德到黑格尔的过渡环节，而且把康德的一点点唯物主义因素给消解了，也就是从费希特开始更坏了，何必去研究他呢；另一方面也是因为费希特著作中译本太少，学子们难以入门。现在，这两个障碍可以说都到了消除的时候了。

费希特哲学当然不是一个“过渡环节”就能够马马虎虎“过渡”去了的，它有自身独特的哲学体系和独立的哲学价值，既不是康德哲学，也不是黑格尔哲学所能囊括——代替得了的。在这一点上，哲学有点像艺术，大哲学家犹如大艺术家，历史上一座座的丰碑，其间当然有许多继承的关系，但自身都是创造性的成果，谁也代替不了谁。

《费希特哲学著作选集》第一卷第一篇是《试评一切天启》，文章的背景在书后“译者注释”中有详细的介绍。这是费希特为晋见康德在一个月内写成的长篇大论，据说康德读了很快就接见了他，而且不久还在费希特经济困难时写介绍信给予帮助。这篇文章因发表时漏印作者名字，因其用语和思路绝类康德，被普遍误认为是康德所作，于是康德不得不做出声明，指出真实作者，据说费希特由此名声大作。

然而，就在这篇充满康德哲学气息的文章中，似乎也可以看出费希特自己的哲学思路的特点，而不同于康德。

不可否认，费希特哲学的切入点当是康德的《实践理性批判》，但是康德的实践理性固然是通向基督教宗教的桥梁，但并不等同于宗教，康德的“神—上帝”尚不仅仅是伦理道德的，而仍须是“睿智”的，所以康德的绝对道德，并不“需要”“神”，而只有谈到“幸福”时，“神”才出场—在场，“人”的“（有限）理性”就有能力下绝对的道德令，而“神”把“幸福”“公平”地“分配—给予”人，使得“配享”“幸福者”“必定”得到它“应得”的“幸福”。

康德这个思想可以产生各种意义，其中有一个意思似乎是：“人”只管自己的“德性—美德”，至于自己应得的“幸福”，最终要“交给—委托给”“神—上帝”的。

费希特的哲学——至少在早期，不允许“人”的理性自由的这样一种消极的理解，因而他理解的实践理性之上，并不需要一个更高的“天国”、“神（城）”，“人”有权利在地上争取自己的“幸福”。“幸福”并非“神”的恩赐，更不是君主的赏赐。康德固然承认谋求幸福对人来说是自然的，但他强调在说到道德时不涉及幸福，因而等于开了一张“空头支票”，人的幸福没有必然的保证能在“现世”“兑现”。

我们看到，就在这篇类似“习作”性的《试评一切天启》中，费希特已经表现出他的哲学要克服康德在《实践理性批判》将“德性”与“幸福”割裂开来的二元论倾向，走他自己的一元论的道路。

果然，两三年之后，费希特的哲学主要著作《全部知识学的基础》就出版了。这本书由于王玖兴先生中译本早出，是我们以前研读的主要依靠，收入选集时由梁兄做了一些修改。

《全部知识学的基础》是费希特创建自己哲学体系的重要的著作，也是克服康德二元论哲学使德国古典哲学走向一元论的划时代的里程碑。

康德在《纯粹理性批判》中明确指出“知识”有两个来源：一是来自感觉经验的，一是出自理性先天的。康德为把这两者结合起来而让感觉经验进入理性先天必然范畴，很费了一番心思，做了艰难的理论建构工作。康德这项工作体现了这样一种精神：要为人的“理性”划出“职权范围”，这原本是启蒙深入成熟的表现；只是过于“成熟”，或就会失掉“锐气”，使得“理性”变得“谨小慎微”起来，费希特要做的正是要消除康德哲学的“老气横秋”的消极方面而重振“理性”的“雄风”，做的是大刀阔斧的工作。

康德的理性自由，以《实践理性批判》为顶峰，在此“理性”之“自由”绝无一点“感觉经验”之沾染，但也因此而“架空”了这个“实践理性”，成为一种“纯粹形式”的“自由意志”；费希特的工作是要把被康德视为“异己”的“现实世界”重心“吸收—回收”到“理性”的“自由”中来，成为这个“理性”的一个“自由”的“设定”。“现实世界”并非如在康德哲学那里作为“外来”的一个“移民”，而是“理性”“设定—创造”出来的，用现在的话来说，是“理性”“让”它“开显”出来的，感觉经验世界的“意义”乃是“理性”的“自由”设定，而不是“理性”被动地“接受”过来的，这是“知识”的哲学“基础”，没有这个基础，也就谈不到“知识——在康德为 Erkentnis，在费希特为 Wissenschaft”。

我们可以说，这个思路似乎有些独断，你怎样说大千世界居然都是“理性”“自由”“设定”的呢？！所以费希特就成了德国古典哲学中的主观唯心主义者，这个批评当然是有道理的；只是在费希特这本书里，他当然还是有自己的理路的，并不是一句话就论定了的。

费希特从康德的“实践理性”的制高点出发，走着一条“下降”的路，而这条路是康德禁止的，虽然他也看到“实践理性”会给“理论理性”带来“影响”：实践理性要“下降”到“经验世界”，当这个能动的“理性”进入这个感性世界时，发现这个通常—常识—经验认为是异己的世界，却是“理性”“自己”“设定”的——理性有能力在“异己”中“看到—发现”“自己”，“我看到世界”，“我”也“意识”到“我在看”，“我理解世界”，“我”也“意识到”“我在理解”，“我思维世界”“我”也“意识到”“我在（用范畴）思维”。这里的“我”就是费希特那著名的“本原行动—Tathandlung”，一个“大我—

理性—自由”的“基本意识事实”。这个意识的经验事实，是最为原始的，自明的，无须证明的，因而是绝对的。这个绝对的本原行动的原理就是费希特为知识学设定的第一条“A=A”。

于是，费希特以三条原理阐述知识学：第一是“绝对无条件的”“A=A”，由此得出“自我 = 自我”；第二是“内容上有条件的”“$-A \neq A$”，由此得出“非我≠自我”；第三是“形式上有条件的”，这里费希特没有给出一个等式，事实上他想说明，这第三条原理保证了理性有权命令一个有内容的——即形式与内容同一的“A=A”来，这个“A=A”包含了“$-A \neq A$”，这样“A”与“−A”、“自我”与“非我”从抽象的可以推论的关系，发展成具体的可以推论的关系，其中关键，乃在于“自我”和“非我”原本是“自我”的“原是行为”的两个产物，一个活动的两个方面，是一而二、二而一的。

这里深入的理路尚需进一步探讨，但是费希特这个理路的根据在于：无论“自我”还是“非我”，其设定的源泉，皆出于同一个理性，“A=A”这个理性的原始真理，表面上看十分抽象，十分形式，但却是全部知识的根据，也是万物（包括“自我”）“存在”的根据，对于意识来说，是一个基本的经验事实，是无可怀疑的，也就是笛卡尔那个著名的“我思”，没有这一条原始的原理，一切知识都谈不到“必然性”，而盖出于感觉经验之归纳总结。

“A=A”这一理性必然之原理，摆脱了在康德那里所受到的“限制”，“-A”、“非我”原皆为“理性”的“原始行为”“设定”出来，不是“外来”的“限制”，从而在这个意义上，理性的“自由”同样也不受“限制”，“自由”而“受限制”，乃是自相矛盾，乃是理性的毁灭。这是费希特的哲学理论，也是他的坚定的信念。

我们看到，那种只有在康德“实践理性”领域里才能具有的不受任何限制的“自由意志—意志自由”，在费希特这里已经“扩充”到了整个知识领域，而这种“扩充”，在康德也是被禁止的。

自明的原理不等于没有矛盾，但这个矛盾不是外来的—外在的，而是理性—自由本身就有的，是理性自身设定的，“非我”原本是“自我”设定的，这种矛盾，乃是理性的内在矛盾，犹如康德的“二律背反”，而不像康德在他的知识论里所设想的，有一个外在的感觉经验世界是从“外面”“给予”“理性—知性”的，“知性”对于这个“给予—既定”的“材料”，只有“接受”—“加工”的“份—权限”；就费希特看来，“知识—意识”对于感性世界的认知，提高到哲学层次来看，亦即对于具有“自我意识”的“意识”来看，那“知识”的“对象—非我”，原本是“意识自我”“自己”设定的。在这里，费希特把康德的“哥白尼革命”进行到底，不停留在“谁围着谁转”的问题上，而是将“二元”克服为“一元”，使整个知识论问题成为一个“一分为二”的问题：理性自由地“分出”“自我”和“非我”。

我们看到，“外在的”对立面在某种意义上是“不可克服”的，感觉经验材料不属于理性，永远在理性的彼岸；而只有“内在的”矛盾，才有真正“克服”的“希望”。

康德哲学未曾看到这个希望，他虽然指出“二律背反”乃是理性的自然—必然产物，在被指出之后仍然会再次陷入，但他认为这个理性自身的二律背反是“不可克服”的，而此后的德国古典哲学，恰恰以克服这个理性自身的二律背反为自己的重要任务，认为哲学的工作正是要去理解理性自身如何产生矛盾并又以何种方式和途径来求得矛盾的和解而又在新的基础上产生新的矛盾以求新的和解，如此形成一个理性自由发展的螺旋式“圆圈”。这样一个思路，后任有种种合理的批评，也有种种误解，无论如何，是费希特克服了康德的二元倾向，把这场哲学领域里的“（法国）大革命”推向了彻底的道路，在康德奠定的革命基础上，为谢林以及黑格尔的哲学开辟了道路。黑格尔尽管批评费希特的“意识事实”，但是如果没有这样一个既是“意识事实”又是“理性逻辑”的“原始行动—原始事实”，或者说，如果没有费希特这个既是“事实—Taht”又是“活动—行动 Handlung”的“A=A”之自身同一的自由—自己产生自己，那么，谢林和黑格尔要建立“绝对”的哲学观念，就会有更多的困难，或许他们还必须自己做现在费希特已经做过的工作，其面貌当和我们现在看到的不同了。

如果说，任何个人在历史上都是一个“环节”的话，而费希特在哲学的基本路线方面或许还可以说是从康德到黑格尔的一个必然的“过渡环节”的话，但就费希特哲学本身来说，更是一个“不可替代”的“环节”。就整个哲学精神来说，费希特哲学与康德、谢林、黑格尔，都是独立的哲学体系。

我们知道，黑格尔对费希特哲学有许多值得重视的批评，正是黑格尔给予了费希特哲学的深刻的思辨性以很高的评价，指出人们往往忽视了这个方面；但是黑格尔也说费希特哲学是通俗哲学，尽管他对于费希特的那些演讲和著作加以赞扬而未敢贬抑。“通俗哲学”固然是费希特对自己演讲的自称，但是黑格尔认为在讲哲学史时不能予以重视，就是很偏颇的看法了（参阅黑格尔《哲学史讲演录》第四卷，商务印书馆一九七八年，贺麟、王太庆译，第309页）。费希特自称和黑格尔所说的“通俗”的方面，乃是费希特“联系实际”的众多演讲，其实这些演讲都有深厚的哲学学理的根据，而不是一般泛泛的鼓动之词。

我们知道，费希特哲学出自康德的《实践理性批判》较多，抓住“理性的意志自由”不放，将其贯彻——下降于现实世界之中，他的众多演讲，可谓处处不离那个“理性自由”。

我个人对于费希特哲学的接触大概始于《向欧洲各国君主索回他们迄今压制的思想自由》这篇演讲，那可能是“文革”后期的事情了，在激动之余，还认认真真写过一篇文章，现在看内容已经不足道了，但是当年的激情现在还仿佛记得的；如今我已进入衰年，再读这个演讲，仍然感受到费希特的革命热情。那么这个演讲有没有学理的根据呢？当然是有的。

“实践理性”进入“社会”，自然会受到一定的限制，社会是一些个人组织起来的群体，相当一部分事情是要靠协商解决的，每个人的权利都要受到一定的限制，这样他人也才有义务保护你的合适的权利。按卢梭的理论，社会是靠“契约”维系的，但在这个契约上有一个原始的制高点，契约是经验的，那个原始的制高点和出发点，却是绝对的，因此费希特将人的在社会契约中的权利分成“可出让的——似应按法律词汇译为‘可让渡的’”与“不可出让（让渡）的”，而“思想自由”正是那“不可让出（让渡）”的基本人权。基本人权之所以是“基本”，乃在于它是哲学的第一性原理，哲学就是从这个原理来“推演出”其他的原理来，如同他所谓的“A=A”那样自明、无条件一样。坚持了这一条原理，就是坚持了哲学的高度——制高点，也就是坚持了哲学的、理性的、自由的出发点。坚持这一条原理，也就是坚持了社会作为自由者之间的平等契约关系，而不是“主人”和“奴隶”之间的不平等关系。

费希特这个思想源自康德“人只能作为目的而不能作为手段”是很明显的，那种“主奴”式的契约关系乃是对契约的一种歪曲，契约被利用来把人变为“手段”，“主人”“利用”“奴隶”，“奴隶”也“利用”“主人”，这方面黑格尔在《精神现象学》里有深刻的分析，而这种互为手段的矛盾解体，显示了尚有一个绝对的至高的东西在，仍然没有离开费希特德理路。

社会既是一个群体，当要它的成员相互“让渡”自己的一部分权利，但是“让渡”的基础在于“自由”，因而社会的“契约”的基础仍然在于“自由”，动物之间不订什么“契约”，也不懂得什么“让渡”，“让渡”的基础本在于“自由”，“契约”和“让渡”是“人”作为“自由者”的专利，于是人要是“让渡”了自己的内在的自由——思想的自由，则是自己毁灭了自己的基础，自己使自己矛盾，亦即人的自我毁灭。人类社会契约的出现乃在于“促进—扩充”人的“自由”，使自由不停留于形式，而充实其现实内容，使之成为现实的自由，而不是使自由成为不自由，或者说，绝不能使得“不自由”成为哲学或理性的“第一性原则”。

从这个角度来看费希特的众多演讲，我们就不能说它们仅仅是通俗的，而不是哲学的。

坚持从哲学的高度来观察现实，使哲学深入到现实中，而又保持哲学的原创性高度，乃是费希特哲学的“不可替代”的特色。

再读费希特的哲学著作，我深深感到他的哲学有一股不可阻挡的“锐气”。“哲学”而又保持住“锐气”是很不容易的。

“哲学”原本应该有这种“锐气”。从柏拉图的理念论我们看到一股锐气，针砭大千世界，他的理念世界也是生气勃勃的，黑格尔的“绝对精神”骑在马背上出发去开创自己的世界，是何等的意气风发！然而曾几何时，当历经磨难的“理念”和“绝对精神”回到了自身，衣锦荣归，又显得何等的从容与自得，安详圆通，“精神”回到了自己的“家园”。

费希特有没有这样的过程？据说有的。据说他修改后的知识论就又回到了“理念”作为出发点，如果“理念”并不一定消极，而收在选集第五卷里的他的《极乐生活指南》系列演讲，就被认为具有更大的消极性，似乎费希特从哲学退回到了宗教，向往着一个超尘绝世的“极乐天国”，而哲学的重心又从理性的自由转向非理性的“爱”似的；不过我们如果考虑到他的哲学路线是从“绝对”走向“相对”，从“普遍”走向“特殊”，而在这个系列演讲中仍然反对通常的从“知觉”推导出外在对象的思维这样一个理路，那么，他在最后谈论宗教问题离开他那最初的论文（《试评一切天启》）有多远，就是可以慎重考虑的了。我们还应考虑到一个因素，费希特在作这个“极乐”演讲时，年近四十四岁，加之他后来所作的那个在中国抗日战争期间起过巨大鼓舞作用的《对德意志民族的演讲》，对费希特思想之消极性转变的评价，就理应多加几分慎重了。当然，这是一个很值得存疑的问题，须得我们好好地研读，再来讨论。

至少，就和康德哲学的关系来看，费希特的“锐气”是他哲学的巨大的特点，也是难得的优点。费希特挽救了康德“善良愿望”的软弱无力，使“自由意志”摆脱了单纯的形式性，而成为现实的、真实的力量，“自由”在现实社会里坚定不移而又生龙活虎。“不可让渡”也就是“不可褫夺”。费希特的理路迫使人人（包括君主在内）都必须承认：“思想自由”是任何人（包括君主在内）想褫夺也是褫夺不了的，凡是要想褫夺人的思想自由权的，都只是“痴心妄想”，到头来一场空。这个话不是口头说说的武断，而是有理路维护的真理。哲学要维护这个真理，所以哲学是思想自由的学问。

相比之下，康德的哲学精神就显得“谨慎”多了。

当然，康德也是有锐气的，马克思说，康德哲学是法国革命的德国版本，法国在实际上做的，由康德在思想上做了，而费希特则在实际上也要做的，他的工作是在哲学上来论证这种现实的革命的必然性和根据。费希特是将康德的“批判哲学”从对“理性”的“批判”转向对“现实”的“批判”的第一人。在这个意义上，我们也可以说，费希特“结束”了康德意义上的“批判哲学”，并不是取消了哲学的“批判性”，相反的，恰恰加强了哲学的这一层意义，以至于后世对于康德“批判哲学”的“批判”要限定特殊的含义才能理解。

费希特发扬了自柏拉图理念论以来对于现实的批判性和否定性，并不是将一个至高的理念悬在天上，而是从理性自由的第一性原则来审视一切，理性自由所到之处，雷霆万钧，横扫千军，势不可挡；当然不是“不讲理”的，而恰恰是“最”讲理的，不是讲那歪理、邪理，而是讲那“第一性”的理，讲那“自由”之理，不是那“关系网”中的“有限、片面”之理，而是“自身独立”的“至理”。这个理一旦进入世间，犹如一面“照妖镜”，万物毕露原形，举凡社会伦理道德、政治法律以及君主权力等等无不露出自己的“根基—底牌”，费希特那些有关伦理道德、政治法律等等著作和演讲，从未脱离过他的“第一性”的理性自由原则，其中相当一部分，也可谓是“通俗哲学”，却是“通”而不“俗”。有志于研究道德哲学、政治哲学的，或者说，要从哲学上关注、研究道德伦理、政治法律的，绝不可忽视费希特的著作。

费希特对社会现实问题的关切，那种从哲学高度审视社会政治的去向，可谓上承康德，下启黑格尔。黑格尔从他的绝对哲学出发，也深入地探讨了社会政治、道德法律甚至历史、艺术等众多学科部门，但是就哲学的“锐气”言，已经“扬弃”了不少，逐渐由“尖锐”向“圆通”过渡了。

说到“锐气”，不能不提到这个选集的主译者梁存秀学兄。梁兄在北大哲学系比我高一班，在校期间并不认识，到哲学所同在一个研究室（组），还没有来得及相互熟悉就有一场政治运动把他打入另册。在这个名册中，他一待就是近三十年，虽尚未到“家破人亡、妻离子散”的地步，但也只是一步之遥，其中艰苦，我们这些老同学也只能看到一些表面现象，仅此也就很能体会到他那半生的艰苦岁月。

那时哲学所的业务人员似乎分成两个部分，一部分是写文章写书的，一部分是做翻译和资料的，其间区分不是专业的、学术的，而是政治的，以有没有政治或思想问题为界限，譬如我们研究室（组）里的一些刚从国外回来的先生一般只分配做翻译工作。梁兄在北大原本是学生干部，到所后短期内似乎也是骨干一级的，就我所知，他在校期间，就已经发表过专业的哲学论文，自从入了另册后，写作就没有他的份了，他只能做些资料翻译工作，于是离开研究组，到《哲学译丛》杂志。

做翻译需要懂外语，我们这一代人外语都是很欠缺的，幸亏所在的是研究单位，一般情况还是鼓励大家进修外语的。那时在中关村曾请北大历史系一位德籍教员来教德语，梁兄和我都参加学习，这个班十来个人，就只是梁兄一个人学出来了，而且现在是我国少有的哲学翻译大家，相比之下，我自己觉得是很惭愧的。

梁兄做翻译，可能是为时事所逼，但坚持下来一往直前，也是他的“精神”所致。

改革开放后，“缄默令”废除，我原以为梁兄会改弦更张，以著述为主兼及翻译，而实际上他除围绕翻译著书立说外，仍以翻译为主，这种精神，我也是很钦佩的。

我深恨自己拙于做翻译工作，贺麟先生批评我的翻译习作常常篡改原作的意思，我没有耐心字斟句酌，但是做学术工作正是需要这个“字斟句酌”的科学态度的，我也是以钦佩和尊敬的态度来读翻译作品的。有一个阶段，我的确少读甚至不读中文书籍，我认为这对于做西哲的研究似乎是必要的，但只是一个过渡；我深感以自己的母语来说出欧洲哲学大家们的意思，应是哲学学问的上乘功夫，而汉译正是这方面的筑基功夫。

梁兄的翻译我并无资格来评论，舆论已有定评，据我接触过的一些部分和过去一些讨论中，我是相当放心地引用他和经过他编校的译作，一如我引用贺麟、王玖兴先生译作那样。我尝想，费希特算是幸运地有了梁兄这样的主译，使他的著作得以有相当准确的中文在中国流传。

说到费希特哲学的流传，已有沈真编著的《费希特哲学在当代各国》（中国社会科学出版社，二〇〇六年）一书出版，书中编译介绍了英美法俄日等国家费希特研究的材料，沈真并有《费希特的复兴》一文，可供阅读。

我想象费希特这样的哲学思想，一直是“活”的，“兴”的，总是在“复兴”的，因为“理性”、“自由”不会“死”，不会“灭”，可能会“压制”于一时，绝不会压制于久远。

还要说几句关于“锐气”的话。梁兄是充满活力、极具“锐气”的人，用过去的话来说，是很有“革命朝气”的人，因为“敢说”、“敢提意见”被入“另册”，被压制于一时——不过这“一时”也太长了点，如今名列“正册”，但也步入“高龄”，只是“锐气”不减当年。说来仍是惭愧，我在年轻时，就缺乏这种“锐气”，如今老年更是找不到它的踪影了，看到梁兄老是那样精神抖擞地做事做人，敢不鞭策自己？于是我把写这个书评，当作策励自己的一个机会。

二〇〇七年四月于北京

（原载《博览群书》二〇〇七年第六期）

注：《费希特著作选集》（五卷），梁志学主编，商务印书馆二〇〇六年版。

# 第四编

# “有人在思”
## ——谈中国书法艺术的意义

人类基础性文化现象有许多共同处，各民族的具体文化状况，又有各自的特色，在这种特色中，恐怕要以中国的“书法”艺术最为奇特。

我在想，中国是唯一够得上称作“铭刻之邦”的国家。“铭刻”，世界上许多国家都有。埃及的象形文字，巴比伦的楔形文字，古代希腊文、拉丁文……都有一些铭刻书版存世，但比起中国来，简直可以忽略不计。中国的铭刻可以称得上“森林”（碑林），而其他各国的，只能称“树木”。

这种不可比较性首先还不在于数量，而在于其“功能”。中国铭刻在记事、记功、记人方面大体和别国的差不多，但中国铭刻更在于其“审美”艺术的作用，这个“功能”（作用），在其他国家，是很不突出的。

当然，应该说，任何的“对象”——在我面前的东西，都可以作“审美观”；但各种文字中，只有中国之书法才是真正的“审美对象”。中国书法乃真正意义上之“美术”（fine art）。

我们知道，欧洲文明的摇篮在古代希腊。希腊人不仅重视抽象的概念世界（逻辑的世界），也很重视物质的感性世界（艺术审美的世界），他们的雕刻艺术作品乃稀世珍宝；但希腊人并未把“文字”本身当作艺术品来看。我手边有一本从大英博物馆买来的《希腊的铭文》，从中国人眼光来看，其中有些铭文还是很有观赏价值的艺术品；但当其时也，希腊人显然是为了记事、记人、记功才刻的，别无他意。他们在用具、玩具等器皿上也刻些字，但大多是占有者的名字，有的刻得不错，有的则很不工整。希腊有些画瓶上也有字，但令人不解的是他们画瓶上的画有很高的艺术水平，而“字”则不仅不工整，而且随意乱放在画面上，严重破坏了画的艺术性。古代希腊人的艺术欣赏水平是不容置疑的，他们不至于连这种明显的不协调都看不出来，而只能说他们并不在意“文字”与画面的关系，并不把“文字”看作艺术品的一个部分——或者画和字竟是两个人作的。这种情形，和我们的传统形成了鲜明的对照：我国早期画家将画面上的“字”（款）写在不显眼的地方，以免破坏画意，后来则有大幅题款，但与画面融为一体，成为诗、书、画合璧的艺术品。中国人在这方面的创造性，是世上任何其他民族所不能比拟的。

铭刻（刻划）也许是文字的最早的形式，书写则是比较普及、成熟的办法。由于书写工具的先进，中国书写文字的保存，也是世界其他民族所不可企及的。用纸草、贝叶，当然不能长久保存，中国的帛、纸质地不同，而我国所用的墨，也是利于久存的。不过，我觉得不仅仅是物质书写条件限制了古代西方民族文字的艺术化，而且还在于古代西方人并没有（像中国人）那样意识到有保存自己文字的迫切性。也就是说，他们并不像中国人那样钟爱、欣赏文字本身的作品。我觉得，以希腊人的智慧，以罗马人拥有那么多的能工巧匠，想一个长久保存书写文字的办法，并不是不可能，而他们之所以没有想出那种办法，是因为他们并不觉得保存书写文字作品的原件、原作有什么特别重要的意义。

说到“文字作品”，这里指的是“文字”本身的作品，而不是借“文字”传达的故事、道理、诗这样一些作品。借“文字”传达的故事、道理、诗的作品古代西方人当然也是非常重视保存的。他们有各种抄本，设立专门的图书馆来收藏这些抄本，这方面的工作他们是尽力而为的。然而，作为“文字”作品本身，则并非各种抄本所能代替，其意义和价值只有“原作”、“原件”才能真正体现出来——就艺术言，好的“抄本”当也是“原作”，如唐人的各种抄经等。但就是这种意义上的文字作品，在西方则未见有“珍藏”的迹象。

所谓“文字”本身的作品，也就是我们中国人所说的“书法”，日本人从中国学去的“书道”。

何谓“书法”？“书法”即指那种不同于“文字”所传达的故事、道理、诗的特殊的意义。这种特殊的内容是和“字”本身的形状（形式）分不开，所以书法作为艺术言，它的“内容”并不是“字”所“说”的那些故事、道理；书法艺术的“内容”在“字里行间”，不在那“所说”（所谓、指谓）的“事”、“理”之中。

从这个角度来看，书法艺术有点像诗。诗原本也可以“说”“故事”，“讲”“道理”，但“诗意”并不全在那“故事”和“道理”中，不在那“语言”的“指谓”（所指）中，而同时也在那“能指”（“语言”、“说”本身）中。所以“诗”不仅是“说”，而且亦要“吟诵”。

“书法”作为艺术则甚至不可“说”，而且连“吟诵”也不能穷尽其意义——书法要“看”，要“观赏”。“书”（book）可以“读”（read），“书法”则不可“读”。把一幅书法作品中的“字”“读”出来，不等于“观赏”了书法艺术。历代书法作品中尽管有写错的字，也有至今尚未能读出的字（如某些草书及不少大篆），但一般并不影响我们欣赏它们。书法作品也尽可以和故事、道理、诗结合，欣赏者也尽可以读其“文”而观其“字”，但“字”的艺术究竟不全在那“书文”（故事、道理），甚至“诗文”之中。

如此说来，书法艺术是否有点“超越”（transcendent）的意味？的确，从“字”与“文”的关系来看，赋予“字”本身的意义则“超越”了“文”的意义。“字”的艺术不在于“文”中所说的故事和道理，而自有“意义”在，于是这个“意义”就是“超越”了“文”的“故事”和“道理”的，是一种“超越”的“意义”。中国传统的“书法艺术”终于也有一个时髦的名字，可以叫作“超越”的艺术，登上了很高级的理论层次了。

然而，我以为，一切“超越”的东西，原来都是很基本、很基础，甚至是很远古、很原始的。书法艺术之所以有这种“超越性”，初不在于我们的祖先独具慧眼，从“字”里“看”出了什么高级的东西，而实际上原是一种远古意义的存留，只是我们历代祖先不但并未把这个历史的存留“遗忘”掉，而且还不断地维护、加工，使其成为多姿多彩的独特的艺术品，在这个意义上，我们的确非常感谢我们祖先的慧眼独具。

为什么说这种“意义”是很远古的？“文字”作为“语言”的记录符号，历史不过数千年，但作为人类活动的“刻划”“痕迹”，则是久远得多的事了。“刻划”是人类最原始的活动之一。远古时代，为了生存，人类有许多事要做，如狩猎、渔牧、农耕……，为此制造了许多工具，生产和生活的“工具”乃人类“文明”（civilization）的标志；人类又是有意识、有思想、有智慧的动物，从婴儿第一声啼哭，到“牙牙学语”（babble）和“乱涂乱画”（scrabble），“人”显示了它的“存在”。

“刻划”的“道道”，是一种“轨迹”，它不是几何学的“线”，不是“符号”，而是实实在在的“有”。“符号”的意义在“他者”身上，而“轨迹”本身就有意义，是为“他者”提供“意义”的。这就是说，只要有“人”（他人）在，就能“识别”这个“轨迹”。所以我们说，如果要问这种原始的“道道”有何种“意义”，那么回答是：这种意义在于它“显示”了“人”的“存在”，即“有”“人”“在”。“刻痕”是“人”的“智慧”的“明证”（evidence，证物、证据），它是直接的、无可辩驳的，就像“人”的物质工具的存在“证明”了有“人”在这里“生活”（尽管是很简陋的）过一样，“道道”的“存在”则“证明”了有“人”在这里“思想”（尽管是很初等的）过。原始的生产和生活工具是人类原始“文明”（civilization）的“明证”，而原始的“道道”则是人类原始“文化”（culture）的“明证”。

“牙牙学语”尽管也模拟风声鹤唳（拟声），但表明“人”要“想”“说”点“什么”；“乱涂乱画”尽管也模仿鸟兽虫迹，但表明“人”“想”要“写”点“什么”。在这原始的阶段，这个（些）“什么”并不明确，但那个“想”却是确定无疑的。笛卡尔说，“我思故我在”，要在“我说”、“我写（刻、划）”的意义上才是很有道理的，但那就只是说“我在说”、“我在写”，因而“我在思”。所思（所说、所写）的那些“什么”，是随着文明和文化发展而不断丰富的。远古原始人绝画不出飞机、大炮来，也“写”不出、“说”不出这些词来，但他们也有所“思”，也有所“想”，只是不待那个“什么”明确、丰富起来就有“证据”了。被识辨出来的人类的轨迹（道道）表明：“有”“人”“在”“思”，这就是最基础的事实，也是最基本的道理，其他的“什么”都是以后发展出来的；发展太多了，文化的层积太厚了，那个“有人在思”的基本事实和道理有时反倒给“掩盖”了、“埋葬”了，还要有大智慧、有很深洞察力的人来提醒，这是西方文明和文化的经验教训。

十九世纪以来，西方的哲人主要任务在于挽救那久已沉沦的基本、基础“意义”。起初他们先批评怀疑论，后来转向寻求“超越”的“意义”，揭示“意义”不是一般经验科学所研究的“世界是‘什么’”的知识；而在二十世纪西方高科技发展下，又大声疾呼，提醒人们不要只顾“什么”而忘了那个“是”（存在）。西方哲人这些道理当然很深刻，也有其历史渊源。但他们总想把那个存在性与思想性相同一的基础问题问出一个“什么”来，则不得不承认“什么”依时而变，因而并无一个基础性的“意义”“在”，这是他们所谓“后现代派”诸家的中心议题，而常常被人误解为对“意义”的完全否定。

相比之下，中国人对这个问题的理解在传统上并未受到太多的挑战。至少，中国的书法艺术为保存那基础性、本源性的“意义”提供了一种有价值的“储存方式”。说它有价值，是因为书法艺术的“超越性”和“原始性”，可以避免对“有人在思”的怀疑。

人们“怀疑”，“怀疑”的是“这是什么”中的“什么”，日月沧桑，“什么”会变，对“什么”的知识，也会越来越丰富、精确，但对这个“是”则无“怀疑”之余地，即“是”、“在”，不容怀疑；因为你要“怀疑”到那个“是”、“在”，则失去“怀疑”的根据。我们可以说，一切的“艺术品”都可以理解为在那“是”和“在”的度中，而不在那“什么”的度中。绘画的价值（意义）不在画“什么”，小说的价值也不全在说的故事。这样，书法艺术的价值不在于写“什么”，而就在那个“写”，“写”在“是”、“在”的度中，不在“什么”的度中。

一幅画，如果我们问画的是“什么”，则不是艺术家的问题。为避免这个“外行”的问题，西方一些画家故意画些“抽象”的画，叫你问不出这个问题来；一幅书法作品，就艺术言，也不宜问写的是“什么”。书家可以写一首“诗”，一篇“文章”，一个“题词”，一般不影响书法作品的价值，书法作品的价值和意义就在那个“书”和“写”（刻和划），就像绘画的价值和意义在那个“画”一样。我们甚至也不宜问那幅艺术品是“什么”，我们说“这是齐白石的画”、“这是王羲之的字”和“这是国宝”……，都不能真正说明书和画的意义和价值。画就是画，字就是字，好像是同语反复，因为“是”就是“是”，它本身就显示了自身的意义。当我们的祖先在沙土上划道道时，你不宜问划的是“什么”这个问题，因为这些道道什么也不是，但它却实实在在地“在”（是）那里，至于“划”（画）出一个葫芦瓢来，或“写”出一个斗大的“一”字来，那是后来的事，或者是“另外”的一回事。

历代书法艺术就是以各种丰富多彩的形式——即不同的“写”的方式保存了那个原始的、超越的“是”和“在”的“意义”。“写”、“刻”、“划”亦即“思”，所以艺术性、文化性的“在”（是）实亦即“在思”。这样，书法艺术所保存的“意义”，即“思”、“在思”的意义。

当我们面对历史书艺宝藏时，我们心中充满了敬仰和感激。感激我们的祖先和历代书家，用自己的智慧、创造才能和辛勤劳作，创造出如此变化多端、美丽绚烂的“道道”，它与那有关“什么”（故事、道理）的“思”融为一体，但顽强地、突出地表现着自己的独立性、超越性，使我们能从那纷繁的“字义”（“什么”）中突显出那原始的“有人在思”、“我在思”的意义来。这种“有人在思”的意义通过书法艺术的表现，使我们中国人不易失去对自身存在的基本价值的觉悟，在维系炎黄子孙的认同上起着重要的作用。在我们中国人眼里，书法艺术虽然是很古老的，但又是有生命力的，它不是“古董”（antiquity），它是历史的，也是现实的。因为所书“什么”因时而异，是“历史的”，但“书”本身则始终为“是”，为“在”，总是“现时的”。

书法艺术是中国特有的艺术，但它又是可以、也应该向世界推广的艺术。西方人一直深感“存在的遗忘”的危机，他们甚至认识到他们受语言影响的文字只记录语言（标音字母），形成“语言（语音）中心论”传统，从而也想借鉴中国的文字，这是他们某些思想精英的想法（如法国的德里达）。我们愿意告诉他们，中国文字与语言的特点的确有利于中国书法艺术的产生和发展，但西方的语言和文字并非注定没有这方面的前途。西方人既然在理论上（哲学上）已经认识到“人”关于自身“存在”（是）的许多深刻的道理，在自己的丰富的艺术创造中也有许多尝试，特别是现代以来西方音乐、绘画中各种流派的尝试，都有许多可贵的经验，相信他们对自己的文字的理解，也会有一种飞跃。

无论如何，在对文字的理解方面，我们中国人是有西方人所未曾见及的独到的、先进的视角的。我国书法艺术的繁荣很清楚地表明：中华民族是最善于知根知本的民族，是最善于从包括“文字”在内的一切“工具性”的“符号”中“看出”其“存在性”意义的民族，是最善于从那大千世界的“什么”中“看出”“是”和“在”的民族，也就是说，中国人是最善于透过“现象”“看”“本质”的民族；不过这个“本质”并不像西方哲学教导我们的那样是“抽象性的”、“概念性的”，而恰恰是具体的、生动的、活泼泼的“根”和“本”。从中国传统角度来看，“文字”所表达的“什么”（故事和道理）是相对固定的“事实”，是“什么”就是“什么”，写的是“木兰从军”，不能是“武松打虎”，但那笔画行走飞动的轨迹，却不是“概念”（故事、道理）所能限定的，所以同样“木兰从军”或“武松打虎”，你也可以“写”，我也可以“写”，“写”出来的书法作品，则是不同的。

在书法艺术领域内，文字的“所指”，有绝对确定的含义，而“能指”自身则是活泼生动，但又有很基本的“意义”的，因而不同于西方学问中“结构主义”的或“符号论”的意义，这是我们不能不辨明的。

（原载《书法研究》一九九三年第三期）

# 关于“文物”之哲思

## ——参观台北故宫博物院有感

一九九三年五月随所内几位同事赴台参加“传统中国文化与未来文化发展学术研讨会”，会后台湾主办单位邀请我们参观台北故宫博物院。在北京，大家忙于手边的研究工作，很少有时间去北京的故宫博物院，又闻台湾该院藏有不少文物珍品，所以参观时就格外有兴趣。

哲学家不是考古、文物专家，我本人对中国的书画尚有些知识，其他则所知甚少，不过是走马看花，只觉得琳琅满目，美不胜收，却也说不出什么所以然来。

然而，哲学家对“文物”也有自己的思考，而且我们的所思、所想竟然和此次学术讨论的议题是密切相关的。

其实，“文物”已经成了一个哲学的问题，在这个问题上，体现着所谓“后现代”派与历史传统的重大分歧。福柯不是要把一切的“文献”（包括哲学的文献）都还原成古代的“实物”、“档案”，从而将“历史学”还原为“考古学”吗？德里达说，人之所以要写书，为想传诸久远；但“书”只能说明“人”是“要死的”，而不能说明“不朽”，所以一切的“著作”都只是“遗嘱”。这些思想，当然都经过博学的深思熟虑，很有洞见的，但也不是没有讨论的余地。我们眼前面对的这些“文物”，却使我们有另一种感想。

“文物”为“文化”之“物”、“人文”之“物”，它与“文献”不同，“文物”侧重指物质产品，而“文献”则侧重指精神产品，但广义来说，“文献”确为“文物”。

“物”本就是“物”，为什么还要饰以“文”？我们看到的那些品类繁多的陶器、瓷器，虽有不少精美的花饰，但相当一部分还都是实用的生活用品，像壶、罐、盘等等，此时“物”前之“文”，当不指那器皿本身上的花纹装饰。那么它们“文”在哪里？为什么现在的人不再“用”它们了，反倒由普通的“物”，转化成为“文物”？为解决这个问题，我们可不可以设想和“后现代”派相反的一种思路，即不是把一切的“文献”作“文物”看，而是将一切的“文物”，都作“文献”看，即随着“时光”之流逝，此类“物品”之“实质”性、“物质”性功能以及由之而来的“装饰”性功能隐去，而其精神性、文化性功能则显现出来，故而“物”成了“文物”。

其实，此种思路，并不是“新”的，而恰恰是“传统”的。我们并不再“用”古人的实物，那么“传”下来的是什么“统”？是精神性、人文性、思想性的“统”。

## 一、“文物”是“活”的

“文物”是“活”的，不是“死”的。我们常常说一种“过时”的东西，或过于“老式”的东西，说它“该进博物馆”了，好像进了博物馆的东西都是“死”东西，而我们身边日用的东西才是“活”东西。这个普通说法的意思，也有它合理的一面，说的是这些东西已不适宜于“参与”现实的生活活动了。但从文化的深层次来看，这句话又不尽合理。我想说，进博物馆的恰恰不是看重它的“死”的一面，而是突出它的“活”的一面，进博物馆的正是“活”东西。“博物馆”不是“坟墓”，而“坟墓”一旦被“显现”（挖掘）出来，或可成为“博物馆”。

我们说“活”的东西，就是有“生命”的东西。“生命”有许多层次的意思，有生物学上的意思，有医学上的意思，也有哲学层面上的意思，而且哲学层面的“生命”的意义，又可以有多方面的展示。

“物”本来都是“死”的，但“文物”却是“活”的。并不是“物”真的“活”起来了，不是“物活论”；“物”因“人”而“活”，是“人活论”；“物”是“死”的，“人”是“活”的。“文物”即“人”之“物”、“人文”之“物”，所以它是“活”的。

然而“人”不总是“要死的”吗？不错，这是自从古代希腊以来西方人一个很正确的信念:“人”是“要死的”。不过,“人”“要死”,但“生命”却“要延续”。“人”靠什么来“延续”“生命”?靠“他人”、“他者”,故也靠“物”。“物”比“人”长久。而从哲学说,“人”之所以为“人”,是因为他“要死”;而“物”之所以为“物”,是因为它“不死”,“物质”“不灭”、“永恒”。“人”只有借助“物”,即以“物质”的手段,才得以“延续”“生命”,保存“自己”的“同一性”。所以“人”“要死”,而“文物”却可以“长久存活”。

“生命”之所以会“延续”,是因为世上不只是“一个人”,世上有许许多多的“人”。“生命”不仅在于自己的呼吸,而且还在于与“他人”的“气息相通”,“共同呼吸”,“生命”在于“交往”。

“交往”的一个重要环节在于“语言”,叫作“交谈”。“人”与“人”的“交谈”是“有声的”,而在这个基础上,尚有“沉默”的“交谈”,即“思想性”的“交谈”,后者往往比前者还要深刻些。

“人”会说话,“物”不会说话,但“文物”却会“说话”。“文物”展现一种“意义”,这种“意义”不是“实物”本身所能涵盖得了的。我们看到的一方古砚、一领衣冠、一个陶壶,都不是说一下“这是××”之所能穷尽的。这些“文物”不只是“告诉”我们它们的名字和用途,它们向我们说的是很多很多的“话”,可能还不断地在“说”，它们有“说”不完的“话”，不断在“倾诉”。我们眼前的“文物”无不一一向我们“打招呼”，“邀请”我们与它们交谈，以便“相知”。

然而，“后现代”派诸公会说，不但“文物”已无“发言权”，就连白纸黑字的“文献”也已无发言权，因为它们的“作者”“已死”。不错，“文章千古事，得失寸心知”，“寸心”已“死”，则“评判权”总归在“后人”，在“他人”。不过，我们普通的经验却告诉我们，“我们”（后人、他人）还是在“听”“文献”和“文物”的“话”，不能置它们的“倾诉”于不顾，就像我们不能置交谈对方的“话”于不顾一样。我们可以反驳它、批评它、评论它，但我们先得要“倾听”它。那种不顾“对方”所说而妄加评论的态度，则为“武断”、“独断”和“粗野”，我们不能因我们的祖先不再会“申辩”就欺侮它。我们要“倾听”它们的话，然后才有“自己”的“话”，“我们”的“话”尽管不同于古人，或与古人完全相反，却仍是正常之交谈和辩论、批判，而不是僭妄。

不仅如此，我们把“文物”放进博物馆，正是承认、保持它们总是有“发言权”。走进博物馆的后人、他人，必有一种庄严肃穆之态度，来“倾听”古人通过“实物”（文物）或“文字”（文献）所说的“话”。博物馆的建筑和设施，“迫使”你必得要采取“倾听”的态度。这就是说，“文物”有某种非宗教意义上的“神圣性”。

前面说到，古代希腊人认为“人”是一定“要死”的，只有“神”是“不死的”。希腊的“神”，主要是荷马史诗的那些神，可以永远说话、做事、“不死”，是“神圣的”。进博物馆的“文物”就是突显那种“不死”性，但不是“神”的，而是“人”的。所以博物馆不是“神庙”，而是“人”的“圣殿”。“人”到“神庙”膜拜一个（或多个）“异己”的“神”，要体验那“永恒”的“生命”，而到“博物馆”则“瞻仰”“自己”的“圣物”，体验那自身生命的延续。所以博物馆也不仅仅是“艺术的宫殿”，参观博物馆不同于去剧场和电影院。

## 二、“文物”之“时间”、“空间”

“人”的“生命”要“延续”。“生命”本身就是“延续”，而延续就是不能“切断”，没有“空隙”、“空白”。我们说，“昨日之事譬如昨日死，今日之事譬如今日生”，说的是“譬如”，因为“方死方生”，我们不能说在某一时刻我没（不）活着。“活”不能切断，“时间”是“绵延”，是一个“流”；“时间”之中没有“空间”，没有“空白”的余地。从这个意义说，“生命”、“活”就是“时间”，因而“人”“时间地存在着”。“生命”、“时间”没有“边界”，大概也可以是古代希腊的那个“απειρου”。

“时间”的“延续”性，也就是“传统”，“传统”是“生命”的持续性。

“传统”不仅仅是（历史）知识性的。历史性的知识，侧重在历史“事实”（facts）之间的实际联系，是规律性的知识体系，“传统”则是“活”的知识，科学性的历史不能穷尽“活”的“传统”，它把已“切断”了的“事实”“理”出规律来，对人们理解过去、处理现时、指导设计未来大有好处，是很要紧的科学；但历史科学不可能穷尽过去之一切事实，使之成为一个“生命”之“流”。只有如实地将“事实”回归到生活的“事件”（events），才是真实的“时间”，“事”才是时间性的“史”。我想：海德格尔强调 geschichtlich 与 historical 之区别，其用意亦在于强调“生命”中不断之“流”乃是“人”之存在方式。

当然，“物”是“占有”“空间”的，具体的“物”都是“分别（割）”开来的。“物”有“空隙”，是可以“割切”的。然而，“物”之所以为“物”，又是“实”的，不是“空”的，“物”有“不可入性”。就整个“物质”言，亦并无“空隙”可言，凡被认为是“空”的，都有“物”“填”进来，所以古代希腊巴门尼德有“不动的”、“铁板一块的”“存在”之说。这是说，“物”是“死”的，“占”“空间”的，而本身不是“空间”，不是“空”的。

"文物"作为"实物"言，当然是"占""空间"的，但作为"文物"又是"时间"性的，它是"生命"的"延续"的"媒体"，是"时间"、"生命"、"生活"的"物证"。就这个意义说，"文物""不占""空间"，而体现着"时间"的"延续"性。"文物"这种性质，就像"文字"一样，作为实际的"痕迹"来看，它当然是"占""空间"的，无论刀刻、笔写，都是实实在在的东西，但它又是些"符号"，意味着占空间的"线条"以外的另一些"意义"，而这些"意义"，则可以是"生命性的"、"活的"，如我国的书法艺术。

说到书法艺术，台北故宫博物院收藏着我国历史上许多真迹墨宝，去年在北京展出过一部分高技术仿真复制品，这次亲睹一些珍品，更是流连忘返，不肯离去。我看到褚遂良的大字"倪宽讚"墨迹，在端正之楷法中点画顾盼，浑然一体；而董其昌大小法书，分三室陈列，其凝重飘逸之势，有不可抗拒的力量。董书强调虚实相生，最得生命之理。论书艺者有"笔断意不断"之说，亦可谓得"生命"之真谛，贵在于"空白"处体会出"意""不断"的道理，是一种对"生命"的体验。

董书学五代杨凝式法，注重字风布白，留出较大"空间"，但却使通篇更加生气盎然。虽曰"经营空间"，实为"统贯时间"。就"物理"观之，笔画亦空间布局；而就"人文"观之，则布局亦时间之流动。此种道理并不神秘，盖因人文之空间并非“空无”，而同样也“意味”着“什么”，亦有“意义”在。故就人文观点看，一切“占”“空间”者（包括笔画、字迹、实物……），亦无不体现着“时间”之意味，即“生命”之“意味”，“延续”之“意味”，可“连”，而不可“断”，实为连中之断，断中之连，从而有时、空之统一。

“后现代”派诸公反对“线形”、“连贯”之“时间”观，以此反对“思想”自身“一线单传”，而强调“思想”在现实中之“地位”（方位），的确有相当的洞察和实际的意义；不过，将“时间”“空间化”却正是西方传统之正宗，不入于希伯来之“线形”观则入于希腊之“圆圈”观。古代希腊人以“几何学”的样式，“描述”历史“事实”，然后找出这些“事实”之间的关系，对过去的“事件”采取一种“客观”的记述态度。此种态度，已将活生生之“事（件）”化为一桩桩“事实”，从而未及生命之经历，而使“历史学”也像其他“自然科学”一样，成为“思想”的“主体”对过去实在的“客体”的一种把握方式，虽不是抽象概念的理论体系，但仍是一种“事实”——“概念”之体系。“概念”是“思想”的“方位”，“事实”则是“历史思想”的“方位”。“方位”之间的关系，是逻辑和因果的关系，不是“自由”的关系，因而“历史”是逻辑的、因果的。这样，“历史学”和“物理学”在原则上是相同的，它们的“模式”

都接近“几何学”，“历史”不但是“记述性”的，而且也是“推理性”的。

“后现代”派不赞成把“思想”理解成自身封闭的，好像现在的西方一切“思想”都可以从柏拉图那里“推演”出来似的，而强调“思想”受“现实”的影响和决定，是由现实社会各种条件制约的，因而就“思想”自身发展来看，是“断”，不是“连”，“现实社会”是“思想”的“切断面”。这当然是很好的见解，但问题在于他们理解的“现实社会”也是一个“空间”层面，或“考古”“层面”，而不是“时间”性的连续发展，因而不是“活生生”的“社会现实”。这一点他们自己当然是很清楚的，他们并不讳言要把“活东西”当作“死东西”来把握，因为一切有关“人”的东西，本都是“已死的”或“要死的”。他们的思想很明确，他们认为只有一种“科学”，一切“科学”都带有“空间”“方位”性，因而“人文”性、“时间”性本身，不能成为一门“科学”，“活”的东西，不能成为一个“科学”“对象”。我觉得，这些思想固然很值得重视，但它不仅不顾胡塞尔为建立“人文科学”之呼吁，抹杀西方从古代希腊以来众多哲人探索把握“活”东西的杰出的努力，而且也不尽符合今人面对过去、现在和未来之实际体会，而有将思想与现实、时间与空间关系简单化之嫌。

“文物”作为“文物”之存在，而不仅仅作为“（历史）实物”之存在，是此种“时间”性、“生命”性事物存在之“明证”。它不是作为“推论”的“环节”或“事实”的因果而存在——如某古砚为某种上好“石质”制成等等，而是作为“过去”的“目击者”，“注视”着“现在”和“未来”，保持着自身的“发言权”。“今人”要“知（道）”“过去”，要“设计”“未来”，必须“倾听”这些“目击证人”之“诉述”，和它们“对话”、“讨论”。这些“倾听”、“对话”、“讨论”是“时间”性的、“连续”性的，虽有实际之“停顿”，但“意思”（意义）是“相连续”的，亦可谓“话（笔、声）断意不断”。

于是，“文物”对现今的人言，就不仅是一个“科研对象”，而且可以并应该是一个“活”的“交流”的对象。

所谓“交流”，是双方的、双向的，就是说，对话、讨论的双方，经过对话、讨论都可以“改变”对方。“文物”如果作“死”的“实物”，则当然不会经过“对话”、“讨论”“改变”的，除非你把它打碎，它仍是那个实物，然而“文物”所显现出来的“人文性”“意义”——“文化”的“意义”则随着“对话”之不同“改变”着。“文物”亦“改变”着“自身”。

“文物”这种“时间”性的“意义”之“变化”，并不是“观赏者”“强加”给它的，不是“赋予”它的，而是通过与“观赏者”的“对话”，“自己”“改变”的，因而“改变了”的“文物”的“意义”，仍有相当的“客观性”，并又以此来“说服”“观赏者（对话者）”。

所以，所谓“文物”的“时间性”，尚不仅在于日月风霜之磨洗“痕迹”，还在于作为“文化”和“人文”之“物”所要向我们“说”的那些“话”，即所要向我们“显示”的历史性的“意义”。这种“意义”通过“对话”、“交流”而“显现”，而“改变”。“文物”的“变化”本不在“实物”所“占”“空间”的“改变”，甚至它可以在所“占”“空间”未变的情况下，“改变”自己的“意义”，因而是在“时间性”的“流变”之中；“文物”之“意义”本不“在”（占）“空间”，而“在”“时间”，故“文物”作为“实物”所“占”“空间”亦不能“割断”它作为“文化”、“人文”之“物”的“时间”，这也可谓一种“物（笔）断意不断”。

## 三、古典哲学之精神价值

于是，我们又回到了前面提过的那层与“后现代”派相反的意思：从哲学的观点看，不仅不该把“文献”“还原”为“文物”，而且只有把“文物”当作“文献”看，“文物”才成其为“文物”。

“文献”是古人留下的“精神”产品，以“文字”的形式保存下来，本意为使之“传诸久远”。“后现代”派批评这种想法是迷信“精神”“不朽”，因事实上古人（作者）之“原意”已不可考，而对于“文献”作为“遗嘱”之“解释权”，则在受变化了的社会条件限制的后人（今人）手中。“文献”不能“保证”“人”“不死”，恰恰“证明”“人”是一定“要死的”。这种见解，言之凿凿，很有说服力，而且也正符合古代希腊人所坚信的正确的科学观念：“人”是“要死”的。

然而，希腊人尚有一种在科学思想指导下的“人文精神”，即“人”固是“要死的”，但“人”之“思想”，则是“普遍的”、“永久的”。希腊人此种观念，在最初确有“灵魂不朽”甚至“灵魂轮回”的迷信色彩，但它也指明了，“人”只有由“思想”、“精神”才能“传诸久远”，从而提供了从科学上而不是从宗教上“理解”“精神不死”的可能性。

所谓“精神不死”，不是说某人有一个特别的“灵魂”，在这个人身躯死了、烂了以后，这颗“灵魂”还继续存在等等；“精神不死”可以被理解为作为“精神”存在形式的“文献”，仍保持着“生命力”，仍在“时间”中运作，仍有着相当的“发言权”，而且也可以经过“对话”、“讨论”“改变”“自己”的“意义”。所以，我认为，作为“精神产品”的“文献”，特别是“哲学”性“文献”，是“活的”，不是“死”的。

“精神”，在古希腊语初为φυχή，后来才有为理性化的νους，在英语为spirit，在德语为Geist，都有“活力”、“能力”的意思，是富有“生命”的；而德国人在近代注重对Geist的研究，从黑格尔的“absolut Geist”到狄尔泰的Geisteswissenschaft贯串着哲学中之古典精神，我想是不该抛弃的。

西方现代对黑格尔哲学的批评一直很猛烈，他的学说有许多该批评的地方，这是毫无疑问的，尤其是他把Geist作为“绝对的体系”，以希腊“圆圈”式“时间”观念和“逻辑”体系结合起来，成了一个“封闭”性的唯心论体系，纰漏很多；但是他强调Geist之能动性、活动性，从Geist来重建被康德否定了的希腊“理念论”，在理解Geist之“生命性”、“时间性”方面，则尚有启发作用，仍应受到一定的重视和研究。事实上，黑格尔的“精神现象学”乃胡塞尔现代现象学之先河，以及他的“精神哲学”为狄尔泰以及现代“解释学”之前驱，则亦需进一步之检讨。

现代西方哲学，特别是现代欧洲大陆哲学，重视研究海德格尔，的确颇有眼光。他的从Dasein理解Sein，强调时间性、有限性、历史性之存在，或亦来自于黑格尔，为与黑格尔“具体共相”这一思路“对话”之产物，他批评黑格尔Geist之绝对性，则更贯彻其历史性、时间性、有限性思想，亦颇具有创新价值；但他注重Dasein之具体性、有限性、“要死性”固为希腊正宗，而在“精神”之“连续性”方面，则颇少顾及，从而只见“思”之“具体性”，而未充分考虑“思”之“普遍性”，未充分讨论“思（想）”、“精神”之世代“相续性”，此点固然为他的学生伽达默尔所补充，但也开启了“后现代”派“思想”“断裂”之风气，并从“要死性”引发出了比较悲观的心态来，则离希腊精神已远。

与海德格尔同时的尚有尼古拉·哈特曼，他的学说虽然显得守旧，但他继承古典哲学之传统，强调“精神”（Geist）本身作为哲学知识之“对象”，不失继黑格尔、胡塞尔之后，建立“人文科学”（“精神科学”、“活的科学”）之一种继续之尝试。

从柏拉图、亚里士多德哲学以来的堪称“哲学”之著作（文献），都体现着一种活的、能动的“精神”和“思想”，这些著作总是在“邀请”你和它们“对话”、“讨论”，甚至“挑动”你跟它们“辩论”。说这些“著作”的“思想”、“精神”是“活”的，并不是说，它们就一定是“正确”的，恰恰相反，它们往往是“不正确”的。“对”、“错”与“死”、“活”说的是两回事。“对”、“错”是“空间”性的——“对位”、“错位”，而“死”、“活”则是“时间”性的。

柏拉图距离我们已有两千多年，怎么又有“连续性”、“不断性”呢？我们与两千多年前的“古人”又如何有“生命”之“延续性”呢？我们读柏拉图的书，和书里的“思想”交流、对话，这就是“生命”的“延续”的最根本的意思，因为这种对话、交流，仍是“活”的“交往”，是“生命”的“贯穿”，是“气息”之“相通”，是“无间”的，“切”不“断”的。当然，对于包括哲学著作在内的一切“文献”，也可以做“事实”性的“研究”，这则是一种历史科学性的态度，而不是哲学的态度。哲学所要求的，不仅仅是一些“死”的“知识”，而且更要求一种“活”的“知识”。“活”的知识乃是“交流”、“讨论”，是“两相知”。对于这种交流、对话，是任何空间、物质的力量——包括“人”之“死”在内——所“割切”“不断”的。这就是我们中国人说的“天涯若比邻”、“心有灵犀一点通”。

我想，整个古典哲学的精神就在于发扬这种时间性、生命性、连续性，因而也在于发扬这种“传统性”。“人”是一定“要死的”，这是真理，但“人”生活在“传统”之中，“人”的“生命”依靠着各种媒体世代“相续”，也同样是真理；历代的哲学性“文献”则是这种时间性、生命性、历史性的比较直接的表现，而文化性、人文性的物品（文物），则以“实用物器”或“装饰物品”的方式来表现这种时间性、生命性和历史性。将“文物”作“文献”——特别是哲学性的“文献”观，则“文物”隐藏着“文字”，“等待”着“读者”；而“读者”也是“对话者”、“交谈者”，故不是被动的，而是主动的。对话、交谈的双方都是“主动”的，或者说得精确些，是既被动、又主动的，所以“时间”、“历史”、“生命”、“传统”又是“流变”的、“创造”的。

（原载《哲学研究》一九九三年第七期）

# 论艺术的古典精神
## ——纪念艺术大师梅兰芳

我总是觉得，一个民族拥有自己的伟大的艺术家是这个民族的福分。一切的民族都要生存，必须解决衣食住行的物质问题，但有什么样的精神生活，拥有什么样的艺术形式，有什么样的艺术家，各个民族就不一定都一样了。外国有的，中国未必有，也不一定都要有；中国有的，外国未必有，也不一定都要他们有。我们不要求西方人也普及中国的书法艺术，出一两个王羲之；而必须承认人家有贝多芬、舒伯特是人家的福分，而我们有梅兰芳，也是我们的福分。梅兰芳的艺术中国人崇拜，外国人也崇拜，就像我们也崇拜贝多芬一样。我觉得应该提醒的事是：不要身在福中不知福。现在我们纪念梅兰芳诞辰一百年，就艺术来言，就是要加深对梅兰芳艺术精神的理解、认识，使我们更加珍惜、发扬这种精神。

## 一、梅兰芳艺术与中国人文精神

梅兰芳是京剧演员，是演旦角的，我们把他的艺术和中国传统的人文精神联系起来，说在他的艺术中体现了这种不同于西方的文化精神，是有道理的，今试阐述如下。

就中国传统文学艺术的历史发展而言，从诗、词、曲直至戏剧，在文学史上的线索是很清楚的，这方面专家们有很好的研究。中国戏曲大盛于宋元，其时中国社会正孕育着一些新的变化，完整的戏剧形式，给中国传统艺术注入新的生命，也发扬了一种市民阶层的文化精神，此种艺术趣味的兴起，丰富了中国传统艺术精神，使它在内容上更加开阔，具有更广泛的涵盖性；在形式上也更加丰富多彩，使中国戏剧成为世界上最为综合的艺术。可以说，中国戏曲融合了过去一切艺术的形式，在“戏剧”原则的主导下，发挥着音乐、诗歌、绘画等艺术形式的作用。有了这样一种在内容和形式上最大限度综合的艺术——中国戏曲——才能在变革、发展传统时，最小限度地“丢失”传统，而使我们中国人不至于像西方人那样经常感到“遗忘”、“丢失”了什么东西。在这个意义上，我们或许可以说，中国戏曲就是最能代表中国传统人文精神的一种艺术形式，它不仅把诸多传统艺术形式综合进来，而且很好地解决了“新”与“旧”

的矛盾。在宋元时代，“戏曲”既是新的，也是旧的。

中国戏剧发展到清代乾隆年间，又发生了一次大综合，这次是在戏剧艺术的内部，京剧综合了昆曲和地方戏的特点，在雅俗两种趣味上又得到一次很好的协调。京剧将昆曲市民化、民间化，而将地方戏文人化，这一次综合，“丢失”的又是最少最少的。

京剧保留了相当一部分的昆曲剧目，努力吸收昆曲的优秀唱法，同时又以同样的方式吸收各地方戏的优秀剧目和唱法及其他表演技巧，而在这种融合的过程中，却不断地出现新的东西。譬如中国戏曲各个“行当”在表演方面的特色，是在京剧的表演中才逐渐明显起来的，也就是说，京剧使昆曲和各地方戏中各“行当”的表演技术更加成熟起来。

京剧各“行当”的成熟时间有个先后，一般认为京剧（老）生行（当）发展得比较早，其中谭鑫培起了巨大的作用，他的后继者余叔岩等人使之更加定型；旦角则稍晚一些，直到梅兰芳才全面地奠定了基础。也就是说，中国戏剧的代表剧种——京剧自从出了梅兰芳之后，生、旦两个行当，才不仅仅是男女性别上的区别，而在一整套的表演艺术上显示出自己应有的特点。京剧的生角，离不开谭的系统，而旦角则离不开梅的衣钵。所以我始终觉得，谭、梅两家，不是京剧表演里的一个“流派”，而是京剧艺术的“总代表”。

梅兰芳生活在中国社会发生翻天覆地大变化的时代，中国的封建统治正土崩瓦解，社会长期动荡不安，更有外国侵略，使中国人民生活在水深火热之中。在这动乱的年代里，中国文化传统受到外来西方文化的严重挑战，也经历着脱胎换骨的变化过程，中国传统人文精神如何吸收西方的科学精神而又保存、发扬自己，是许多志士仁人努力的目标，而当一些学人在做各种尝试来面对这一挑战时，梅兰芳以自己的工作——表演艺术——出色地完成了这一任务，在适应新的社会环境下，保护、弘扬、发展了中国传统的人文精神。所以，当中国人民结束了动乱时代，对中国人文传统有了科学的态度和方法之后，梅兰芳的艺术工作受到中国人民的极大的崇敬，当然也是很自然的事。

“中国传统人文精神”是一个很大的题目，从学术上来讨论，非我所长，此处姑妄言之。我觉得中国传统人文精神核心为儒、道两家，或再增加后来的佛家，但根基是儒家和道家。儒家言“仁”，道家言“道”，“仁”是“内在的”，“道”是“超越的”，“仁”为“立心”，“道”为“立术”，一为“道德”，一为“智慧”。“仁者爱人”、“人相忘乎道术”，乃是中国人文精神之“两仪”，体现了目的与手段、人与世界的和谐统一。“立心”为“美德”，“立术”为“美艺”，都离不开一个“美”字，而梅兰芳则是“美”的化身。

西方的艺术家，“做人”归“做人”，“做事”归“做事”，“事”做得好（戏演得好，画画得好……），“做人”不一定好，这也有道理，“人”、“事”有时是应分开的；但中国传统的理想是强调此间的一致性，所谓“文如其人”，强调的是“什么样的人”，就会“做”“什么样的事”，“做人”的道理和“做事”的道理是相通的，而且“做事”和“做人”并不能分开，不仅“人”决定“事”，“事”也决定“人”；而西方人把“人”、“事”分割开来，到很晚才认识到“人”原来是由所做的“事”决定的。

当然，并不是说，西方人没有将“人”和“事”统一起来的思想，只是说他们的主要倾向是如此。而在比较短的时期内，他们也很强调过此种“和谐”的理想，这是他们曾经向往过的各种学术文化、艺术中的“古典主义”精神，我们在席勒的美学思想中，在黑格尔的哲学思想中，都可以看到对这种境界的追求。

中国是最富有此种古典精神的国家，中国戏曲艺术将那么多的艺术形式（因素）综合起来，使它们处于一个和谐的统一体中，这就是一个很好的范例；而西方的戏剧，则往往将某种形式（因素）特别突出出来，像“歌剧”、“舞剧”，还有瓦格纳的“乐剧”，当然更有“话剧”，这种办法也自有其优点，但与中国相比较，则不是同一类型，也不是同一思路了。

中国传统在处理多种因素之综合时，讲究“互补”、“相济”。譬如儒道两家，儒家“立心”、“立德”，态度非常坚决、刚强，而有道家的“道术”来“补”它，道家尚“柔”，“以柔克刚”，天下“至柔”者，亦为“至刚”，这样就“补”了儒家之“刚”，使之“刚柔相济”。

梅兰芳演旦角，可谓“柔媚”之极，但他极重视向生角学习，从剧目到表演，都注意此种互补关系，使他的旦角表演风格“柔中有刚”。梅兰芳的表演，不但着重向其他旦角演员学习，而且向谭鑫培、杨小楼、余叔岩等大生角演员学习，这是大家很熟悉的例子。他早年的合作演员为王凤卿，王是汪派传人，汪桂芬在高亢激越方面直追程长庚；而梅兰芳与杨小楼的《霸王别姬》，一刚一柔，堪称双绝，幸尚有唱片保存典范。

梅兰芳的剧目中，虽然也有《贵妃醉酒》表现“宫怨”的戏，但他却特别喜欢排演《宇宙锋》这种带有妇女反抗意义的戏，这在他的《舞台生活四十年》中有详细的记载；此外还有《穆柯寨》、《抗金兵》等带有武打的戏，更不用说他晚年排演的《穆桂英挂帅》这样充满爱国激情的戏了。这一方面与梅兰芳对中国妇女反抗性的重视这一种观点有关，同时为体现此种理念，在艺术表演上加强了旦角的力度，从而即使在“哀怨”中也有一种抗争的意味，又是一种“互补”、“相济”的作用。

古典的精神并非不要创新，也非抱残守缺。恰恰相反，古典精神是“完美”的精神，而既然“完美”是一个无限的努力过程，因而艺术家不断地创造，才是维系古典精神的唯一途径。梅兰芳一生，亦是不断地创新、革新的一生。他很早就尝试排演“时装戏”，说明梅兰芳作为艺术家的精神是很活跃的，一点也不墨守成规；他在传统剧目的改革、表演艺术之创新，以及音乐、舞蹈、舞台美术等诸多方面的新贡献，行家们已经有了许多总结。

当然，梅兰芳的京剧革新，也仍然不脱离古典的范围，其中要有所取舍，也不乏另起炉灶的地方，但都不脱离此种古典的精神，使自己的改革在本土有根底。所以，梅兰芳改革后的戏仍叫“京剧”，并不是在“剧种”（种类）上有改变，或另创一种戏剧形式，像把“京剧”改成“歌剧”等等。这并不是说，另立新“剧种”要不得，只是说，这种做法是另一种精神，是从“无”到“有”的精神，这在西方思想中是相当普遍的；不过在古代希腊也不相信从“无”到“有”，而认为“有”总归是“有”。中国古代老子倒讲“无”，但他的“无”是“无名”的意思，因为“朴”也是“有”，不像西方后来发展成一种抽象的“物质”概念，包容一切。中国的“朴”也有具体性，是什么“材料”做什么东西，用“纸”做“杯子”盛不住水，而“瓢”就可以。“材料”本身“提示”可以做出什么来；“京剧”这个“材料”——作为要被“改变”的“材料”，本身也提示你可以改成什么样子。梅兰芳对“京剧”的改革就是遵循着这个路子。对于有些着力于创建新剧种的人来说，可能觉得还不够大胆，但此种路子，却可以在保存传统的基础上将新东西弘扬出来，使“京剧”这个古典剧种不至“丢失”。

## 二、梅兰芳表演体系

“艺术”本是很奇妙的事，“表演”更是需要很大的灵气，一个人（演员）怎么会去“表演”另一个人（角色）的事，而更有“第三者”（观众）会去“欣赏”这种“事”？套用哲学知识论里的话：“‘科学知识’何以可能？”我们对表演艺术的美学问题似乎可以归纳为：“‘表演’何以可能？”这个问题意味着：“他人”（角色）本与“我”（演员）不是同一个人，“我”如何可能“去表演”“他”？

西方人对这个问题的理解，自亚里士多德以来，基本倾向是知识性的。“表演”和其他艺术一样，是一种“模仿”，而“模仿”是“学习”，获得“知识”的途径，“表演”、“模仿”“他人”，也就是“认识”“他人”的途径。当然“模仿”、“学习”也需要“灵感”，但已不是那种“灵魂”“附着”于“肉体”的原始的意思（inspire），而是一种“聪明”、“领悟”的意思，因而仍是知识性、理智型的。这种思路，对我们增长关于“他人”的“知识”，根据各种有关“环境”，对“他人”做出“判断”，是很有帮助的，也是不可缺少的。但这种思路，自身存在着相当大的困难。“他人”的外在环境，“他人”所做的客观的“事情”，是比较容易把握的，而“他人”的“内在”的“思想”，则相当地难以捉摸。“他人”的“内心世界”不但复杂得很，而且是“自由”的，“我”既没有孙悟空那样的“钻心术”，又如何可以确切地“知道”？这是西方人在理论上经常感到困惑的地方。

为克服此种困难，在西方戏剧表演艺术中有“斯坦尼斯拉夫斯基体系”，他强调“演员自我”的感受，以直觉来体验“角色”的内心世界，以“形体动作”来保证这种体验的显现（实现）；以心理技术为主，以形体技术为辅，以求在舞台上深入地刻画“角色”的“内心世界”。斯坦尼斯拉夫斯基是伟大的艺术家，他的体系在众多的艺术天才的努力下，获得了巨大的成功，对艺术有不可磨灭的贡献。

然而，斯坦尼斯拉夫斯基体系面对“演员”和“角色”两个“自我”就已难以应付，而作为舞台艺术，还有第三个“自我”——“观众”，这三个“自我”，就好像康德哲学的三个“物（我）自体”，中间似乎都有一道“不可逾越的鸿沟”，在西方侧重“知识”的思想体系中，不易找到合适的沟通环节。这样，斯坦尼斯拉夫斯基体系由于内在的矛盾而时有瓦解之虑，于是有布莱希特的体系出来，索性贬抑表演中的“直觉”，而发扬“理智”的成分，不求活的交流、体验，而求冷静的理解，在演员、角色、观众三个“自我”中拉开“距离”，摆脱“同（移）情”，倡导“离情”，“演员”和“观众”都成了评论者、批判者，“角色”以及它所做的“事”，都成了理智研究的“对象”，艺术变成了科学——历史学和社会学。

布莱希特以及斯坦尼斯拉夫斯基的学生梅耶荷德等也都是伟大的艺术家，他们在戏剧文学和舞台艺术上均获得了巨大的成功。“理智”缺少“直觉”的深度，但却比“直觉”有更为广阔的内容，布莱希特的戏剧打破了斯坦尼斯拉夫斯基的“第四堵墙”，把大工业社会的内容纳入戏剧舞台，在气势方面就不是斯坦尼斯拉夫斯基体系所能比拟的了。

所谓戏剧的表演艺术（或舞台艺术）实际上就是以演员为中间环节（或谓“通过演员”），把角色（以及它〔们〕所作所为、所思所想）和观众联系起来。所以戏剧表演艺术核心的问题是要解决好“角色”、“演员”和“观众”这三个“自我”之间的关系，解决的方式不同，就会有不同的表演体系和表演流派。

一般说，西方的戏剧表演或注重“体验”（斯坦尼斯拉夫斯基），或注重“表现”（布莱希特），而以梅兰芳为代表的中国戏剧表演体系则无此分化，它是将“体验”和“表现”结合起来，所以当斯坦尼斯拉夫斯基和布莱希特两位艺术大师分别看了梅兰芳的演出后，不约而同地都引为知己，梅耶荷德还根据他对梅兰芳表演的体会，调整了自己的导演计划。这是表演艺术大师们在自己的艺术领域里的专业的体会，自很重要；不过，我们从学术文化的角度仍可对这三种表演体系作一些阐发，以求在更广阔的视野中把握这三种表演体系的联系和区别。

我们知道，西方的传统思想在过去、现在、未来这时间维度中常倾向于重视“现在”、“现时”，或谓“在场”。无论是情感的交流，还是科学理论的把握，都是如此，他们叫作“永存的现时”。因为“过去”已经“不存在”，“未来”尚未“存在”，它们都“不在场”，而只有“现时”是永久的“存在”，永久的“在场”。就科学来说，譬如我们做几何题，平面几何现在的做法和当年欧几里得的做法是同样的，谁做都一样，所以“历史”对它不重要；就艺术言，无论斯坦尼斯拉夫斯基或布莱希特也都是强调一个“现时性”、“现实性”，要把“角色”（他人、古人）通过“现时”的“演员”，呈现在“现时”的“观众”面前，不过一个强调的是“他人”的“原貌”（斯坦尼斯拉夫斯基），“好像”“今人”（演员、观众）真的看到了“他人”、“古人”的言行一样；一个则是强调“今人”（演员、观众）对“他人”、“古人”的理智的、批判的态度（布莱希特），而不相信“今人”真的能够把握“古人”的“原貌”——这或许也反映出现在国内外学术界讨论得很热烈的所谓“现代”与“后现代”的区别，不过我看他们的着眼点仍在“在场”性；无论将“古人”拉到“今人”面前，或是将“古人”作为一个“木偶”，目的仍在表现“今人”，强调的都是“在场性”。

“在场性”思想与西方近现代以来“自我”观念的泛滥很有关系，现在西方的学者也逐渐觉得“自我”的观念有许多困难的问题存在，而想从“另一面”——“他人”来寻找出路。此种尝试，对我们理解中国的文化传统，倒有一些参考价值。

中国人文传统本没有发展起如此强烈的“自我”观念，中国的“人”，一直生活在一个个大大小小的社会之中。“我”是在与“他人”交往中“形成”起来的。除去“我”受的教育、“我”的“工作”……即排除掉了“我”的“生活”之后，“我”还“剩下”什么？的确，那些帝王将相，除去与“名位”有关的生活外，还会有一些“生活”，或许说，作为“帝王将相”他有一个表面的面貌，而剩下的那一些，或者叫“私人（个人）生活”，或者叫“内心世界”，似乎才是“内在的”、“本质的”、“更重要的”；但如果我将这一切统统“排除掉”（用括弧括起来），那还“剩下”什么？所以，在一种意义上，我们可以说，“生活”、“他人”—“他者”使“我”成为“我”；“历史”使“现时”成为“现时”，并通过“现时”规范着“未来”。也是在这个意义上，“历史”和“未来”

为“主”，而“现时”则是“过渡”性的，只是一个“环节”。我想，这正是中国人的传统心态，中国的演员也不例外。

演员不突出“自我”，对于理解、把握“他人”的思想感情，与“他人”沟通，即体验要演的“角色”，也就比较顺畅一些，并且也可以更为顺利地与台下的观众交流，因为大家都不是那神秘的封闭的“自我”，本来就是“你”中有“我”，“我”中有“你”。这样，问题就不应是：不同的“自我”之间如何可以交流——所谓“主体间性”；而应是：既然“你”中有“我”、“我”中有“你”，为什么却“不能”“交流”？这样，中国的演员就不要费事非要把三个“自我”归并到一个“自我”中去才叫成功，而是老老实实承认时间有三个维度，“人”分“我”、“你”、“他”，但三者之间又是可以相通的。中国戏剧通过“演员”把“角色”、“观众”沟通起来，也就是把“现时”和“过去”、“未来”沟通起来，虽然三者都“在场”，但却不是单一的，而是多面的、多层次的。“角色”不是作为“自我”在场，演员也不是作为“自我”在场，就连“观众”也不是作为“自我”在场的。“观众”在剧场，不是“评判员”，更不是“审判员”。在进入剧场时，“观众”虚其“自我”，将“自我”“托付”给“他人”，“接纳”“他人”。“观众”去“看戏”，看“演员”如何“表演”“他人”的事。“观众”进剧场和出剧场时甚至可以不是一个“自我”。虚其“自我”，才有“未来”，才有新的“自我”。但“观众”仍不失为一个尺度，“演员”也必须考虑到“观众”的因素。

从这个理论的层次去看梅兰芳的表演艺术，可以体会出他的体系的精髓所在。《舞台生活四十年》中具体谈到了许多常演的剧目，指出了这些剧目中表演时应注意的地方，几乎每一处都照顾到角色、演员和观众三者之间的关系，尽量用高超的艺术技巧，把这三者的关系调整好。所以从这个角度看，也许我们可以说，梅兰芳的表演体系的“中心任务”——套用斯坦尼斯拉夫斯基的话，就是“演员”用表演技巧，协调“角色”与“观众”的关系，说得更理论化些，就是用“艺术”“沟通”“过去”和“未来”。这里，“艺术”是海德格尔在《论艺术之起源》里说的“第三者”，而演员正是那个“第三者”。

梅兰芳演戏，不是“自我”表现，也没有钻到虞姬、杨贵妃、肖桂英、穆桂英这些古人的肚皮里去的“钻心术”；梅兰芳在“表演”，在做“艺术”这件“事”，作为表演者的梅兰芳是“第三者”，“艺术”是梅兰芳的“事业”，“艺术”、“事业”使梅兰芳成为梅兰芳，梅兰芳因其“事业”而不朽。

既然是做一番“事业”，就要认认真真去做，不能光靠“灵感”，也不能死死板板去做，要运用聪明才智，才能做好，做得出色。“事业”继承着“前人”，开启着

“后人”。所以中国的演员强调演员之间互相学习，讲究师承，也讲究创造革新，这是西方的戏剧演员不是很特别强调的。当然，西洋的歌剧唱法也有传授关系，但学成之后，则强调独特之个性，似乎只对作曲家负责，对剧本负责，而演员之间的联系就不如中国戏曲那样受到重视。中国传统的艺术，作为“事业”本身就有很强烈的连续性，同样也是“历史性”的。梅兰芳《舞台生活四十年》以大量的篇幅记载了他和老辈的、同辈的、后辈的演员们之间的学习、合作、传授关系，从生活到艺术都有记载，学习过的，同台演出过的，合作时间长的，合作时间短的，以及文武场面、编剧作家，甚至票友、外行，都有所述。从这里，我们可以看到梅兰芳的“事业”做得很大，涉及的人、需要的人、参与的人很多，是一番“大事业”。所以，梅兰芳的表演体系，是一项“工程”，而且是一项“大工程”，其内容不限于一个演员的表演技巧上。

## 三、古典的和时尚的

梅兰芳表演体系这项伟大的“工程”，凝聚了中国古典艺术的精华，体现了中国文化人文传统的特色，是一项“历史性”的“工程”，因而既是传统的，又是现代的。中国戏曲，中国的艺术是中国地区性的，是民族的，但又是可交流、可沟通的，因而也是世界性的。梅兰芳表演艺术，不仅有民族的意义，而且是世界艺术之林中的一颗明珠；梅兰芳表演体系这项“工程”，既是民族的，又是世界的。

就时空观念而言，西方人较早成熟的是空间性的，而中国较早成熟的则是时间性的；西方已经注意到他们传统意识中这一缺陷，并不断加强对“时间”问题的思考，提出了一些很有意义的思想，而中国却似乎也在走与传统相反的路，时常更加强调断裂的变革、革命，将绵延的时间分割开来。

“人”就个体而言都是“会死的”，没有哪个人能够永存，就一代一代的“人”而言，都是有断、有裂的，“生命”不相连续；但“历史”、“生活”都是连续的，不仅前人的宫室器皿我们还在使用，前人的思想文化，我们在学习、应用，物质的事业和精神的事业，物质的工程和精神的工程，也都是延续的。当然，我们也改变前人的事业和思想，有所创造，有所革新，但就整体来说，不是“无”中生“有”，而是“有”自身的变化、绵延。中国人文精神理解下的“变革”乃是传统自身的变革，在变革中保持自身的同一性，“变”中发展自身，以求达到自身的“完善（美）性”，即使吸收新的因素而突破了自身，改变了自身的“同一性”，产生了“另一个”，或引进了新的“另一个”与其对应、对立，原有的“同一性”也不会“丢失”，因为此种已有相当“完善性”的艺术会成为“古典”的——在学术里为“经典”的，保持着马克思所说的那永恒的艺术魅力。

以梅兰芳为代表的中国戏曲艺术，像唐诗、宋词那样是古典的、典范的艺术，是中国艺术史上的“范例”，而不是一种“时尚”。

应该说，京剧也曾经是一种“时尚”，所以才有“时尚黄腔喊如雷”之唱；但是经过几代大艺术家的创造，京剧并没有因“时尚”流行一时之后就烟消云散，而是形成了一个古典的艺术剧种，找到了它在历史和社会中的应有的地位，只要有华人在，就必会受到尊重、维护和发展。京剧在从“时尚”成为“古典”的过程中，需要有一大批艺术天才，而梅兰芳则是他们在艺术精神上的总代表。所以提起京剧，必定要想到梅兰芳，就是很自然的事。

各个民族的“古典艺术”，之所以不会消失，是因为任何一代的人，为展示自己的文化素养，“证明”自己“配得上”自己民族的历史，就应该努力使此种已成“古典”的艺术得以延续，加以保护，并予以提倡和发扬。在这个意义上，“古典艺术”时常可以得到“复兴”。譬如，中国戏曲中早于京剧的昆曲（剧）就是一例。

我认为，中国戏剧到昆曲阶段已经相当成熟，在唱、做、念、打以及戏剧的文学性方面都有了很高的发展，是很高级的东方“诗剧”。“昆曲”也曾是一种“时尚”，一个“新腔”，后来渐渐“曲高和寡”起来，作为“时尚”为京剧所代替；但京剧从来就非常重视、尊敬昆曲。据梅兰芳《舞台生活四十年》中的记载，最初京剧班从学习到正式演出，昆曲都有相当的比重，而到他学戏时才已不从昆曲入手，但梅兰芳却很认真地学习、演出、提倡昆曲，有点像元代大书法家赵孟頫那样身体力行地提倡篆书，果然成绩卓著，在梅兰芳的保留剧目中有《游园惊梦》这样浪漫的佳作。

梅兰芳复兴昆曲，并不说明他“保守”、“复古”，因为他无意使昆曲重新成为“时尚”；他之所以提倡昆曲，在于他认识到中国戏曲之历史性的延续，在于他认识到昆曲作为“古典艺术”的价值，也在于他意识到他自己作为一代艺术家的责任：“后人”要“配得上”“前人”所流传下来的艺术“赠予”。

扩大开来说，一个民族，如果有哪一代竟然使自己的“古典艺术”——优秀文化“失落”，并不说明此种艺术、文化已经“过时”，或这一代人真的不需要此种艺术、文化，而只能说明“这一代人”“配不上”此种艺术、文化。就连那最好“时髦”、最求“新奇”的西方的一些民族，也要耗巨资来修复古画、古迹，花大力气来保存古代希腊和莎士比亚的戏剧。参观法国的卢浮宫、中国的故宫，大概不太可能成为“时尚”，但此种参观，却是比“时尚”更为持久、更为高级的文化活动。

如今的中国社会，自改革开放以来，“时尚”是太多了，文化生活也丰富多彩，在艺术活动方面，人们有很大的选择余地；但在那众多的“时尚”潮流之外，尚存那“古典”的艺术，它“迫使”人们承认，并以它那“永恒的”艺术魅力吸引着人们。在“时尚”范围内是“时尚”的东西要适应我们的趣味，相反，在“古典”范围内，则要求我们去适应“古典”的东西，使自己的趣味、教养得到提高。因此，我们要去学习、去理解、去欣赏那“古典”的东西，以“证明”我们这一代人不是“失落”梅兰芳艺术精神的人，是“配得上”作为梅兰芳的“后代”的“人”。

中国过去有一句受到批判的话，叫作“不孝有三，无后为大”，带有封建的重男轻女、传宗接代的意思，当然很要不得，不过，如果我们借用一下，从另一种意义上来说这个“无后为大”，则可以理解为：我们要教育、培养出能够懂得、维护、欣赏和发扬一切优秀文化传统的下一代，而不使其“断”了“后”，才算是尽到了我们这一代人的责任而不至愧对古人。愧对古人也是愧对后人，因为我们没有尽责去使他们成为有文化、有教养、懂得历史的人。

社会生活在时间上是连续的，在空间上也是可以交往的，“时尚”可以跨越国界流传，“古典艺术”则更是全世界的共同财富。世界各民族的优秀文化都是相通的，相互之间是一定会承认的，因而是“公认的”。

从一九一九年起，梅兰芳多次带艺术团出国演出，每次都受到所到国家人民的热烈欢迎，说明这些国家是文明的国家，他们的人民是有教养、有文化的，他们“配得上”“享受”梅兰芳的艺术，就像中国人民“配得上”“享受”日本、美国、俄罗斯的高超的艺术一样。

所谓“配得上”，并不是说西方国家的人民都能很深刻地理解梅兰芳的艺术，就是对中国人来说，也并不是都有很高的理解程度的，而是说要有一个开放的胸襟，乐于承认、接受世界上一切美好的事物，有这样一个基础的文化教养，有这样一个文明的态度，才能进一步向这些优秀的文化传统“学习”。

对于“古典艺术”是要“学习”的，它是艺术上的“典范”，而“典范”的意思就是“提供”大家学习的。

很早以来，就有西洋人学演京剧，有一些还的确有较好的水平。改革开放以来，此种例子更有不少。当然，学演京剧的西方人不会很多，京剧在西方不可能“普及”，但我们中国人却有信心让西方有更多的人喜欢京剧，因为我们认为，尽管表演（现）的形式不同，但作为古典的艺术精神是相通的，因而可以指望，西方人不但会将中国京剧作为科学研究“对象”来“研究”，而且也会将它作为艺术作品来欣赏，来理解。现代交往信息的发展，必将促进各民族文化传统和古典艺术的交流。当人们利用高科技的手段能够更加方便、更加完美地欣赏到各民族的优秀文化艺术作品时，当人们“看戏”已像“读书”那样方便时，梅兰芳生前所记录下来的精彩的节目，必将在更深的层次上，在更广阔的范围内，得到发扬光大。

当然，这并不是说，中国的京剧——梅兰芳的艺术会借助新的高科技手段重新成为一种“时尚”，这不仅在西方，而且在现代的中国，都是不可能，更是没有必要，甚至是不应该的。对古典艺术的复兴——维护和发扬，并不是要把“古典的”降为“流行的”，而是在精神上有更深的层次、在品位上有更高的水平这样一个方向上的弘大和发扬。“文化大革命”中的“样板戏”，除了政治上的问题外，在艺术方向上也存在偏向。那时要求人人都学唱样板戏，力图造成一种“时尚”——“革命的风气”。在“（革命）时尚”的潮流中，这些戏的真正的价值，反倒表面化、肤浅化了。改革开放以来，这些戏不作“样板”来唱，也不要求人人都学唱，而其中的优秀剧目反倒在艺术上站稳了自己的脚跟，有了自己应有的地位。

一代人有一代人的“娱乐方式”，是一种“时尚”，不一定能维护得多久。现在即使是文化很高的人聚会，互相和诗联句的大概很少了。但“诗”的地位并未降低，应该说是提高了；“物以稀为贵”，一般的“物”尚且如此，更不用说文化和艺术的产品了。只要是好“东西”（物），则可以不以数量胜，而以质量胜。京剧曾经是“堂会”里的主角，如今“堂会”已经“丢失”——或已彻底改变了形式，叫作“晚会”这类的词了，但“京剧”的地位得到了提高；京剧摆脱了“堂会”，进入了古典艺术的“殿堂”。看京剧已不仅仅是一种娱乐，更是一种陶冶，一种艺术的教育。

梅兰芳是中国戏剧艺术“大师”，是中国人民艺术上的“伟大”的“老师”，接受老师的教育，即使是艺术性的，也不能仅仅是一种“消遣”。“古典”即“经典”，“经典”是要人去“学习”的。梅兰芳的艺术就是这样一种艺术上的“经典”，是后人“学习”的楷模和典范，中国人民以有这样一种“经典”而自豪，以有梅兰芳这样一位艺术上的大师而感到幸福。

（原载《哲学研究》一九九四年第十二期）

# “哲学”与图像—声音—文字

人的思想通过感性物质的材料表达出来，“形—图像”、“声—声音”、“意—意义”，都表达某些“意思”，用哲学的话来说，都有“意义”“在”。“意义”可繁可简，简到一声“呻吟”，一划“道道”，一个“字”；繁到不断大嚷大叫，绵延的线条和长篇的论文，都有不同层次的“意义”。扩大开来说，世界上自从有了人，物质的有声有色、世界的点点滴滴，无不能向人“开显”自己的“意义”；而反过来，人也自然地利用声—色手段，来表达自己的简单或复杂的“意思”——表达自己的“知识—情感—意愿”的“内在”状况，使它们“外在”化，以便“有意义”地“参与”“天地”的“造化”，进行实践的活动，使“世界”打上“人”的“烙印”，遂使物质的世界，成为文化的世界，“意义”的世界。

“人”面对着一个“有意义”的世界，一个“有声有色”的世界，一个“文化”了的世界。世界被“文化”

了，在某种意义上，也就是被“文字”化了。“人”面对着“世界”这本“大书”，尽管大多数情况下是“无字”的“天书”。

把这些物质的表达手段集中起来，产生科学和哲学，也产生各种“艺术”“类型—部类—部门”，于是我们拥有“绘画—雕塑”、“诗歌—音乐”和“文学”。人的集聚、存留“意义”之方式日趋丰富，各种方式之间的关系，也就日趋复杂；倒也不是越远古的方式越简单，有时候人们是从“综合—复杂”开始走向“简单”，像西方从“写实画”到“抽象画”那样，真正的“抽象”，大概还是人的思维高度发达以后的事情。

在各种表达方式中，“文字”的“意义”似乎长久地占据着核心的位置，它被认为是“意义”的比较“直接”的表达——海德格尔说，“语言（文字）”是“存在”的“家”，大家都觉得有深意在焉，而如果有人一定要说，“图画”是“存在”的“家”，大概就会遭到讥笑，尽管“存在”常被认为离不开“形状”的；同样，海德格尔引用诗人的话“人诗意地栖息”加以发挥，被认为独具慧眼，如果有人说“人电影地栖息”，大概也会引起一阵笑声。

然而，时至今日，人们在“嘲笑”之后，却突然发现，我们“人”如今却似乎“真的”“栖息”“在”“声像”“文化”之中了，“声像”“文化”已成为我们的“生活方式”，而“生活方式”岂非就是哲学家高深的“存在方式”之“通俗”化？！

的确，如今是“声像”世界。且不说，当今世界看电影、看电视的人数大大超过看书、读书的人数，就是那图文并茂的网络“虚拟”世界，对于年轻一代，已是如同黍帛，不可须臾离得的了。

当今世界这种情形，应该承认，是过去哲学家所未曾料到的，好作预言的黑格尔似乎也不例外。他似曾有“艺术”即将衰微消亡之叹。

黑格尔按自己哲学思路，把“艺术”的“部类”按与“理性”“显现”的关系，作了一个等级次序的排列，他的排列，体现了一个以“理性—概念”为核心的等级体系，“理性概念”“体现”得“少”的，在“低”层，而运用“文字”的“艺术”部类，如诗歌、戏剧，就居于较高级的层次。当然，他并没有简单到以所在“层”来论优劣，每个“层面”都有优秀的艺术作品，他只是按照哲学的发展阶段来划分各艺术部类在“哲学概念发展”中应处之“位置”，“体现”“理性概念”越“直接”的，其“位置”就越高，因为它更少“感性”，更接近“理性”。

他似乎提示给人们：随着人的“理性”的发展，更因“哲学”的发展，特别是他自己的哲学的出现，人们有了更加直接的方式体现理性概念，则那些不很适应的方式，就自然会衰微消亡，至少会“式微”。

然而历史的进程恰恰与他老人家预料的相反："式微"的不是那些似乎距"理性概念"较"远"的"声像"艺术，而是那"文学"，竟还连带着那"直接""把握""理性概念"的"哲学"，黑格尔哲学几度"式微"，甚至被认为已是一条"死狗"，只是有大智慧者如马克思才强调了它的价值。

黑格尔他老先生的预料，大概还有一条根据，就是随着市民资产社会的发展，艺术品味变化，也是艺术式微的原因，这一条，似乎倒给他言中了："声像艺术"比"文学"有更广阔的"市场效应"。

"文学"也曾经是"市场"的"宠儿"。黑格尔所钟情的希腊悲剧，那个时代大半也是"案头"的"读物"，舞台的演出，大概也是不多的，而各种"小说"，如能畅销，当也可有相当的经济效益。汤显祖一出《牡丹亭》，赢得少女爱慕，大概不是演出的效果，而是"读本"起的作用。然后渐渐有一批作家，靠卖文为生，可以维持中上的生活水平，也是市场所维护的。

不过，"文学"有自身"先天局限"："读物"必须要有"读者"，首先要"识字"，这就多了一层难度。或曰现在教育普及，文盲已被扫除，"识字"不成问题；但是"读书"——即使是读消遣性的书，要比看电视费力得多，也是多数人的共同体会，于是业余时间，抱着电视机或计算机的，要比抱着书本的人多，就一点也不奇怪了。

再说“产业化”，“书籍”比起“声像”来，真是小巫见大巫了。我不懂经济，按我外行来看，“声像”产业，大概可以算得上“大买卖”，而“出版图书”相比之下，可能就只能是“小行业”了；也许专家们会有营业数字反驳我，也许就世界范围，图书行业仍然在经济上领先，但至少表面红火的今天来看，“声像”行业更加厉害。俗话说，“声色货利”，接踵“声—色”而来的是“货—利”，这句俗语作如是解，似乎也能说得通。

随着高科技的发展，“声像”文化进入千家万户。

譬如通信。坦白地说，我已经好几年不大写信了，与家人的联系全靠网络。有一阵还在网上互相即时见面聊天，想想过去一封寄往美国的信，需时一个星期，而国际长途电话费又贵得惊人。记得一九八四年大女儿刚去美国，做父母的不忍心老让她打电话回来，下决心也主动给她打一次，以示对等。那时家中没有直通国际长途的线，跑到西单电话公司，没有几分钟的通话，打去了整整一个月的工资；如今这种情形可以说一去不复返了。国际长途一降再降，我有各种优惠卡，想打就打，这方面，实在要感谢高科技和产业的发展，因为为了商业的交往，也惠及普通人的生活。

然而“书信”作为一种“艺术”又怎样了？

过去“写信”也是一门“艺术”，当然它范围小一点，大概属于广义的“文学”吧。

我们小时候大人让读《秋水轩尺牍》，这书当时很流行，前几年也重印了，很好的书信教材；后来有各种类型的尺牍，有的因为书法好，也有影印出版供人欣赏。更有那著名的“两地书”、“情书”等等，真情实感，都是好文章。最近还有有心人专门出本杂志《书简》，发表些名人的书信来往，在现今时代，很是难得的了。

文学尚有一些变种，如“日记”。我没有写日记的习惯，但许多人都有，写好了——或者作者在其他方面有了成绩，他的“日记”也成了文学作品，流传于世——据说有些大人物的日记，写时就是准备公之于众，流传百世的；再有那“自传”，有上述条件也会成为传世文学；不过现在的情形大概也会改变了。记录“自己”，不但可以用“照片”，而且可以用“录像”，配以“录音”讲话或对话，虽一般做不到到每日一集（一记）的程度，但是却具有“声情并茂”的效果，那是单纯“文字”所望尘莫及的。相信在高科技普及迅猛发展的今天，那有心人和好事者不久就可以轻而易举地把“自己”的“事”拍成“连续剧”，岂不比辛苦遣词造句的写作有趣得多？

“文字”作品，大体分“说故事”和“说道理”两种，“说故事”的“文学”，被“声像艺术”挤到了一个角落，倒也罢了，那种“说道理”的文字作品，居然也会受到“声像”的“冲击”，“文字”作品的地位，岌岌可危了。

“哲学”当是“文字”作品中最要“讲（说）道理”的一种，前几年偏偏出现一种叫作“画说哲学”的书，真令人替“文字”担忧死了；所好这类“画说”，还是以“文字”为主，多加“插图”，不是“看图识字”，而是“看图识理”，使哲学的艰深的道理通过比较通俗的文字加上生动活泼的图画，使之易看易懂，并非绝对不要“文字”只要“图画”。

于是做哲学的放心了，尤其是做哲学史的放心了。尽管罗素有一本“插图本哲学史”，当今的罗素们似乎还没有想到要拍一部“哲学史”的电视连续剧，更没有人想把哲学史上的问题——概念、范畴、论证等等，用“图画”来解释，或者甚至也拍成电视剧发行。

或谓“哲学”并非完全拒绝“图画”，譬如中国哲学的“太极”，似乎就可以用“阴阳鱼”图形表示，诚哉斯言；不过亦有一辩：“阴阳鱼”乃是图案，并不真是两条鱼对起来，它或许是“文字”的一种延伸或图案化：“阴阳不测是为神”，用篆字写“申”字，压圆了就很像“阴阳鱼”了，这个图案代表一个“变化莫测”的“神”字。

这当然是一种臆测，没有根据的，只是想说明哲学里的“概念—范畴”是不容易用“图画”来直接标志的，想想我们哲学常用的“理性”、“必然”、“自由”、“本体”、“现象”等等，如果都要发明出“图形”来，真是太费事了；与其如此，还不如就用“文字”算了。

于是，“哲学”好像一个“老顽固”，似乎“抵制”着“声像”技术的大潮流；“哲学”不可能“声像”化——“哲学”非但不能“图画”化，甚至“讲课”的“录音”也不能代替“整理”出来的“文字”。在这个意义上，“哲学”“顽固”“不化”。

“哲学”的主要“存在方式”为“文字”作品，为“书”。

“哲学”的道理靠“说”和“写”，正因为它侧重于“说”“道理”，而不是“说”“故事”，所以它的侧重点还在“写”。哲学的“说”不仅仅是“诗歌”，它的“写”也不是“画”。

“哲学”当然绝不否认“诗”和“画”的“意义”，恰恰相反，“哲学”不但承认“诗”、“画”的“意义”，而且还承认有些“诗”、“画”的“意义”要“高”于某些所谓的“哲学”；然而“哲学”毕竟要用“概念—范畴”来“思维”，而不能光靠“音乐”或“图画”来思维。过去有“形象思维”之说，说的是文艺创作作家思维的特点，此说是否贴切，另当别论，但说到“思维”，当不能脱离“概念—范畴”。

倒不是说“哲学”的“思维”一定是“抽象—没有形象”的，其实做哲学的都要避免思想的“抽象—片面”，“哲学”要讲“全面”，就不能排斥“直观”，在这个意义上，“哲学”又不是“顽固”“不化”的。“哲学”

本身是一种“化”的学问。“哲学”以“理路”“化”“一切”，“哲学”当然也就“化”在“一切”之中，所以我们说，“条条道路通哲学”；然而“哲学”作为一门学问，或者作为“文字”的“存在方式”，却永不能被“化”掉。“哲学”需要“理性思想”之深刻性，非“文字”不能穷尽。

在这个“声像”“化解”“一切”的时候，“哲学”坚守着“文字”，犹如“中流砥柱”；由于这种学问的持续存在，在“声像”艺术以优美的“虚拟的世界”潮流冲击人们时，“哲学”则坚持给人以一个坚硬的“真实的世界”。

“哲学”这个“不化”而“化”的特点，对于“文学”又有什么启发呢?

二〇〇五年五月十六日　北京

# 哲思中的艺术

我在二十世纪五六十年代，醉心于艺术，主要是中国的戏曲和书法，写过一些文章，承蒙一些朋友抬爱，在我已经不做这方面研究时，仍然鼓励我发表意见，所以改革开放以后，仍有零星文章散见有关报刊，如今又有热心朋友主张将这些零散的书和文章辑集起来，以便读者查阅，遂有这个著作集。

时光犹如流水，现在再来检阅这些著作文章，心情相当复杂。集中多数是少年之作，现在读来，当然感到幼稚而经不起推敲，同时也深感青春不再。如果说那时还有点少年气盛的活力的话，经过这多年的风风雨雨，本来就不很多的棱角，全已磨平，下笔唯恐不周，说话力求左右逢源了。这倒不全是世事的压力，也还有知识方面的问题，学海无涯，要想周全，实非易事。

## 一、我的“艺术生涯”

我非从艺者，自无“艺术生涯”可言，只是说到与艺术的渊源，是一种“业余生涯”而已。

我小学和中学都是在上海读的，因祖父过世得早，父亲虽未经过正式学校教育，但是对于小孩子的读书，倒也有比较严格的要求；他自己喜好京剧和书画，所以我从小就常跟着父母上剧场看戏，平时也常听父亲评点书画，不用说，写字临帖，也是我每天必做的功课，尽管那时上海的学校，已经不很重视书法这种教育了。

小孩子随大人看戏，也不过是一种游戏而已；但是世事的变迁，提供了一种机会，使我和京剧有了更直接的联系。

一九五〇、一九五一年，上海解放初期，新的社会秩序正在建立过程中，头顶时有美国飞机轰炸，晚间常有防空灯火管制，影响到剧场不能正常演出，促进了业余票房的发展，其中有著名演员陈大濩的濩声，还有著名票友和剧评家苏少卿和他的师弟郭圣与办的两家，大概还有一些我不知道的。我在父亲支持下，参加了一期濩声票房的活动，跟陈先生学了一出票友入门戏“二进宫”，记得当时名演员魏莲芳和名琴师赵济羹都在那里活动过。我跟郭先生学胡琴，但他觉得我嗓子还可以，也教我唱武家坡，好像没有学完就辍学了。见过苏少卿先生一次，后来先生进京入戏曲研究院当研究员，住家离我很近，倒是时常拜访了。

一九五二年我来北京上大学，那是院系调整后的第一年，学校有一番新气象，不久学生会成立各类文艺社团，我参加了京剧社的组建工作，后来一直参加这个社的活动。

解放初始，万象更新，演艺界也有种种新措施。据说当年新成立的中国京剧院面向大众，有两个重点辅导单位，一个是石景山钢铁厂，一个就是北京大学，所以那一阵子我们这个社在中京院指导下，排练了新编历史剧《猎虎记》，名演员叶盛长时常驾摩托车来北大指导，名导樊放也来做过演讲。

我在上海只学过唱，不会身段，也不懂武场上的锣鼓经，再加上一度封了我一个社长之职，不好意思争角，所以除了在《将相和》里演过虞卿算个角色外，大都演些小角色，记得还演过丑角。要想弄个好角色过瘾，抓住了一次举办化装舞会的机会，借来《三国演义》里的刘关张和诸葛亮的服装，抢了一套孔明的羽扇纶巾扮了起来，不想又被一位同学扒了下来，连一张剧照也没有留下。

就在这个期间，我认识了大演员奚啸伯先生。那是一次奚先生在北大演出后，一些戏迷学生追到后台等识庐山真面，奚先生真心喜欢我们这批青年学子，居然相约去他家里，那时他住在东四九条；从此我们一些人就常去他家，其中他老先生最为垂爱的一位女生，那时是我的对象，后来成了我的妻子，算来已是五十多年前的事情了。奚先生早已故去，没有看到后来振兴京剧的繁荣景象，是我们这些晚辈最感遗憾的事情了！

说到书法，虽然我从小在父亲督促下经常练习，但是长进却很慢，时常因写得不如在一起的表姐而惹得父亲生气，到北京入大学后，更是管束无人，练习不再了；到了六十年代初期，我参加编写当时的高等教材《美学概论》，因集中住在当时的高级党校，空余时就拿旧报纸来练字，既不认真，也不持恒，并无成效可言。

说来奇怪，反倒是在“文革”期间，有较多的时间认真练字。那时举国上下专攻政治运动，满街的大字报需要毛笔书写，“书法”反倒“大行其道”；加上毛主席他老人家雅好书法，以毛笔书写毛主席诗词，工军宣队皆不能反对。于是我在明里抄写大字报和毛主席诗词及语录，暗里就找旧字帖来练书法，因其用心专一，珍惜时间，而稍有进步了。这个长进，大概给在“文革”中身心俱惫的父亲有了一点慰藉，特别是“文革”后期稍有松动时，以他极其菲薄的收入从上海旧书店购得不少古旧碑帖拓片，现在都是弥足珍藏的精品了。

总之，我的书法，完全没有专业的老师教导，没有“幼功”。小时候，除了父亲以外，就是我有一位写得一手好字的姨夫，不过他也只是说一些体会，没有技术上的指导。记得“文革”期间，杨向奎老师托他夫人尚树芝老师传话，既然喜欢练字，应该找一位老师；但我终未拜师。我觉得，写好字原是书生本色，而且历代古人典范多多，照本临习足矣；再说那时也并没有“书法博士点”，可谓投靠无门的，于是只能走“自学（成才）”的道路。于是乎由着性子乱临一气，真草隶篆齐上阵，苏黄米蔡全都来，今日《圣教》，明日就可能《家庙》了。不过逐渐地也有了一点“倾向”，我的笔性柔弱，容易喜欢赵子昂、文徵明这类的风格，自觉需要“纠偏”，经常练习的反倒是北魏诸碑和欧阳询、欧阳通的碑，最近常临的是《泉南生墓志》，因为字小省纸，笔力遒劲。

改革开放后，渐渐地也有人知道我会写点字，就来求索，有的居然也印了出来，挂了出来，只是我是很有自知之明的。我书房墙上，挂着一幅文徵明八十九岁写的《兰亭序》，是学生送的很好的复印本，我经常对着它读文看字，也能看出文老先生有些笔力不到之处，甚至有“我要写，这一笔会更好些”这种狂妄的想法，等到真的写好一幅放在那里一比，优劣立时间非常明显地分出来了，于是又从狂妄跌落到自卑了。于是明白一个道理：优劣不在一点一划，而在整体水平，要想在整体水平上超出古人，在现时间的条件下，或许不很可能了。

这样，我对这两门艺术，无论京剧还是书法，也都只是“业余”水平，作为“自娱”尚可，而不足以“娱人”的。当然，京剧是一门很专业的艺术，虽不乏票友下海成大器者，但一般都经过严格的训练的，唯书法的专业性不很强，过去读书人常能写一手好字，不以鬻字为生，润格、润笔也都是聊以酬谢，高雅事也。解放前已有人以此为专业，但也随解放而淡化，而此风唯二十世纪八九十年代为盛，时代之变迁也。好在这些都与我这个“业余”者关系不大，时尚且自由它。热闹时沾点时髦之光，冷落时留点孤芳足以自赏，最是不计荣衰的了。

## 二、我对艺术的理论兴趣

我很满足于我的艺术修养在业余水平，不是不求精进，而是别有旨趣在。我的兴趣是在理论的，这是我的专业所在。从一开始，我就没有志趣去当演员，或者当书法家，尽管起初我也不很懂得“哲学”到底是怎么回事，但我总是想把“艺术”和“哲学”结合起来，所以我一个时期很着迷于“美学”。

不错，“美学”与“哲学”和“艺术”都有很密切的关系，这是没有疑问的；只是做法也有不同的侧重之处，有的侧重在艺术，也有侧重在哲学的，各有千秋；我一开始的侧重点全在艺术方面，认为必先成为艺术的“内行”才有资格谈美学，不大赞成“身无一技之长”而奢谈艺术，所以我在五六十年代的文章，有的还很“专业”

的，尽管我在艺术实践方面是“外行”，也不愿意成为“内行”，但是在“知识”上，我总想要努力成为“内行”才好。至少要避免“外行看热闹”之讥，力求“（内行）看门道”。

首先我要了解京剧乃至中国戏剧发展的历史，买了许多书来阅读；其次是剧团（戏班）的组织结构、服装道具、行头脸谱、文武场面，等等，我都尽力收集了一些资料；不过我的侧重点还是在演唱方面，对于京剧语音、唱法以及演唱的流派等等，我了解得比较细节一点，所以我的第一本关于京剧的书，名叫《京剧流派欣赏》，说的是演唱风格问题；其实除这本书外，我还写过几篇关于京剧音韵的文章，在那时候的《戏曲音乐》杂志登过，可惜这几篇文章找不到了，当然，现在来看，那是一些很边沿的问题，无关京剧艺术的本质，只是当时还是很认真、很有兴趣地做的，为此买了元朝周德清的《中原音韵》时常翻阅，想弄清京剧语音的来龙去脉，这事我已在《古中国的歌》里交代过了，像我这样的没有语言学、训诂学训练的人，也只是“外行—票友”的奢谈而已。

对于书法艺术的写作，我开始得比较晚，“文革”前我大概只发表过一篇短文，那时我的在艺术上的“主攻”方面是京剧，只是“文革”中京剧成了大大的禁区，所以“主攻”转移为书法了；只是“文革”前的那篇短文，倒是涉及了一些颇有意思的问题，亡友吴战垒写信告诉我，夏承涛先生表扬这篇文章，那时战垒正跟夏先生在读书。

我做那些专业性、细节性的工作，并不打算成为那方面的专家，而是为了美学理论有一个坚实的实践基础，我的主要工作兴趣还在理论性上，这从我早年一些戏曲文章中也可以看出来，我好（去声）发表议论。

这里顺便提到我的第一篇关于京剧的文章。那是一篇剧评，是我看了一出新编戏《晴雯撕扇》后的感想，我还记得大体内容是说京剧人物太“脸谱化—类型化”了，“个性”不突出等等。文章寄给了一位当时在上海当文艺编辑的一位大朋友，他说有点见解，推荐给《新民晚报》，不久登了出来，因为没有署名，而稿纸用的是北京大学的，编辑为省事就用了“北大”这个名字，我收到过寄来的报纸，但是丢失了，前几年托朋友查找不得，也就作罢，反正是少年习作，不足挂齿了。

只是“共性”和“个性”问题，始终是我对于戏剧—京剧思考的一个要点，这也导致我后来写那篇《论话剧艺术的哲理性》和《中国戏曲美学问题（研究提纲）》的契机之一。

《论话剧艺术的哲理性》是我开始自觉地把一个具体艺术部类和哲学问题结合起来思考的初步尝试，其中以康德、黑格尔的哲学美学和席勒美学作为参考系，无非是将艺术分为象征的、古典的和浪漫的三大风格，然后再按照我理解的中国戏曲的特点，对号入座，做一些阐述，这样的做法，当时还是很新鲜的，因为那时候，做哲学的——特别是做西方哲学的不会做中国戏曲，做中国戏曲的，也很少涉猎西方哲学的问题，我这样做，当然也有人重视的，所以《文汇报》以整版的篇幅发表了此文，不想差一点成了靶子，因为那时候已是“文革”的酝酿时期，山雨欲来风满楼，只是一时因为读不懂那文章，先记上了一笔，且听下回分解了。

不想这下一回却真的授人以柄了。接着我写了一个研究中国戏曲美学的提纲，先打印了出来征求意见，这篇没有发表的文章做了前面那篇哲学性较强的文章的注释，不好懂的地方变得好懂起来，主要意思凸现出来了，原来就是说中国戏曲属于古典风格，各种艺术因素和而不同地综合在一起，个性不很张扬，而共性—类型性—典型性比较突出。再引申出来的意思当时就有点大逆不道了：我认为，比较而言，中国戏曲更适合表现古代生活，而话剧则更容易表现现代生活。这层浅显的意思在《论话剧艺术的哲理性》里是隐藏在一些同样浅显的哲理后面的，虽然也说了，不容易引起做戏曲的注意，而做哲学的，则因为问题太小而不会去注意，但《中国戏曲艺术的美学问题（研究提纲）》对于做戏曲的就一目了然了，而那时正是“京剧现代戏会演”时期，也就是“京剧革命”的准备时期。

批判文章已经排成校样，眼看即将见报，不知为什么这篇批判文章《文汇报》没有发表，把校样寄给我要我参考，其中原因至今未得其详。一种可能是我不是什么“人物”，不在“目标”之内，为避免分散战斗力，就让我溜掉了；还有一种可能是上海现代戏会演时后来“文革”中很红的一位大领导在开幕式致辞中说到“固然在表现现代生活上话剧要方便些，但是京剧”也要怎样怎样，我注意到后来以文件形式出版时这个意思删掉了，但是作为新闻报道稿子中是印得有的，我在报纸头条中读到的，是不是这句话“保护”了一下？反正现在也不必弄清楚了，对我只是一场虚惊。

我的那篇研究提纲原想给我所的《哲学研究》杂志发表，也是校样已经排出了，被我所当时负责人好心压下，一直到“四人帮”倒台以后才在上海一个文艺集刊上发表；倒是那篇批判文章，只是我手中存有那份校样，就不必再见天日了。

实在说起来，那篇研究提纲的学术水平是相当差的，一方面理论和实际之间很多地方生搬硬套，完全没有消化；另方面，立论也过于片面，把复杂的现象说得过于简单，总想用黑格尔那三个艺术风格去套，连“个性—共性”也成了一些框框，后来已经有朋友善意提出，我自己也是承认的。

相比起来，那篇相同类型的论中国书法艺术的文章就稍好一些，尽管那文章还是在“文革”的一种特殊环境下草拟成的。我曾经在文章中提到过打草稿的情形。

那的确是一个值得记住的时期。除了主动或被动“斗争”的对象外，大多数人都经历过一个从轰轰烈烈到无所事事再到万念俱灰再到心平气和的过程，在“五七干校”中“究天人之际”：“运动”归运动，“我一人”管好“自己”的事。我那篇论书法的文章就是在“天天读”的“覆盖”下偷偷用小纸片打好草稿，回城后贴在大稿纸上修改成的。由于用心“专一”，写得还是比较一气呵成；再说，比起那篇戏曲美学研究提纲来，又有几年过去，思想总是会更清楚些，所以这篇文章受到朋友的表扬。

就我个人来说，“文革”以后一个时期，在这两门艺术中，我似乎更加注意的是书法艺术，其间出版两本小书，一是《古中国的歌》，一是《书法美学引论》，前者实际是六十年代的旧稿修改而成，后者则是新写的。比较起来，我自己当然觉得后者要好一些，前者还拘泥于一些太细节的问题，后者则大体有一个理论的思路。

当然戏曲方面也应朋友之约做过一些文章，其中特别是那年梅兰芳、周信芳百年诞辰，在上海的纪念会我没有参加，只提供了一篇纪念文章，但在北京开的筹备会我去了，见到我五六十年代心仪已久的老专家和老领导，可惜张庚因为身体原因没有去；我曾经拿着《论话剧的哲理性》一文的校样登门请教过他，他很热情，是个学者型的领导。

为这个纪念会我写了一篇论梅兰芳表演艺术的古典风格的文章，登在《哲学研究》杂志上，梅兰芳哲嗣绍武先生很喜欢，不幸他也故去了。这篇文章，虽然仍承过去思路之脉络，但是在理论上还是努力做得深入一些，比以前《京剧流派欣赏》中收的谈梅派文章好些了。

事情就是这样复杂，读自己早年的文章时常因为那时的幼稚和错误而汗颜，但也有一种“青春不再”的惋惜，有些文章现在叫我写也写不出来了，天时地利人和都不同了，由此会产生一点留恋；但是做学问还是要有冷静科学的头脑，所以我倒是大体不愿意“回忆—回顾”的，有时甚至告诫自己要面向未来。我相信未来才是真实的存在，包括了过去和现在。我们现在做事为什么不能把年轻时的活力和经验学问的积累结合起来呢？这两者真的是那样势不两立的吗？

所幸我的“专业”是“哲学”，而“哲学”正是一门教导人在“经验学问”中如何保持“创造—活力”的学问。于是我对于“哲学”和“艺术”的关系也有一种体会，说出来请大家批评。

## 三、从“艺术”到“哲学”和从“哲学”到“艺术”

这个体会，简单说来，就是：我过去是想走从艺术到哲学的路，最近几十年则想走从哲学到艺术的路。这两条路，虽说可能有异途同归的结果，目标可能都是“美学”，但是走起来却有很大的不同，其中或许可以说各有利弊。

五六十年代，我在美学方面的工作主要是想通过对一个或几个艺术部类的内部的探索和把握，“总结”出一套“规律”来，将它们“上升”到“哲学”的高度，那当然也就是美学的理论了，在这种思想支配下，就有了上述种种工作结果。或许由于我毕竟是学哲学的，我“总结”出来的那些“规律”——实际只能是一些“意见—看法”，有些居然也有些一得之见，但我又毕竟不是做艺术的，这些成果在真正的艺术家—艺术理论家看来，仍然是“外行”。

问题当然不在于和谁争一日之长，问题在于从总结经验入手，要想把“经验积累”到“哲学”的高度，这条道路对于一般人来说，是过于的长了，也就是说，从单纯总结经验来把“经验”提高，其“高度”往往是不够的，勉强“拔高”，甚至会出现“乱扣帽子”、“套用”“哲学范畴”之类的毛病，譬如把中国文字具有某种“象形”性而比附到艺术对现实的“反映—模仿”上去，把中国戏曲表演里的某些“程式”化的动作，作为“艺术源于生活又高于生活”的范例来理解，等等。

并不是说“总结经验”要不得，“总结经验”对于指导实际的工作——包括艺术的工作在内是不可或缺、非常重要的，这样总结出来的经验理论，对于实践的帮助是非常宝贵的；只是说，“哲学”的工作不止于此，或者说，哲学的工作和一般的经验总结工作，或一般的理论工作是不同的。哲学的理论，不同于一般的经验的理论。

什么是哲学的理论工作，这几年我有几篇文章讨论过了，那是我学习哲学史的体会；在这里，我从自身做美学的实际途径的转变体会出来的一点，就是真要做哲学性的美学研究，还得从哲学的源头抓起。

美学在近代，原本是哲学的一个分支，一般认为这门学问是德国包姆加登建立的，而批判这个哲学体系的康德，也是把美学—审美作为他的三大批判的最后一个——《判断力批判》中一个部分处理的，因而是他的整个“批判哲学”的一个部分，因而我们也必须从他的整个“批判哲学”的精神，去理解他的《判断力批判》，而不是断章取义地光摘取他的某些关于“审美”、“艺术”的论断，随意套用。

五六十年代，我读康德、黑格尔的书，重点在《判断力批判》和《美学讲演录》，对于康德的《纯粹理性批判》和黑格尔的大小《逻辑学》没有耐心认真阅读，实在是一种急功近利或者短视的兴趣主义态度在作怪。逐渐地我发现，就读书来说，如果不认真阅读康德的《纯粹理性批判》就很难读懂他的《判断力批判》，如果不认真读黑格尔的《精神现象学》、《逻辑学》，也就只能在枝节上了解黑格尔的《美学》。

哲学家是把“艺术”（现象）放在了他的总体的哲学理路中来思考的，在有“体系”的哲学家那里，他给“艺术”在他的“体系”中安顿好一个“位置”，如黑格尔那样；更晚近的一些哲学家，或许没有或自称没有“体系”，则对于“艺术”的思考，也和他自己的哲学思考紧密相连，如海德格尔、德里达、列维纳斯等。海德格尔的《论艺术的本源》，把“艺术”与他的“存在”（Sein）联系起来，成为“Sein”的显现方式，自然也融合于他的哲学思考之中，或者说，是从他的“Sein-Dasein”的角度来理解“艺术”，从而有能力——能够“揭示”“艺术”的“存在论的——ontological”“意义”，而对于他弄错了凡·高所画那双《鞋子》的实际经验世界的意义，自可忽略不计，犹如尼采弄错了古代希腊某些神祇而不妨碍他的“酒神—日神”精神的意义一样。“哲学”的“意义”另有所指。

这意思并不是说，美学就没有自身独立的意义，或者只是哲学的附庸；恰恰相反，哲学在实际经验上来源于“非哲学”，这方面“后现代”诸家的工作也是有意义的。康德的《判断力批判》并不能限于把它理解为前两个“批判”的“桥梁”或“过渡环节”，好像康德感到“理论理性”和“实践理性”割裂得太厉害了，找出一个“判断力”来“缓冲”一下似的。我受康德以后谢林甚至包括费希特、黑格尔的哲学思路特别是海德格尔的思路之启发，曾说康德《判断力批判》或可是他的哲学的“基础”，“思辨理性”和“实践理性”或是从它那里“分析—解析”出来的，《判断力批判》所涉及问题是“鲜活”的，是“哲学”的“生活”之“树”，在《判断力批判》里“人”是“活生生”的，是“诗意地存在（栖居）着”。这层意思被我的一位学生拿去做博士论文，做得不错，但不容易得到认同，也是可以理解的，因为人们从前学到的《判断力批判》只是一个“过渡环节”而已，就像费希特、谢林也无非就是从康德到黑格尔的一个“过渡环节”，好像他们活着就是为了黑格尔做“铺垫”的。

其实，从经验眼光来看种种事情，往往只看出万物相关，一物总是另一物的“陪衬”，“艺术”也还是一种“工具”，只有在一个哲学的视角下，万物才都有“自身”的独立意义，“艺术”也才有“独立”的“存在”，而不仅是在诸多关系网中的“存在者”之一。这就是说，“艺术”此时才“自由”，因为“人”此时才“自由”；而此时“万物”也才“自由”，“万物静观皆自得”嘛。此时“自由”并非没有相互间的“关系”，“自由者”之间的“关系”正是哲学需要探讨的问题，哲学诸范畴之间的“自由”的关系，正是黑格尔“逻辑学”所研究的，也就是刚过去的世纪末法国德罗兹说的那个“活动砖块”的意思。

在这个意义上，康德《判断力批判》在其整个“批判哲学”系统中，并非仅仅有“过渡环节”的作用，而可以理解为一个基础，一个基地，其意义就后世影响来看，当不在其他两个“批判”之下。从这个角度来考察《判断力批判》，它或许是最为基本，最为原始的。

康德这个批判所涉及的问题，一是审美的，一是目的论的，而前两个“批判”是一涉及思辨理论，一涉及道德律令；二者多涉及“形式”，而只有这个第三批判，更多涉及“实质”，一般它被理解为“理论理性”和“实践理性”的“统一”，而这正是费希特、谢林、黑格尔走过的路子。

康德第一批判着力于“理性—知性”为“科学知识”“立法”，而第二批判则阐述“理性”如何为“意志”“立法”，而“法”都是必然的—形式的，尽管不止于这些形式，而要有“合适”的内容；但是正因为重在“形式”，康德的“科学知识”乃是“理论知识—科学理论知识”，而实际的“经验知识”则仍然充满了“偶然性”，虽说偶然性不是没有“原因”，但这个“原因”只是在“结果”出现之后，才是“可以推断”的；道德的立法，则更倾向于“形式性”，绝无一点经验之内容，而只有设定（postulation）一个“神城—天国”，这个道德领域里的内容—实质才会出现。

但是在《判断力批判》里，形式和实质内容却是“统一”的，是结合在一起的，是“和谐—交融”而不是“分离”的。这里有最为根本、也是最高的“综合”。在这种“综合”中，“自由”是“必然”的存在形式，而不是相反；偶然之中蕴含着必然，而不是抽象为形式的必然性的形式；“意志自由”也正是“自然之合目的性”，而不是“绝对命令”。如此种种，展示了这个“艺术”与作为“艺术—作品”的“自然”，乃是“人”的“活生生的”“生活”世界，是最为“真实”的“世界”，也是最为“本质”的“世界”，而不仅仅是从“理性”这个君王那里“领得”的“封地—领地”。“人”本“无需—不缺乏—不需要”向任何“超越者”“领取”任何“恩赏”（grace）。

这个“人”的“世界”，或许就是后来胡塞尔那个“现象学的剩余者”，把抽象的“经验世界”“括了出去”，“剩下”的不是一个更加抽象的纯形式的幻象，而是活生生的人的世界，不是“死”的世界，而是“活”的世界，或曰“本质”的世界。

何谓“本质”？“本质”就是“存在”。何谓“活”的？“活”的，就是“时间”，而“在”“时间”中，岂非海德格尔于《存在与时间》一书中所要阐明的问题吗？于是，我们可以看到，康德《判断力批判》似乎正是蕴含了以后哲学思想发展的契机，而这个蕴含着的意思，为后来哲学家们更加清楚地开显了出来。

康德《纯粹理性批判》所涉及的乃是“诸存在者”何以能够成为“科学知识”的“对象”，而到了《判断力批判》，问题才转向了“存在”。康德在《纯粹理性批判》里合理地否定了“存在论—本体论（ontology）”，在《判断力批判》里，又将它蕴含了进去。

然则，康德仅将“时间”限于《纯粹理性批判》的“诸存在者”，即他的“经验之存在（ontic）”，而在《判断力批判》里则并无“时间”问题之地位，亦即康德的“时间”观念尚未至于“本体存在论的”（ontological），这方面的工作，海德格尔做了。

海德格尔将“时间”引进“本体—本质”对于哲学思维功莫大矣，当然，一个阶段做这项历史性、时间性工作的，尚有不少哲学家，这也是一个时代的运行思潮。

就本文主旨来说，是不是离题太远？不是的。当我将我的思考重心从艺术的细节又收回到哲学时，我对中国艺术的理解，一直比较重视“时间”的因素。中国传统艺术的本质是“时间”的，而不仅仅是“空间”的。

当然，并不是说中国艺术里就不重视“空间”，诸如“经营位置”、“间架布局”等等，都是说的“空间”方面的问题，所以我在讨论中国书法艺术文章中强调了“书法”和“绘画”这两种艺术部类的不同，同时也说到了“书法”对“绘画”的越来越加重的影响，这就是说，即使是“空间”艺术，也还尽量地加强“时间”的因素。

戏剧艺术原本是比较完整地呈现出“空间”中“时间”的“变迁”，在“空间”中“表现—表演”“故事”；但是中国传统戏剧—戏曲，却努力在“舞台”的“空间”中加强着“时间”的分量，不是“时间”为“空间”服务，而是“空间”为“时间”服务，在有限的“舞台”“空间”表现—表演出“不受限制—不很固定”的“时间”，也就是表现“自由”的“时间”和“时间”的“自由”：“舞台空间”“框不住—限不住”“舞台”的“时间”。

传统戏曲论述里常讨论戏曲舞台空间“虚拟”的问题，舞台空间要由故事情节的表演来“规定”，而不全是“固定”的“规定情景”，恐怕也是来源于“时间”之“自由”性，亦即“自由”地处理“时间”的“连”和“断”的关系，一个“圆场”可以表示“千万里路程”，“空间”为“时间”服务，“空间”为了“存留”“时间”，在这里体现得比较清楚了。

传统戏曲为了强调“时间”的因素，不但没有放弃音乐的成分，而且着意加以强调和发挥，对于“舞蹈”的成分，也按照这个精神处理，这样，中国传统戏剧就形成了一个歌—舞—剧大综合的艺术部类，在世界上独树一帜；而音乐和舞蹈自是“时间”性的艺术。

中国戏曲艺术这种“大综合”的特点，经过一个从“原始综合”到“古典综合”的过程。最初或许是因为演出条件简陋而自然形成的，逐渐地形成了一个自觉的创造，一个经过许多代大艺术家精心改进的成熟了的艺术特征，中国艺术家走这样一条“大综合”的道路，是和中国的艺术精神，或者更扩大开来说，中国的传统思想精神分不开的，中国的传统，支持着这样一条艺术道路；而当这种精神在近代受到冲击时，中国传统戏曲也发生了种种危机，面临过种种责难，而在艰难的环境中，也更加突出了自己的特色，从而逐渐地找到了自己的位置。和世界上万事万物一样，一旦找到了自己的真实的位置，即这个“位置”并不是“存放—占据”了一“物”，而是“存放—占据”了一“事—时间—历史”，则，此物就从“诸存在者”转换为“存在”，就不会因其“完成”而“终止”，或者被“消耗”。

作为一“物”，作为一个艺术（物）的“种类”，它的“作用—功能”会有种种不同，或者甚至因其“用处”不大而“边缘化”，甚至被“闲置”；但作为“古典—经典”的“艺术”，则“恒存”，只要“有”“人”，就“有可能—能够—有能力”“识得”它的“意义”；就我们的问题说，只要“有”“中国人—华人”，就“有可能—能够—有能力”“识得”“京剧”和“书法”这类传统艺术的“意义”。反过来说，“能力”需要培养，于是培养—训练“有能力—有可能—能够”“识得”这类“古典艺术”的“下一代—来者”，又是我们这一代的不可推卸的

"责任"。

中国戏曲是最综合的艺术，而书法似乎又是最单纯的艺术。我在文章中说书法艺术起源于"画（划）道道"，一笔一画都意味着"有人在思"，这话也不大容易得到认同，因为书法总还离不开"汉字"；其实，在"画道道"这一层意思上，我们倒也未尝不可以同意"书画同源"的说法。绘画这门空间艺术之所以能够—有能力吸入书法之"运笔"，也说明中国人注意到了它们之间的"同源"问题，即绘画之具象性、空间性，原本是为了"存放""流动之时间"；而不像西方人那样把"文字"理解为仅仅起源于"象形"，亦即将"时间"也"归结"为"空间"，而中国文字"象形"只是"造字"六种方法的一种，所以强调中国文字之象形性，未免以偏概全了。

当然，文字记录语言，将时间中的东西凝固为空间之东西，但中国古人在造字之初，就并不想把文字完全空间化，变成一个单纯的符号，而要努力保持其时间性，在这个意识的指导下，中国文字才走上了一条独立的艺术道路，而不像西方的文字那样，充其量只是空间美化的"美术字"。中国书法艺术之"动态"韵律，与音乐异曲同工。

在艺术领域动态韵律之突出，使中国各艺术部类在创作精神上都带有某种"表演"性，虽然并不全如戏曲那样有现场—临场的表演性。我认为，这对于艺术来说，是一个很有趣的问题，很值得进一步研究，我在过去的文章中只是提出来了，而无深入的探讨。

西方艺术理论或是强调“模仿”，或是强调“灵感”，认为是两种对立的理解，绘画是重在模仿的，而诗则善于抒发主观情感，当然也并非绝对地割裂开来，但是理论倾向却是分立的。在这种意识的支配下，西方绘画曾经出现过完全写实的风格，古代希腊就以画出的葡萄被鸟啄而为荣，这样的画风固然难能可贵，但是当摄影艺术出现后，就受到很大的冲击，而对中国传统绘画却并无多大影响，我想这与中国传统绘画原不以“模仿”实物事实为能事，而是另有旨趣在有关。

中国传统绘画也讲“临摹”，甚至被批评为“抄袭”，这当然也是一个容易犯的错误，任何方法都可以发生这样那样的偏差。不过中国传统绘画倒不是“临摹”实物，而是临摹古人的作品，而古人的“作品”，已有古人的“精神”“在”，并非单纯的“自然”——中国绘画有“师法自然”之说，但此处“自然”又非西方作为科学对象之“自然”，而是“造化”，是“活生生—生气勃勃”之“自然”，此意可以从上述康德《判断力批判》中“自然之合目的性”观念得之。亦即，中国传统思想中之“自然”，并非康德《纯粹理性批判》所指，而是《判断力批判》中所谓，它和“自由”乃是“同一”的。

从艺术角度来看，这种临摹，也可以从“表演艺术”

的特点来理解，犹如将剧本文学转化成舞台艺术，将乐谱转化成音乐演奏这类的意思，这样或许就无人会说，演奏和表演都是“抄袭”了。

其实，“读书”做学问也是同样的道理。你说“读书”之后的“写作”是不是“抄袭”？可能是，也可能不是，大多数情况下不是。

我们读古人的书，不是死记硬背，而是领会古人的意思，学习古人的精神，没有这一层功夫，你的“写作”很难有水平。为什么？因为你在“创造”，“他人—古人”也在“创造”，都在“创造”的层面，就有一个比较，一个水平问题，我们读书，正是学习他人如何创造性地写作的；我们临摹他人的作品，同样也是学习他们的创造的“经验”，然后在更高的层面上，进行自己的创造。读书、写字、画画，其理也一。

尽管模仿、抄袭之作，或者比比皆是，但是作为“学习”的方法，作为“创作”的途径，中国传统艺术所采取的，也有自己的道理：它“临摹”的应是古人已经在“作品”里体现出来的“精神”。写字和绘画之“临摹”，当亦在寻求“笔意”精神所在。书法艺术当然离不开文字，只是书法毕竟是书法，并不因为都要按照“文字”本身的间架结构去写，就说是“抄袭”，同样的“字”的结构间架，写出不同风格的艺术性的字来，犹如同样的乐谱，大指挥、大乐队能演奏出自己的艺术风格来。

这么多年以来，我已经很少想艺术方面的问题，美学问题也很少涉及，可能是本职的工作就已经够我忙的了，加之年龄不饶人，精力不济，研究范围只能一再收缩；当然也有某种客观原因，我已经多年不上剧场，不看戏，也不看电视节目，或许我在艺术趣味上变得越来越保守了。当然，就我的艺术“资历”来说，本没有什么“资格”来“保守”，但是我还是不很喜欢看到京剧变成了大堂会——现代堂会的一小段或者十个包公上去群演这样的场面。我感到，长期以来我们的京剧和书法艺术在整个社会生活中有点“错位”，老是想要和那些流行的艺术争一日之长，而比较地忽视了古典艺术的恒久的价值。这当然肯定是我自己落后于时代的表现，好在艺术对我来说本是业余爱好，是一种娱乐；但是我对它的思考，还是很严肃的，所以才有以上的写作。

或许“寓娱于思”和“寓思于娱”也可以是一种生活方式呢。

二〇〇六年十月二十七日星期五于北京乐澜宝邸

本文原为一本关于京剧和书法的美学集子写的一篇前言，适院集刊要稿子，按要求应是首发稿件，而该文集尚在编辑过程中，所以将此前言先行发表，也符合规定。

又及。

# 第五编

# 无尽的学与思

光阴似箭，算上北大哲学系的四年学习，我与“哲学”结交已经整四十年了。四十年对研究“哲学”这门深邃的学问言，是很不够用的，但对一个人的生命来说，也不算太短了，所以有的朋友要我写点小结性的东西。想了一下，用时间顺序来带动问题的讨论，也许是一个比较方便的办法。下面就是按这个路子写的一篇工作小结。

## 一、初次结识“哲学”

现在一些认识我的朋友都说我“很用功”，我自己也觉得在像我这个年龄的人中，我大概算得上是“勤奋”的；但我从来都不是一个用功的学生。这就是说，我上学时期从不是一个“好学生”。

我是独子，上学时没有兄弟姐妹比着，但我和表姐表兄住在一个楼里，一起上学，他们的学习成绩一直比我好，我常常因不如他们而受到父母的训斥。我读中学时的成绩一直是勉强“过关”，最佳纪录考到“乙班”（成绩最差的那一班）的第六名，父亲就高兴得不得了，给我到大商店量体裁衣地定做了一套小西服以资奖励。不过，我那时并不调皮，之所以不用功，我后来解释为“开窍”开得晚。

然而，就在那些糊里糊涂的日子里，有几件事可能对后来的发展有关。譬如，有一个时期，我竟会对“平面几何”这门课有些兴趣。也许是老师好，讲得清楚，总之我很爱学，常设想些问题去问老师，老师当然很喜欢，曾在班上表扬过我。我想，这时对训练推理有相当的帮助，可是当时并没有意识到，这个思想途径竟有与古代希腊人相契合的地方呢。

另一件事是和哲学有直接关系的，就是我高中时的一位老师竟是从德国留学回国的一位哲学博士，而且主科就是学哲学的。因为刚解放就回国，周恩来总理关于知识分子的报告还没有做，就被分到中学教“解析几何”，但毕竟是学哲学的，所以就在教员中组织起了学习毛主席《矛盾论》的学习小组，我被吸收旁听。那时尽管我一点也不懂书上和老师们说的是什么意思，但觉得挟着两大本《列宁文集》做参考，非常神气。

就这样，我才在大学所考志愿上填上了“哲学”。

我一九五二年入北京大学哲学系，那是院系调整的第一年，当时系里集中了全国绝大多数的哲学教授，但他们却很少直接授课，有些课请一些比较年轻的老师讲，有的还是从外校请来的。我在一、二年级时仍是稀里糊涂，课堂讨论很少发言，因为我弄不懂为什么“无产阶级专政的必要性”这样天经地义的事，也要“论证”它。到了三、四年级稍好些，学得了一些考虑问题的“方法”，应付测验、考试这类的事，不太困难了，但要问起到底对“哲学”有什么兴趣，仍是说不上来。

不错，那时我认定了我喜欢“美学”，因为我自己觉得我喜欢文学艺术，实际上这种“兴趣”很主观，很抽象。现在我很庆幸我在完全没有思想准备的情况下，选了一个“康德先验论批判”作为毕业论文的题目。因为尽管这个题目没有做好，但却把我拴在了“西方哲学”这个专业的“战车”上，而且因此被贺麟先生选到了刚成立一年的哲学研究所工作。

贺麟先生是我哲学研究上最重要的老师，他对我的影响是永久性的。一方面，贺先生在许多具体的问题上，甚至包括像专业外语学习这类技术性问题上，都给予了我直接的帮助；另一方面，也是更为重要的，他给我树立了一个学人的榜样，即他研究哲学不仅仅是专业性的，不是将哲学作为达到另一个目的（专家、学者、教授、名人……）的工具，而是对哲学问题本身充满了兴趣，哲学成了他的生命的一个部分。

应该说，我的老师们之中有许多成就很高的哲学家，其中有些学术地位不在贺先生之下，但作为学人风格并不相同。哲学对这些老师来说是“工作”，是“专业”，因为他们同样并不把它当作一种手段，而对它持一种敬业的认真态度，也保持着一种神圣性，但和贺先生的风格和境界不同。我似乎更自然地就倾向于贺先生那种态度，所以我一直很注意将专业和生活分开来，拉开一点距离，免得再像贺先生那样说出“可以和妻子离婚，不能和黑格尔离婚”如此重感情的话来。

不过，尽管如此，我仍觉得对于专业本身要有一种出自内心的兴趣，因而专业本身应该就可以构成一个目的，而不是达到另一个目的的手段。“哲学”有那样浓厚的历史基础，有那么多有大智慧的人对它作过研究、思考，是很值得我们去追求、去爱，对它发生兴趣，“哲学”本身就可以有“吸引力”。

现在一些哲学流派指出，“人”是不可规范的、活生生的，一切想把活生生的“人”规范为某种“类型”，总不免过于简单化，这当然是有很深的道理的。不过，我觉得，“人”是“活”的，“哲学”同样是“活”的。“哲学”不是一门“死学问”。过去西方哲学传统形而上学，不仅把“人”看“死”了，而且把“哲学”也看死了，想构造一个（或各种）概念体系一劳永逸，或在概念中变化体系，则走入歧途。如今揭发这种错误，是很有意义的；但因为它“活”就觉得“不可把握”，甚至否定“哲学”，或使之“终止”，则窃以为不然。

“哲学”的问题，都是“活”的问题。即不是封闭的问题，是可以长久问下去的问题，所以“哲学”不仅可以进入“人”的“工作”，进入“人”的“专业”，而且可以进入“人”的“生命”；“哲学”可以是一个人的“活”的“存在方式”。

“我”是“谁”？“哲学”“塑造”了“我”，“我”与“哲学”“同在”；“我”的“生命”的历程，也就是“我”研究、思考“哲学”的过程，是“哲学”如何“塑造”“我”的过程。

## 二、想有一个“体系”

我们这一代人，学习西方哲学，主要是学习西方的古典哲学，特别是德国古典哲学，因为它是马克思主义哲学的来源，集中研究它，不会被认为在选题上就错了。到哲学所后一个相当的时期内，我跟贺先生学德国古典哲学，因为我毕业论文是康德，所以除了读黑格尔的书、听贺先生讲黑格尔的课外，我的重点仍在康德。

不过，最初我学德国古典哲学同样很不用功，我当时的兴趣仍在美学，只是听了贺先生的话，已经意识到应该将古典哲学的学习，与艺术问题的思考结合起来。正好那时贺先生在《人民日报》发表一篇批判朱光潜先生的文章，他批评克罗齐的直觉主义比起别的文章来，有更多哲学理论的深度，我觉得自己也应该向这个方向去努力。

这个思想基础是贺先生给我打下的，但真正按这个方向去做，则是一九六一年以后的事。那时我参加高校教材《美学概论》的编写工作，在四年的编写教材的工作中，我进一步看到了“哲学”的力量，无数的讨论、辩论、修改，更加印证了贺先生的话。那个阶段我看到美学离开哲学，离开哲学的美学，不容易深入下去。

按当时的理解，哲学的强处在于它有一个“体系”，这个“体系”的各个“环节”之间，都有很强的逻辑联系，因而各环节有一个坚实的地位。艺术、美学问题当然是这个哲学体系中的一个环节，从总的哲学体系来理解它们，就会更清楚，更深入。

譬如康德。他并没有多高的艺术修养，但从他的“哲学体系”“引申”（推论）出来的那些美学思想，不管同意与否，都有很持久的影响，是研究美学问题所不能忽略不计的。这显示了哲学本身的力量。更不用说黑格尔，他对造型艺术和戏剧艺术本身亦有较多的研究，他的“美学讲演录”是我们当时经常阅读的参考书。

当然，既然要谈美学，懂一两门艺术还是很重要的，我一直不赞成“身无一技之长”地来搞美学。我当时以“戏剧”为基础，围绕中国古典戏剧——主要是京剧，来搞一个小的“美学体系”，于是在这方面写了一些文章，集了一个小册子，现在还有些朋友记得它，我感到欣慰。

那个阶段，有两篇论文可以谈谈：一篇是一九六三年二月二十三日在《文汇报》以整版篇幅发表的《论话剧艺术的哲理性》，另一篇是本拟发在《哲学研究》杂志但被压下来直到一九八一年才发表的《中国戏曲艺术的美学问题（研究提纲）》。这两篇文章是一个思路，即试图用德国古典哲学的精神来理解戏剧中的问题，特别是话剧与中国戏曲的区别问题，提出一些理论上的说法，现在看有明显“生搬硬套”的痕迹，融贯的功夫很浅，但在当时是一种“奇谈怪论”，而且把中国戏曲看作“古典”类型，已违背“现代戏”的原则，差一点挨批。

现在之所以提到那两篇文章，只是看重那一点尝试的精神，即从一个哲学的体系去理解艺术，从而使对艺术的理解本身也体系化。这样，艺术就不仅仅理解为一种独特的现象，而且成为人类精神文明系统中的一个环节，是人的精神生活的一个部分，从而同样是人的“生命”的“存在形式”。

我们将会看到，从古典哲学、古典精神入手研究哲学，也会有些局限，即对西方哲学的现代发展，注意不够。回想起来，当年我们这代人中最先进的人物，可能也就是跟踪到“新康德主义”，或者兼通一些逻辑实证主义，我们对西方哲学五六十年代的情形，所知甚少。这当然是个很大的局限。不过，凡事有一利就有一弊，有一弊也就有一利。我觉得，我们这代学哲学的人对古典哲学的基本功夫，是下过一些的，特别是对十八、十九世纪德国古典唯心主义的功夫，可能比英语国家的某些哲学家还要好一些。这也是长期让环境逼出来的好事。

## 三、钻进古代希腊

这已是“文化大革命”里的事了。这场“大革命”，是中国历史上一个非常奇怪的时期，因急剧的旋转，许多人在一昼夜之间可以折几个跟头，变几回面孔。一些身心强壮的人，不怕折腾，折腾一次增长一次见识，仍然“根正苗红”；我自己经受不起，就想偷偷做点自己的事。自从起了这个念头，“文化大革命”对我却开显了另一种“意义”：它为我提供了一个相当长的“空白（余）时间”，这次“文化大革命”的时间，足够上好几次大学的。

首先，我的外语得到了充裕的时间自修。

现在大家都认识到，学习哲学——无论学习哪个分支，都需掌握至少一门外语。可是我们学习的那个时代，哲学系的学生并不重视外语，社会上研究哲学的，也不重视借助外语，甚至研究西方哲学的，也有不太懂外语的。倒不是大学哲学系没有外语课，也不是进了哲学研究单位没有条件学，而是没有感到一种迫切的需要。所以，尽管贺先生等所里一些老师们为我们讲过专业英语，开过德语班，所里还出资到外面找英语老师进修，前后花去不少时间，但一直没有“过关”——当时只要求“阅读”过关；直到“文化大革命”腾出了“空白时间”，才将这一课补上，英语也有了一些基础，并学了古代希腊文和一点拉丁文，虽然都谈不上“好”，但对于中国人研究西方哲学来说，也勉强说得过去了。

我研究古代希腊哲学是和学习古希腊文分不开的，同时在学术上也有一个“专业化”的过程。

“哲学”本是一门“思想性”的学问，但迄至“文化大革命”的“经验”表明，光搞“思想性”的东西是很危险的，因为你认为很有“思想”的东西，很可能被批判为“错误”的，甚至“反动”的；“哲学”作为一个“专业”来搞——作为一个“工具”来搞，似乎更稳妥些。“工具”甚至比“目的”更长久。以“工具”作“目的”，作自身的“存在方式”，以谋求自身的“存在”，是“保护性”的，在当时不失为一个较为“聪明”的选择。“哲学”中，或“西方哲学”中，“专业性”最强的，大概要算“古代希腊哲学”了。一方面，“西线无战事”，因为当时最高层次的政治领导不太注意“西方哲学”，特别是“古代西方哲学”的问题，所以这方面的专业学术问题不容易变成“政治运动”；而“中国哲学”则是他们所熟悉的，所以“儒家”和“法家”这样很专业的问题，竟然也会成为一场“批判运动”。我觉得，“古代希腊哲学”离当时中国政治实在太远些，做这方面的工作可以避开政治锋芒。我这样做只是当时“逃避政治”这个学界的普遍风气的一个例子。

不过，对古代希腊哲学的研究使我尝到了当“专家”的甜头，我的第一本研究古代希腊哲学的书（《前苏格拉底哲学的研究》）出版后，一般认为够得上专业学术水平。

这本书我的功夫下在对原始材料把握方面。好在前苏格拉底哲学都是些残篇，数量不是很大，我可以根据Diels的书作底本，对照当时能找到的别的本子，包括英文、法文的译文，逐条核对，有了一些想法，然后再读当时能找到的参考书，看看德国、英国、法国、美国的学者是如何谈论的，再修正、补充我自己的看法，力求使自己的说法言之有据。

应该说，这本书在思想、理论上的树建较少，它的立足点是历史主义的，力求从古代希腊的历史背景和原始材料体会古人的“本意”，所以我也注重古代希腊社会方面的材料，阅读了一些记述希腊社会的书，对古代希腊的奴隶主民主制有些分析。我觉得不要过于美化那个奴隶主民主制，否则对苏格拉底、柏拉图哲学的社会意义就不容易有持平之论。

在这本书中，我当然也要处理一些理论上的问题，像古代早期的一些哲学范畴，阿那克西曼德的 arra pou，赫拉克利特的 Ao’Yos，巴门尼德的 a’vai、ou’Tos，还有芝诺的那些可恶的悖论等等，都是很困难的问题，在这本书中我所能做的，也只是历史性方面的，还谈不到什么理论深度。这本书出版后，有两位同事含蓄地有过批评，都是觉得理论性、思想性不够意思，他们的眼光很敏锐，也很严厉。

其实，我自己心里也很明白，我也正在努力弥补这个缺陷。这是我在写《苏格拉底及其哲学思想》这本书时所要加强的方面。可是这本书远未完成，我就到美国进修去了。

## 四、涉猎西方现代哲学

我在美国两年，刚去的时候可说“两眼一抹黑”，因为那才是改革开放的初期，到外国要花很多时间去适应环境，专业方面的进步觉得很不理想。在那里我仍学习古代希腊哲学；后来觉得，既然来了，似乎也应该学点当代的哲学，所以就念起维特根斯坦来。这是我接触现代西方哲学的开始。

维特根斯坦的书当然是很吸引人的，我读了他的

《逻辑哲学论》和《哲学研究》，被他那种快刀斩乱麻和穷追不舍的精神与勇气所慑服，感到现代哲学中也有好东西，于是就从历史角度写了一篇文章，主要是把维特根斯坦和康德比，说他的《逻辑哲学论》像康德的《纯粹理性批判》，《哲学研究》像《实践理性批判》，回国后用中文改写，发表在商务印书馆编的《外国哲学》上。这篇文章当时就有同事批评说对比不当。这个批评当然很正确，现在看这篇文章的观点已不足取，只是我从此就喜欢上了维特根斯坦，并开始更广泛地接触西方现代哲学。

从美国回来，一方面我把关于苏格拉底的研究做完，出版了《苏格拉底及其哲学思想》。这本书在理论方面有所加强，像对"辩证法"的研究，就在历史与逻辑统一的探索方面进了一步；但总体说来，仍然是侧重历史性的研究方面，这明显地表现在关于"理念"问题的讨论上。另一方面，回国后我多了一件事，即想了解现代的西方哲学。这本来只是多了一个兴趣，没有觉得和希腊哲学、古典哲学有多少联系。

起初，我想从维特根斯坦这个路子搞下去，因为觉得这部分较难，不如先从大陆哲学晚近思潮入手，想较快地把这个系统过一遍，然后集中力量攻分析哲学这个系统。于是就改读从新康德主义以来的现象学的书，不想，这一发就不可收拾，至今还没有回到原先的计划上来。

新康德主义的书比较好读，因去“古典”不远，到了胡塞尔就感到有很大的阻力，觉得难以接近。可能我入手有点问题。我先读他的《逻辑研究》，困难太大，所以现在我让学生先读他别的书，可能容易得要领；但我不认为胡塞尔《逻辑研究》像康德“前批判”时期的著作，因而是必读的。

这样，我循序读了现代现象学的一些书，读一部分，写一部分，后来写成了《思·史·诗》出版。

写完这本书后，我感到自己的思想有了一些依傍，有了一些自己的心得。起初，这本书我想把它用两种方式写，一方面介绍哲学家的生平学历及有关著作的学术活动，用小字排印；另一方面写自己的研究心得，用大一点的字型排印。可是实际上没有这样做，原因是我没有耐心去做第一项工作，所以就写成了现在这个样子。这个情形说明我已失去在做古代希腊哲学时那种“专业”化的兴趣，而更愿意讲述自己的意思。这两年来，这种倾向更是变本加厉。我写文章不大愿意用引文，以致在港台的学术会议上有人觉得我的论文不合“国际惯例”，所幸他们都还看重我论文的内容，并不拘泥于形式。这是我这几年来思想和文风方面的一个变化，似乎并不是故意要这样做的。

这本研究现象学的书之所以取书名“思·史·诗”，是因为我觉得西方哲学自现代现象学——即胡塞尔现象学后，特别经过海德格尔，“思想”、“历史”、“诗”就更加明显地被置于同一个层次来理解。我们知道，现象学的思路在黑格尔那里就很明显，但他的绝对理念论是有等级的，“诗”处于最低的层次——当然，我们可以理解为处于最“基础”的层次，这可以开出另一番境界；而海德格尔才真正将这三者统一起来，并将三者统一的基础置于“历史”。Dasein 是历史性的存在。西方哲学传统理解的“存在”是抽象出来的“概念”，而海德格尔的 Dasein 虽亦是 Sein，但却不是抽象的，而是具体的、历史的。这是海德格尔从胡塞尔现象学的基础上创造性地开发出来的思想。

海德格尔的“历史性”思想本身亦有两面，一方面它是摧毁性的，它强调思想的具体性、有限性；另一方面却也有继承性，有限的思想逃不出历史的“命运”。前者发展出法国“后现代”哲学，特别是德里达的哲学，后者则有海德格尔的学生伽达默尔的“解释学”。在完成《思·史·诗》后，我对这两方面的发展都做过一些研究，写过一些论文。

比起“后现代学派”来，“解释学”显得传统一些，我在《伽达默尔的美学思想》这篇文章中谈到伽达默尔把海德格尔的思路拉回到康德的《判断力批判》，固然很有见地，使海德格尔的“诗”有了一个坚实的历史思想基础；但原本颇有黑格尔“具体共相”的“思”，则失去其光泽，我想这亦非海德格尔之初意。

以德里达为代表的“后现代派哲学”态度非常激进，他们批评海德格尔自己对传统形而上学否定得仍不“彻底”，“思想”和“艺术”仍可有自己的独立的系统，即：“意义”自身的系统，而在他们看来，“意义”本身是断裂的，只有横向的关系，纵向的系统只是一种人为的“假象”，哲学的任务就是要将此种人为的“结构”“解”掉，还其本来面目。

德里达的书很难读，我费了很大气力才写了一篇文章《意义世界的埋葬——评隐晦哲学家德里达》。后来我又读福柯的书，研究他的“知识考古学”，认为他解释“考古学”和“历史学”的关系，很有启发，就写了一篇文章来讨论它。写完这两篇文章后，我发现，我应该再写一个叫“在思·史·诗之外”或“超越思·史·诗”这类题目的书。可是，我没有写这本书，除了实际上我挤不出时间外，我的思想上也有另一些考虑。

## 五、重新重视古典哲学

还在我集中研究希腊哲学时，我就感到西方的学者也有顾了史料顾不上思想的偏向。专业的古典学者侧重史料考订，而瞧不起哲学家从思想理论上的探讨，尼采是一个被批评的例子；海德格尔对希腊哲学有大量的研究，却很少被古典学者重视，也是一个例子，我曾就这个问题写过一篇小文章，希望二者能够结合起来。

逐渐地，我感到不仅是研究希腊哲学有这个问题，整个西方哲学本身确实存在着一种“问题”之“延续性”，即观点、理论可以对立、否定，但讨论的“问题”却是相当“同一”的。这就是说，历代的西方哲学家，在“继续”讨论着他们的“问题”。这个想法，在我读到胡塞尔说他的“理念论”正是说了柏拉图当年想说而没说清楚的问题时，更加受到鼓励。正是在这个思想下，我才决心集中一段时间研究西方的现代哲学，而暂时不接着写希腊哲学中柏拉图、亚里士多德部分。我相信，在我把握了西方现代哲学精神之后，柏拉图、亚里士多德部分会写得更好一些。

这样，我的眼光就从“后现代”的“断裂层”又回到思想的“贯通”方面，从而发现当代西方除“后现代”那些激进的思潮外，尚有列维纳斯、利科诸家，沟通着哲学的历史和现状，并且同样与海德格尔有密切关系。

海德格尔的思想是“批判”的，同时也是“解释”的。说它是“批判”的，是因为它强调 Dasein 的有时限性，即有限的；说它是“解释”的，是因为 Sein 不是 Seiende。海德格尔的Dasein，就其为“有死的存在”言，是典型的希腊传统。我觉得，古代希腊民族是世界民族中最能看透“人是有死的”这一真理的民族。当然，希腊及其影响下的西方哲学传统着眼于以“科学”、“理智”来维系“有死的人”的延续问题，而海德格尔则直面“有死者”的“死”的问题。希腊传统认为“死”是“自然”的，因而甚至对“思想”（灵魂）是一种“解放”，海德格尔则强调“死”只有“人”才有，所以“死”是一个新问题，现代的问题。

以希腊哲学为基础的西方传统相信，“科学”、“知识”可以弥补“有死的”“人”的局限性，任何“科学”都具有普遍性、永久性；“哲学”是最基础的科学，所以它也是永恒的科学。现代西方哲学某些思潮，特别是“后现代”思潮认为一切“科学”都只能是“死”的，因为“科学”离不开“概念”体系，“概念”体系是先分割开来，然后再联系、组合起来的。“概念”体系用以研究“自然”，因为“自然”是“死”的，故颇为有效，但“人”却是“活”的，“人”不可“概念化”，因而不可能有一个“概念”体系来把握“活生生”的“人”。于是就有“人文社会科学”如何可能的问题。我写了一篇《“现象学”和“人文科学”——“人”在斗争中》的论文，试图讨论这个问题。我认为应该肯定“人文科学”的可能性，试图用“科学”的形态来占据那被“宗教”占据的地盘，因为那知识、科学之外“活的存在”则为信仰性、宗教性观念之避风港。

当然，承认“思想”、“科学”的普遍性、永久性，并不一定要回到传统的形而上学体系，只是不主张把此种体系完全当作错误而抛弃，而对它提出的问题重新加以认识，这种“重新认识”，自然也应考虑到从康德《实践理性批判》以来包括实存主义、海德格尔以及德里达诸家的问题在内，即，我们如何使“自由”（活）也有一种特殊的学科来加以讨论、研究，使人们有一门关于“自由”的讨论、研究的历史。

在这个思路下，我对于“生”“死”、“时”“空”等问题有一些自己的考虑，借题发挥，写了一篇文章《关于“文物”之哲思》发表在《哲学研究》杂志一九九三年第三期上，主要是强调“时间”、“生命”之“延续性”，而这种“延续性”对于“有死的人”来说体现在“思想”、“意义”在讨论、对话、否定、肯定中得到“存留”，所以“文物”“文献”（包括哲学的书籍）都“可以”是“活”的。

从生命之“延续性”的角度看，“否定”、“批判”是“生命”的表现形式，所以我们可以从哲学史上各种论争中看出其中的“继承性”和“延续性”。费希特批评康德，但他最初的著作被误认为康德所作；黑格尔、谢林又批评康德、费希特，提出“绝对”来“统一”主客，而黑格尔《精神现象学》却是那个在康德那里不可显现的、纯思想的“自由”的“精神”的历程。海德格尔与胡塞尔分道扬镳，但始终承认与现象学的关系。就历史的眼光来看，胡塞尔有点像康德，而海德格尔有点像黑格尔。

思想走到这一步，我觉得整个西方哲学，只要是认真的、有水平的、不是胡说的，则都是可以“贯通”的。所以，除了目前手边工作必须重新研究希腊哲学外，我总想再重新好好阅读德国古典哲学的书。不仅西方哲学本身是“可以”“贯通”的，而且中西哲学、文化也是“可以”“贯通”的。

我不敢说自己也要研究中国哲学，有一位朋友几次问我是否也要搞中国哲学，我都回答说“谈何容易”。中国的学问，博大精深，一个人精力有限，何敢谈“研究”。不过作为一个中国人，我当然也很关心中西文化沟通的问题，而且我认识中西两种文化固然有许多很重要的不同处，但就其基础而富，仍是可以沟通的，亦即双方对其“不同处”，都是可以“理解”的。

中国人能理解“西方文化”，现在大概已无多少疑问，当然深度、广度或有不够的地方；西方能够“理解”中国文化，或“需要”“理解”中国文化则要有些论证。

譬如，西方没有“书法”这门艺术，中国人如何说得西方人也能“理解”它，就要下点功夫，用他们能懂的语言、思路来向他们“解释”。我写过一本书《书法美学引论》，试图做这方面的工作。近来应一个杂志的邀请，写了一篇短文章叫《有人在思》，用以阐发中国书法的“意义”。一位美国朋友说，中国的书法就像他们的“抽象派画”一样，我说抽象派画是几何学式的，而中国的书法则不是，就其作为“刻痕”（用海德格尔、德里达的词语）言，却是很“具体”的，我的文章题目叫“有人在思”，你看，“有”、“人”、“在”、“思”，这些海德格尔等常用词都有了，就是那“思”“什么”的“什么”还“虚”着。可惜这些文章不容易译成英文，否则就更容易交流了。

我这方面的工作因受到一些朋友的鼓励，以后或许还会做一些，以尽一个中国学人的责任，不过仍然不敢自称“研究”。

“人文科学”德文叫 Geistewissenschaften，Geist 能性，Geist 是活泼的，不安定的，它不断地提问题，不断地探索。希腊人告诉我们，vovs-Geist 要与 vovs-Vertehen 相结合，Geist 要受 Wissenschaft 之制约，是为 Vernunft-reason，则是古典之精神，是古典哲学之精髓处。

“人”是“有死的”，但“精神”却可以“长存”，这不是迷信，不是宗教的“灵魂不灭”，因为“精神”凝聚在“理智”、“科学”的形态中，“智慧”的产品可以“存留”“精神”，并“激发”“另一个”“智慧”。“我”自己的工作（理智性工作），都是在“别的”“智慧”的激发下做的，所以首先是“学”，至于是否也能做出一些“智慧”的工作来激发“别人”，则非敢妄断。不过“生命”既然与“思”不可分，则有生之年当继续“学”与“思”，“学”如何去“思”。

在我来说，“学”、“思”之间，“学”为先。我做学术工作也像我写字一样，我写字绝大多数时间是“临帖”，不大自己乱划；同样，我的工作大部分时间是“读书”，读到真的“有话要说”——“话”让我“说”时，才写点什么。这也是因为我读书少、临帖少所造成的习惯，不足为说也。

（原为《无尽的学与思》代前言，
云南人民出版社一九九五年版）

# 我是怎样喜欢起哲学来的

这几年常感到有不少事需要从头学起，从头做起，可是《社会科学评论》编辑部来信让谈一点总结经验性的问题，把我的思想引向了“过去”。“过去”有什么可谈的呢？也许借用海德格尔的话来说，只要我“尚在”（Dasein），“过去”就不是已不再存在的事，而是曾经存在的事，是“曾在”（Gewesene）。“曾在”统一于“现在”之中，并设计着“将在”。所以，谈一点经验性的体会，不是缅怀过去，而是面对未来。

几十年来，“哲学”和我的关系，由一种偶然的、外在的职业关系，变成内在的、不可分的我的一部分，像冯（友兰）先生常说的，成为“安身立命之处”，所以我想说的，就围绕着这样一个中心题目：我怎样喜欢起哲学来了。

我的“智力”“开化”得很晚，在学校时一直也不是个用功的学生。小时候父亲对我的学习只抓两件事，英语和写字，但我都没有学好。我初中毕业时正是上海快解放的时候。解放前夕国民党仓皇脱逃，上海各中学人心浮动，纪律松弛，我这个不用功的学生倒是钻了空子整天瞎混，不好好读书，至今还深感我的中学基础太差，就像一幢房子，盖了好几层楼了，但下面的基础还要时常修补才好。

高中二年级起，大概因为这个学校办得不好，学生纷纷转学，本来好几个班的同学，一下子只剩下十几个人了。人一少，同学之间的关系反倒接近起来了。班里有几个大一点的同学喜欢写作，发表过文章，我受了他们的影响，也想写点什么。可是我向来不用功读书，脑子空空，哪里去找“好词”“好句子”？那时吕叔湘、朱德熙先生在报上连载的《语法修辞讲话》出了单行本，我就认认真真地学了起来，读的时候每个例句都要跟前后讲的道理联系起来想通了，弄懂了。这本书对我的好处可真大，我不但学会了遣词用字，而且培养了一种对语言、对逻辑的兴趣，通过它，我学会了“动脑筋”。这本书大概可以说我“智力”上“开窍”的第一步。就写作来说，我认为也还有另一种好处：我不是从背古书、范文入手，而是由实例学一种“方法”，根据这种方法，写我自己的意思，“成语”是后来积累起来的，所以我的文章不够典雅，但少陈词。

总之，我开始重视语文、写作，开始想问题，用脑子了。也许就是这个原因，引起了当时一位老师的注意。这位刘檀贵老师是在德国学哲学的，但却在我们学校教“解析几何”。他教的课我没有学好，但觉得“哲学”是要人动脑子的，所以就愿意接近他。那时学校老师组织学习《矛盾论》，刘先生就叫我去听他们的讨论，大概这是我最初正式接触哲学。但我报考哲学系却有点偶然性。

我原是爱写作的，觉得新闻的报道、评论最快，所以我常想当个新闻记者。有时也写点学校的小新闻、小评论，有的居然刊登了，一个暑期还在报馆勤工俭学，每天闻着新鲜的油墨味道，心里有说不出的愉快。

我在一九五二年高中毕业报考大学，正赶上院系调整。当时我选好两个志愿：哲学和新闻。主管填表格的老师说，现在院系调整，哲学和新闻全国只有一个大学有，不能同时报，并发表他自己的意见说，哲学很玄，不好学，又在北方，新闻设在复旦，是本区，会照顾的，不如报了新闻。他老先生不让同时报两个系，我心里就老大不快，后面那番建议，更听不进去，偏偏就报了哲学。

于是我就在一九五二年进入北京大学哲学系。

那位主管报名的老师说的不错，果然院系调整后把全国各大学的哲学系都合并到北大，当时著名的哲学家几乎全都集中在那里。在这样的条件下我虽然仍不是好学生，但总是打下了一点基础。

我们入学时，北大的老师刚经过思想改造，有一些知名的老教授不开课了，而课程设置上也强调了马列主义基础。辩证唯物主义等课程都由当时比较年轻的老师担当。这些老师理论上都是很强的，我得他们的益处很多。记得当时的辩证唯物主义课是从人民大学请来萧前先生主讲的，当时萧先生讲课条理清晰，深入浅出，而且风度翩翩，给我们这些青年学生留下深刻的印象。还有一位王雨田先生主讲马列原著选读，指导我们读了《费尔巴哈论》、《反杜林论》等经典著作，对培养读原著的习惯，是很有帮助的。

"逻辑"也是我喜欢上的课，开课的晏成书先生讲得很清楚，她在黑板上写的字非常秀气，学生们都很尊敬她，但有一次考试她给了我一个"良"，我觉得很丧气，就不想在逻辑上下功夫了。

有一学期，张岱年先生给我们开"中国哲学史"，我当时一点也不喜欢"中国哲学史"，但他的课却深深地吸引了我。我发现张先生的讲稿上在每位哲学家的名下只有几段原话，根据这几句话，张先生要发挥自己的意思，分析得清清楚楚。这几段话就是那位哲学家的较要害部分，张先生的分析也就是"切中要害"。这样的课，给学生的印象极其深刻。发下的讲稿也是那样，在几段话下，有张先生"画龙点睛"式的扼要分析。这份讲稿，对我这个不用功的学生来说，简直是"至宝"，因为只要记下那几段要害的话，加上张先生的基本分析，自己也可以发挥一通，考试就不怕了；所以别看我不喜欢“中国哲学史”，但考试成绩却都是“优”，张先生当时说“叶秀山会背”。当然，这门课对我的帮助绝不只是应付考试，我对中国哲学史之所以有一点轮廓性的知识，全是张先生那门课的基础，而张先生要从浩如烟海的史料中，摄取那样要害的内容，得有多少功力，这是我后来才慢慢体会出来的。

与张先生“中国哲学史”相对照的，是“西方哲学史”这门课，当时是一位苏联专家开的。据说这位专家是很好的人，和我们很友好，回国后受到排挤，但他的这门课却绝不能说好。在课堂上他只是念讲稿，由王太庆先生翻译，而发下来的讲义又和课上念的一字不差。内容方面更是老一套，某某的“认识论”、“自然观”、“社会观”等，把一个哲学家完整思想分割得支离破碎。最烦人的是他讲了许多他们少数民族的哲学家，这在他当然是很有理由的，但却苦了我们这些中国学生，名字都记不住；幸好他不主持考试，主考老师是张世英先生，说这些哲学家不考了，算是救了我们。当然，我那时对外语没有兴趣，否则常听他用俄语讲课，又有王先生的翻译，对学俄语一定会有很大的帮助。

苏联专家的“西方哲学史”既然引不起兴趣，但我以后又偏偏在哲学中选择了西方哲学史做专业，这里面当别有原因。

大概因为我们是院系调整后第一届学生，系里比较重视，规定毕业生要写毕业论文，最后一年边上课，边写论文。论文选题发下来了，我一看，没有我喜欢的。原来我入学以来，仍旧保持着中学时代的兴趣，时而写点文学评论，虽然只有一篇登出来的，但总想学了哲学搞美学，也算是与文学艺术有了关系。可是论文选题中只有“艺术作为社会意识形态”算是历史唯物主义中的一个小题，而且声明没有老师指导。我们几个喜欢美学的同学向系里反映无效，只得在一大堆现成的题目中乱选。当时许多同学都有了对口选择，有选逻辑的，有选中国哲学史的，当然多数是选辩证唯物主义、历史唯物主义的，就是西方哲学史的题目没有人选，大半是那位苏联专家教课的结果。既然没人选我就来它一个。西方哲学史一共四道题，休谟、康德、黑格尔，还有一个不记得了。我选了一个“批判康德的不可知论”。为什么选这个题，已经说不清了，只觉得这四个题目对我都一个样的陌生，选哪个都一样。也许是选了最陌生的一个。接着陈启伟选了休谟，葛树先选了黑格尔，还有一个题目始终没人选。这一选择，真有点“定终身”的意味，至少对其中两个人是这样。陈启伟一直跟着洪谦先生研究逻辑经验主义方面的问题；我却通过康德，入了西哲史这一门。

我的论文指导教师是郑昕先生。郑先生是研究康德哲学的大专家，学问是很深入的；但我在选这个题目时连康德哲学的 ABC 都闹不清。苏联专家只告诉我们这个哲学是二元论，先验唯心主义，主观唯心主义，它还有一个“物自体”，给这个哲学制造了许多麻烦，诸如此类。郑先生知道我基础差，约我晚上到他家中补课。我是一个不懂事的学生，平时除过年随大家一起到老师家拜年外，没有单独去过教授家，所以去郑先生家个别听课对我是很新鲜的事。那时郑先生住在燕南园，郑师母是俄语系教员，身边有三个小孩都还小，二姑娘小时候很是活泼可爱，长得也漂亮，我去了她还帮助拿糖招待，有时她也在校园里玩，同学们都很喜欢她。可惜这个孩子却因先天性的病早亡了。为给我补课，郑先生用一块小黑板，边讲边写，一连讲了三个晚上。

可是我还是弄不清康德的主要思路。当然，在这同时我也自己读书。可是当时我的外语糟透了，只能看中文书。大家都知道康德的《纯粹理性批判》当时只有胡仁源的译本，他大概也不懂康德，译出来的中文没人懂。读原著没有希望了，就集中读郑先生自己的《康德学述》，可是郑先生自己不推荐这本书，说观点有问题；不过我还是认认真真读了，只是郑先生这本书对我说来还是太深了点，又有不少发挥自己意见的地方，而我的问题是要先弄清康德自己的问题和思路。正在这时，我从北大图书馆借到一本日本新康德主义者桑木严翼的《康德与现代哲学》，现在看这本书当然很浅了，但当时却解决了我的大问题，有一阵子，郑先生以政协委员的身份出外考察了一个阶段，我就细细读了桑木严翼那本书，把平时模糊的地方弄清楚，把零零碎碎的想法串了起来，总算对康德哲学有一个能首尾一贯的主要轮廓了，我就在这个基础上，写了那篇毕业论文。

这篇习作式的论文当然绝无可以称道的地方，但有一点现在记得还很清楚，就是当时我对康德的“先天性”问题做了一点肯定，认为指出“逻辑的条件”（逻辑在先）还是有点道理的，当时我估计郑先生一定不会同意这个看法，但他又视察在外，无从商量，就贸然写上了。论文答辩会前不久郑先生才回来审查我的文章，但论点上已无法改变了。

答辩会很隆重，许多老教授都出席了，其中也有贺麟先生——我印象中似乎这是我第一次见到贺先生。郑先生首先说，他很长时间外出，论文没有详细商量，有些论点他并不同意。接着我讲了论文的主要内容，其中也谈了我对“先天性”的看法，后来就记不得怎样讨论的了，似乎大多数老师不赞成我的意见，只记得任华先生问，你说，“先天性”是认识论范畴还是本体论范畴？我只得承认是认识论的，我知道任先生抓住了我论证中的问题，因为我在论证时曾以“存在”作为“认识”的条件，这当然是不对的，幸好任先生没有再追问下去。

现在看，这个问题当然有另一种解决的方法，但在当时我的看法是漏洞百出的。

我看得出来，郑先生不喜欢我那篇论文，果然，毕业以后我没有留在北大哲学系，被分到了中国科学院哲学研究所。

这是一九五五年新成立的单位，还有早一届的几位同学分在那里工作，当时就在中关村，离北大咫尺之遥。我毕业时贺先生也调离北大在哲学所主持西方哲学史方面的研究工作，金（岳霖）先生任副所长，冯（友兰）先生兼任中国哲学史研究组组长，所以最初这个研究所好像是北大哲学系分出来的，我被分到这里，并没有离开北大之感。

我一到哲学所不久就闹着要转组。原来当时哲学所设有一个美学小组附属于历史唯物主义组，全部只有三个人，我就闹着要转去。贺先生知道了很生气地对我说：你的毕业论文郑先生只同意给个“中”，我看你离开原稿还能说清楚，坚持要给你个“良”（当时论文只说通过与否，分数不向同学公布），又好意把你调来，你倒要走，研究美学要有哲学史基础，这有什么矛盾，你先在这里学一年哲学史，一年以后再考虑转。出于感谢贺先生的好意，我不闹了，紧接着是反右。没有当“右派”就算是捡着便宜了，谁还敢再为个人志趣提转组的事呢？我就一直在西方哲学史研究组里工作。

前不久还跟贺先生说起，他当时这一拦，对我以后在学术道路上的进步关系太大了。但这是现在的认识，当时可不这样想。

既然在西方哲学史组，就要做点这方面的工作，我也很爱读西方哲学的书，很爱学外语（英语、德语），但主要兴趣还想搞美学，当时美学界的大家们正在争论“美的本质”，我也主动写了几篇文章参加争鸣，其中第一篇请贺先生看了，又受到他的鼓励。后来才逐渐知道，贺先生本人就是兴趣很广的，他对文学作品固然很有素养，就是对戏剧、书法、绘画等艺术也有浓厚的兴趣。所以他对我写的一些戏剧方面的文章，也很重视。

说到“戏剧”，只有少数朋友知道，在一个阶段它曾是我主要兴趣所在。一方面是我父亲爱看戏，从小的熏陶。解放初期上高中时学校功课不紧，我曾到苏少卿、陈大濩的“票房”学过一阵唱。院系调整后的北大学生生活是丰富多彩的，学生会有个京剧社，我还当过一任社长。我觉得搞美学应有一门艺术作为基地，就抓住了戏剧这一门。

大概由于我在艺术方面写了点文章，所以在一九六一年被调去参加编写高等院校文科教材《美学概论》。

得到这个通知真是高兴得不得了，似乎多年夙愿一下子实现了，脑子里计划了一套一套的方案，准备迎接一个新的起点。的确，近四年的编书工作，使我学到许多决定性的东西，但它的结果却不是我原先设想的，即要转到另一个什么行业中去，而是反倒把我真的推到哲学这个基地上来，牢牢地钉在上面，再也不愿意分开了。

《美学概论》主编是王朝闻同志，他那观察敏锐、见解新颖而且谈笑风生、平易近人的艺术家气质和我的哲学界的老师们比起来当有另一种吸引力。我去那个组时人不多，主要是马奇同志为首的人民大学的一些同志，后来又陆续来了一些人，现在这些人都是我国美学界的著名学者了。但当时参加这个编写组的，除主编外，都是年轻人，我们研究的对象又是比较年轻的学科，有发表各种不同意见的余地，讨论问题主要不靠引经据典，因为有的问题也没有什么经典性的答案，要看谁的理由强，这就迫使人认真动脑子，反驳对方。要驳倒别人苦心想出来的“理论”谈何容易，首先就要研究别人立论的根据，要了解他的立论是什么书里得来的，这样你也得去看那些书，弄懂它，然后再提你自己的看法。这个道理当然也是慢慢体会出来的。

现在要想回忆当时具体争论的问题当然不可能了，但有一条却是越来越明确：别人读书比我得法，我只注意个别意思，而别人却能抓住主要精神，把个别论断放在整个体系中去理解。比如大家都会说黑格尔的“美是理性的感性显现”，我只就这句话论这句话，而别人却能从黑格尔整个思想体系去看这句话，发挥出许多新的意思来。我心里想，我还是个学哲学的呢！为什么不抓“体”，光看“用”？

事实上，许多具体的问题（艺术问题也一样），如果追根寻源起来，都能追到哲学上来，哲学就是人类追根寻源精神的理论体系。艺术里面许多问题问到最后得不到解决都要来问哲学，而哲学则是从世界观的高度来看包括艺术在内的各种现象。这是我从那几年的讨论、争论中逐渐明白了的一条很简单的道理。我渐渐感到我过去走的路子有点不太对头。我想从一个或几个艺术部门的经验中上升到哲学，这固然是对的，许多同志正是这样做，也卓有成绩，但我原本是学哲学的，为什么不换一个角度，从哲学来看艺术呢？

于是，我身在美学教材编写组，又回过头来认真读西方哲学史，读经典名著，这一次读，比在所里时用功得多。在这种思想支配下，我写过一篇讲康德《实践理性批判》的文章，发表在当时的《新建设》杂志上，郑先生读了，有一次我去听他的演讲，见到他，他说“这篇文章写得不错”，我心里也松了一口气，总不能给老先生留一个“竖子不可教”的印象啊。

在这个期间，除编写工作外，我主要写了两篇文章，反映上面这个基本认识。一篇是讲中国戏曲基本特征的，一篇是讲话剧的哲理性的。

讲中国戏曲的文章，是以西方古典美学的精神，对中国戏曲的特点作了一番对比分析，前几年在美国时被批评为“硬套”，我只能承认的确有这个问题，对比得太露痕迹了，所以我一直对东西文化对比持慎重态度，避免简单化的毛病。这篇文章当时没有能发表，具体情形我在别处说过了。谈话剧的文章是发表了的，是借着黄佐临在一次会上提出的问题发挥了一下，基本思想是顺着谈中国戏曲的思路下来的，但因为题目就是“哲理性”，因而直截了当地谈了一些康德、黑格尔关于感性与理性关系的论点，当时被批评为“风马牛不相及”，我想那是因为没有读懂的缘故。

总之，这两篇文章是我尝试从哲学角度谈艺术的一个真正的开始，所以尽管现在看很浅薄，但我还是很喜欢它们。

谈到这里，我们就快进入“史无前例”时期了。编书后期已是“山雨欲来风满楼”。有的被调去写批判文章，聪明的朱狄干脆下乡完成劳动锻炼任务去了，人心涣散，我也被派去“四清”。两期“四清”回来，已是大字报的天下。

在这个漫长的岁月中，每个人都有一本说不完的辛酸账，但有两件事我感到特别痛心：一是我一向喜爱的艺术成为大大小小的禁区，而京剧居然成为特大禁区，真是做梦也没有想到的；再就是我好不容易真心喜欢起来，准备认真读书、认真思考的哲学，被糟蹋得不成个样子。那个时候“哲学”表面上很出风头，人人都得学，人人都得讲，但在实际上，在一般人的心中，它早已声名狼藉。顺便说说，要消除这种影响，不是很容易的，至今要有人问起你干什么工作时，心里常有一种莫名其妙的“自惭形秽”感。也许正因为如此，我们更应该努力工作，做出成绩，为“哲学”这一学术源远流长、人类智慧的结晶恢复它应有的学术尊严。

可是在当时只是心里的一点闪光，眼前却是一片漆黑。我有一段时间因各种原因很是消沉，现在想想觉得很后悔，虚度了不少时光。一个时期我似乎只做一件事：写字。由于家庭的影响，我一直想把字写好，过去苦无时间，这时候无事可干了，听戏是绝不可能的；幸亏毛主席也喜欢写字，还有那么些诗词，可以翻来覆去写。这件事情的结果是字虽没有练好，但对书法艺术却又想了一大堆问题，主要是从西方没有独立的书法艺术、书法艺术与美术的区别想开去，然后涉及音乐、舞蹈，与造型艺术的区别，这样把一个具体的艺术部类的问题与美学的基本问题联系起来考虑了较长的时间。到“干校”的第三年，我们集中在一个兵营里专门“搞运动”。因为不干活，体力上消耗少，我就利用每天早上“天天读”的一小时，用一张小纸片夹在语录本里，把我对书法艺术特征的想法写了出来。一九七三年回到北京，把这些纸片贴在大稿纸上，在边上作了修改、补充，这就是后来发表的《论书法艺术的特征》。对这篇文章的反映一般还可以，因为它虽仍接续上述谈中国戏曲和话剧的思路，要从一个哲学的角度谈具体问题，但这个题目想的时间比较长，中间环节谈得充分点，所以就不显得太“露”。

人的本性的确是难于改变的，渐渐地觉得光写写字混不下去了，又想做点什么事。那时任何专业书都是不能读的，但我何不集中力量学外语？毛主席语录有各种文字的翻译，可以公开（或半公开）读外文的语录，秘密地读点外文原著。

上面说了，我对语言一直比较有兴趣，但只限于汉语，外语一直没有学好。小时候学英语，大学时学了三年俄语，到哲学所又改学英语和德语。研究组里好几位先生给我们讲英文哲学选读，还到所外去学，都没有学好，主要原因是断断续续，事倍功半；现在别无他事，于是就设法弄来英文、德文的语录来读。大概我做事有时有点入迷的劲儿，当时“邻床”的沈（有鼎）先生说，你这样喜欢，外语一定能学好。但我自己明白，我英文在阅读上并没有过关。那时候，白天看英文语录，晚上放下蚊帐打手电看别的英文书。下干校时，我偷偷带了一本原文小说《简·爱》，每天躺在床上用手电照着看一点。说也奇怪，“四清”时我也看过几本小说，像《傲慢与偏见》这些不太难的，看着看着情节串不下去了，这次却顺下来了，高兴得很。记得贺先生早就对我说过，学外语最有趣了，今天不懂的明天懂了，自己能感到进步的，可我一直苦于没有这种体会，这一次真有点豁然开朗的意思。我的德文程度太浅，语录倒是对我帮助很大，因为内容是会背的，读起来比较容易，这样会增加信心。

从干校回到北京，已是林彪事件以后的事。那时候北京的外文旧书店开始恢复，凭介绍信可以进去买书。我虽然很穷，但还是经常去看看，买些便宜的书，有一次发现有一本《希腊文初阶》印得很漂亮，也不贵，就买了来。这是一本非常简单的课本，但正因为它简单，我居然学下来了。后来知道，当时有一位同事也想学，借来几本文法书，都太复杂了，没有学下去。现在知道，这些文法书是只能参考的，要拿它入门，非吓回去不可。贺先生知道我在学希腊文，很鼓励了一番。过了一些日子，罗念生先生突然在窗外叫我，说是来看看我学希腊文的情形。我在北大上学时就认识罗先生，因为罗师母马婉仪先生是青衣名家，我们京剧社请她教过戏，但跟罗先生本人还不熟，现在这样一位希腊文学老专家主动来找我这个希腊文小学生，不但是意外，而且很不安。罗先生说，贺先生说你在学希腊文，我这里有一个课本，可能比你用的详细点，而且我有练习答案，你可以自己做练习，自己改，有问题来问。当时我们正在一个汽车厂劳动，四点半下班，回来就学罗先生给我的课本，真的做练习，自己改，后来还练习翻译了色诺芬的《师门回忆录》和柏拉图的《斐多》篇。我的希腊文程度浅，不敢说是罗先生的学生，写上面这段，只是表示对罗先生的感谢。

这就是我为什么研究起古代希腊哲学的原委。

研究古希腊哲学还有一层理论上的原因，我一直想，“冤有头，债有主”，哲学研究的是一种本源性的本质，但它自己也是有本、有源的，在人类文明初开的阶段，问题会暴露得更清楚些。所以我在研究前苏格拉底部分时，着重于当时历史背景中正确理解古人的原意，在哲学的理论上发挥得不够。

话说到这里已是黑暗渐渐过去，光明就在前头的时候了。

前苏格拉底诸家的研究告一段落，紧接着应研究苏格拉底本人的哲学思想，就在这时候，有一个机会我去美国进修了两年，这两年的国外学习，在我学术道路上起的作用，有点像那几年的编写教材工作，似乎又得到了一种新的启发，展现了一个新的局面。

我于一九八〇年九月到美国纽约州立大学奥柏尼区校进修。这个学校的哲学系在美国没有名，教员也比较年轻，系里唯一比较有名的教授我去的时候离校做研究去了。但当时的系主任倒是位专门研究希腊哲学的老教授，两年中我们相处得很好，回国后还经常通信讨论问题。

在美国第一年，我在这位系主任指导下做有关希腊哲学的研究，另外选了一门康德哲学课。

开这门康德哲学课的是一位年纪不太大但很不合群的副教授，每堂课他都一口气讲三个小时，这在美国为研究生开的课中是很少见的。刚去时，我的英文在听、说方面几乎毫无训练，上这位先生的课真是吃力非常，全凭着我对康德哲学本已较熟，所以还能跟得上，也能按时完成作业。这个班上有一个学生很奇怪地问我，“我选这门课已是第二回了，还是不懂，你怎么能写出论文的？”我告诉他康德哲学我已经研究过几遍了，内容我是知道的。不错，我看这个班不多的学生中真正听懂课的大概没有几个，当然不是语言不懂，而是内容不懂，而且似乎也没有多大的兴趣。因为别的课（即使是本科的），学生在课堂上很活跃，发言、提问的每堂都不少，唯独这门课没有“讨论”，怪不得老师要一口气讲下去了，而这门课是这个系两年来开过的唯一的近代古典哲学课。从这里也可以看出，美国大学对哲学的兴趣和我们是很不相同的。

这个问题，我曾和那位系主任谈过，他说他曾试图读黑格尔的《精神现象学》（美国哲学系学生一般读黑格尔书的不多，但这本书还有人读），但读不下去，我说我平时谈的关于哲学的一点想法，多少与这本书有关，他觉得很奇怪，说“你说的那些意见还有趣，怎么我读它时体会不出来，有时间也许再试试看”。

慢慢地我感到我们受的哲学训练是古典式的，这种哲学精神和他们现在普遍流行的哲学旨趣已很不相同了。但古典的哲学精神本来是他们自己的，不过西方现代的哲学旨趣离他们自己的传统已相当远了，在当初抛弃某些传统东西时，他们是有道理的，但在被他们抛弃的东西中不见得都是坏东西，只是他们放弃的时间过久了点，不但学生们学起来不容易，而且一般的哲学教授也都疏远了，只有在少数大家身上，还能看出接续的痕迹。

这方面，在我和一些华人学者的讨论中感受就更深了一层。

在美国这两年中，我认识了活跃在美国东岸的一些华人学者，有研究历史的、研究文学的，写诗的、写小说的，也有研究哲学的，有的是专业的，有的是业余的。他们当中大部分人都是在美国上大学或进研究院，受的训练和我完全不同，但我感到和他们谈得很好，至少对我自己来说，都是很有收获的。

和那几年编教材一样，要回忆那个时候讨论的具体问题是不可能的了，因为也可以说常常是“无休无止”的，好多次竟是通宵达旦的。譬如有一次一位朋友请客，请来几位研究美学的朋友，席间已是唇枪舌剑，散席后竟又被拉到另外一个朋友家，这三位美学家轮番作战，一直谈到第二天早晨九点，女主人的早饭已经做好了。

又有一次在纽约一位朋友家遇到一位专门研究存在主义的哲学家，我们谈了起来，可是当时我对这个学派的知识只是道听途说，萨特的《有与无》读了几十页就搁下了，所以还是靠我对古典哲学的一点理解跟他谈哲学。

我刚去美国时，那位系主任一方面很友好，一方面也流露出一种态度：觉得我们的哲学一定是奇奇怪怪、很肤浅的，只有在交谈多了以后，他才觉得你的意见也并不是完全没有根据的。刚去那一阵子，系主任的夫人（也是学哲学的）曾很严肃地说："我有一个问题老想问你，你为什么研究古希腊哲学，难道你们那里也重视它吗？"我告诉她古希腊哲学是我们每个哲学系的学生都要学的，她听了开头还是将信将疑。

的确，开始一个阶段，我感到我受的这一套古典哲学的训练，不次于他们，可以用我所理解的哲学基本立场来"舌战群儒"。后来渐渐觉得，光这样也是不够的。就在那次通宵达旦的辩论后，我对一位朋友说，我们对马克思主义以前的哲学问题有一个比较清楚的概念，但马克思主义以后西方哲学问题的发展，就没有一个完整的概念了。这个课应该好好补补。

这话不是随便说说的，而是一种决心，也是一个计划。

第二年，那位系主任离任休息一年，古典希腊哲学没有人指导了，我索性选了现代哲学课来听，并选了一个关于维特根斯坦的题目，指导这个论文题目的也是一位比较年轻的副教授，他是一个有点近乎古板的书生，但和那位讲康德的教授不同，很热情，他说他很惊讶学古代哲学的人还会对新事感兴趣，我说事实上我是对哲学问题感兴趣，倒不论古今，我想了解现代的人是如何对待那些哲学问题的。那个关于维特根斯坦的论文回国后改写成中文发表了。

两年时间一晃过去了，临走时我对那位老系主任说，我回去有许多事情要做呢，我指的就是上面那个计划：把马克思主义以后的哲学问题弄清楚，然后把古代和现代的问题统一起来考虑。

回国后第一件事是要完成关于苏格拉底的研究。这个题目跨了出国前后两个时期，是个过渡的作品，书中关于“辩证法”的部分，倒体现了我关于古今统一起来考虑的想法，但也只到古典哲学为止；整个来说，这个部分比前苏格拉底来说，自己觉得在哲学理论上有所加强，一方面是自己想这样做，一方面也是朋友们建议的结果。

一年来，我在认真读现代一些大家的书，对现代关于本体论（存在论）、认识论、辩证法、形而上学等问题，渐渐有一点想法，但很不成熟，这里不谈了。我看这些书，同时也是为研究古代哲学做准备，我希望能尽快地回到古代哲学去，从一个新的角度来研究柏拉图、亚里士多德。

在美国时我曾对人说过，哲学对我不仅仅是谋生的手段，它对我确有一种吸引力，因为它老是向你提问题，迫使你去思考。艺术有一种魅力这是大家都能体会出来的，所谓“余韵无穷”；我说哲学也有这种魅力，在那永无止境的思考中，自然有无穷的乐趣。

（《愉快的思》代前言，辽宁教育出版社一九九六年版）

# 我的读书方式及其沿革

大体说来，我的读书方式可以分成两种，一种是坐式的，一种是卧式的；在坐式的当中，又可分为以书桌面作支撑的和以手作支撑的两种，而我没有半躺的椅子，于是卧式就只有一种，没有细分出“半卧式”来。这种分别，主要是以专业来分的，而与书本身的其他属性关系不大。

我是做哲学的，所以坐在书桌边读哲学书当然是主要的方式，但是以卧式读的书，也有许多是重要而有趣的，有的在这两方面会超过专业书。这两种方式的交替、交叉和转换，就形成了我的读书方式史。

我小的时候在上海读小学和中学，好像家里没有为我设什么书桌，我也不记得我是如何完成每天的作业的，不过我倒记得我读那些武侠和侦探小说都是采取卧式的；那时在家里，就连我父亲自己似乎也没有书桌，也许在他的店里有，我也不记得了。不过，等到我到北京上大学暑期回上海，从这时候起，他老先生就有了一个很小的书桌，老是坐在那里鼓捣他的字帖，俨然一个学问家。

在大学期间，宿舍里桌子不够，我是经常在图书馆念书，每天晚上抢占图书馆的座位是一大战役。

自从毕业以后分到哲学所工作，我的读书方式就逐渐成了上述的格局。

我一九五六年九月到哲学所，那时还在中关村，我的宿舍离所很近，每天在所里读书。我有一张小书桌——那时书桌和椅子的分配是分级别的，高级人员的桌子大一些，有的桌面上还配一块玻璃板，椅子是软的，而我们这些刚毕业的，就只能用小三屉桌，一张硬椅子。那时候够用软椅子、大桌子的高级人员也都不每天来上班，于是就有那调皮一点的年轻人虽不敢换桌子，椅子就换过来用，也没有人管；不过又有那嘴碎的，倒没有换椅子，却嚷嚷桌椅分等级是等级制度等等，到后来就成了“右派言论”了。

我在那时候的三屉桌上，读了贺麟先生布置的书，大都是西方哲学史上的古典著作，读后就写一篇读书笔记给贺先生审阅；不过那时候专业方面我能读的书有限，因为我只能读有中文翻译的，而有些重要的原著，那时还没有来得及译出来。这时在宿舍里也有卧式读法的书，那是些古典小说的译本。我当时计划先读法国的，后读俄国的，不过巴尔扎克的书没有读几本，就是反右斗争了。

一九五八年底，哲学所从中关村搬进城里，直至现在，除了新盖了一幢科研大楼外，大的格局没有变。

一九五九年到一九六〇年我随所内同事下放至陕西洛川锻炼一年，回来后不久就参加当年周扬主持的系列高等教材中的《美学概论》的编写工作，自然有一张书桌一张床，可以维持坐式和卧式的方式读书。

我那时一心想专搞美学，读的书大都和美学有关；但是在书桌上念的书，倒也都是和哲学有关的美学书，像康德的《判断力批判》、黑格尔的《美学》、叔本华的《意志作为表象的世界》等，而且有时也找来英文译本来读。

其实，就是在那时，作为卧式读的书对我是很有吸引力的，像斯坦尼斯拉夫斯基、丹钦科的一些导演手札的中译本，还有那一套《中国古典戏曲论著集成》等，都是我卧式中常读的书。

于是，坐式和卧式，逐渐地就自然有了一个观念的区别：坐式是正襟危坐、集中精力的；卧式则是轻松愉快、兴致勃勃的。我读书的过程，似乎是要努力使这两种方式的精神观念贯通起来：使严肃的轻松起来；使有趣的也显示它的严肃的内容。

这要有个较长的过程。往往是，坐式读书是件苦差事。读不懂，硬要读。为什么？因为有许多有学问的人，过去的和现在的，包括自己的老师们，都告诉我它们值得你花功夫去读。你信不信？我信。一两个人可以骗你，这么多人就不大可能骗你；先信信他们，比只信你自己要可靠些。所以我信。凡是历史上公认有价值的书，你可以比较放心地去读，只要用功，早晚会有先苦后甜的体会，而且甜度会随着你下的功夫而增加。

我做哲学也有大半辈子了，现在可以说是兴味盎然地在做，要是倒退几十年，我只能告诉你一个抽象的“应该”。我只是觉得，这个抽象的“应该”也还是起了作用的，保持住它，这张书桌就会有“魔力”，只要往这张桌子跟前一坐，就会全身心地“进入”书的世界，跟着古人在思想的境界中遨游。是不是“两耳不闻窗外事，一心只读圣贤书”？是，也不是。“读书”总要暂时地跟着“书”走一段，如果“窗外”的事都要一一过问，大概就读不了书了。

记得二十多年前，我住在干面胡同大院平房，很小的房间，我的书桌就在窗下。那时我正在做古代希腊的哲学，大概在读伯奈特的书。一天，我的邻居在我的窗下批评我，说你现在还坐得下来读书？我问出了什么事，原来由周恩来总理逝世引起的事态越来越大了，大家都到天安门去凭吊、致哀，针对什么，每人心里都清楚。于是我接受了批评，找了个时间，也上天安门去了。只见那人山人海，却庄严肃穆，那种凝重的气氛，向所未有，张望之间，遇到所里几位同事，大家以目示意，心照不宣，这使我体会到走出书斋之重要。

然则，读书人仍要回到书桌，回到家里，又坐在书桌边，读起伯奈特的书来。我做古代希腊的哲学，想象着当年雅典伯利克里时代的民主制度，虽是奴隶社会性质，也有一番风光，想到这里，好像我读的“圣贤（苏格拉底、柏拉图）”书，和“窗外”的事，又有些许的联系了。

这已经是我们从干校回北京以后的事了。我们之所以在干校待的时间短些，也要感谢周恩来总理。

“文革”时期，社科院前身“（哲学社会科学）学部”，是非常“复杂”的地方。一方面，它自身有许多老一代的专家学者，大多是旧社会过来的，那时被称之为“资产阶级权威”、“学霸”、“学阀”；还有一部分原是革命的，有的在白区做地下工作，有的从延安来的，有些也都是名人名流，有一定的社会地位，“文革”中叫他们为“走资派”、“三名三高”，“走资派”意思很清楚，至于是哪三名、哪三高，现在我都顺不出来了，反正是文艺界先说出来的。光这第一类人倒也好办。旧社会过来的，除了有自己的专业外，还要有一个共同的第二专业，那就是“改造”，“改造”成绩好坏，也要考核，当时叫“排队”，不言而喻，这个第二专业的考核，比第一专业的职称还要重要；至于那原来是革命的，原先一般也都在领导岗位上，有所长副所长或更高的职务，等到经不起运动考验，犯了什么的，就只能下来了，还要戴上一顶帽子，于是也要做两项专业工作了。

我想，从自上而下的眼光来看，麻烦的还有另一部分人，当然不是我们这些年轻的接哪个班的问题，而是那些原本在很高很高的班上而现在又不适合于上那个班的人。回想当年，我们学部还真有一些大人物被贬到这里来了，像张闻天、杨献珍，都在我们学部待过。上面之所以重视学部，我想这也是一个原因。这样的单位，当然不能长期撒在外面不管，于是我们就乘机早早回北京了。

而且，我们在干校的期间，似乎也比较的“宽松”一点。当然，干校还是干校，虽叫“学校”，可不是让你读书的地方。“干校”“干校”，重点在“干”，不在“校”。每天出勤地里劳动，什么活都干，我干了很长一段时间菜地里的活，那一个阶段别说坐式读书，连卧式的也不易坚持的。

所幸这种劳动不到一年，我们奉命到河南信阳明港的一个兵营中“集中搞运动”，停止了一切田间劳动，天天开会“抓”“五一六”。至于什么叫“五一六”，现在的年轻人只能从书本上得一点知识了。按我粗浅的印象，就我们学部来说，就是那些最初进行革命造反的，这时候都有可能被怀疑为“五一六”，当时认为这是一个有组织、有计划的阴谋集团。详细的情形，恐怕要有待于以后的史学专家了。反正当时的学部，抓“五一六”是大大的重点单位。以这个名义，大家苟且偷安，只是委屈了那些被选出来的“五一六”对象了。

对于我们这些“逍遥派”来说，明港兵营干校，倒是又可以有些坐式和卧式的读书机会了，不过，专业书转入地下，变成卧式的了，而坐式的就只许读语录和老三篇等。当然，兵营中哪里来的书桌？每人床前用自己箱子摞起来，就是“书桌”了，好在这时以卧式为主，“书桌”的晃动，也就不太在意了。

卧式当然有卧式的局限，况且还是打着手电的“地下活动”，不容易读很厚的书，也不容易思考太深入、太专业的问题，于是我主要就加强了专业外语的学习。

我在别的文章中说过，我们这代人搞专业的外语都不好，也不很重视，因为我搞西方哲学史，感觉特别深，乘着抓“五一六”的机会，好好补补课。

现在回想起来，当年这种学法，带有很大的自发性、盲目性。除了英德法外，我还学了意大利、西班牙等语种，加上希腊、拉丁，和大学学的俄语，同事们偷偷戏称之为“八国联军”，幸亏那时学部的问题太“复杂”，要在别的单位，就这个“雅号”泄露出去，就够我受的。其实，我这些“外国兵”，只是些“乌合之众”，不用交锋，都已“溃不成军”，有的本来就只有“十几个人，七八条枪”，或者竟是“小猫三只四只”而已，后来大多数自动解散，连遣散费也发不出来的。我存有意大利语、西班牙语、现代希腊语等语种的语法书和字典，还有这些语种的《语录》，但愿有一天能“东山再起”，“人还在，心不死”嘛。

在明港的时间也不长，只有一年，在一九七二年，我们学部就全体撤回北京了。回来的任务仍是抓“五一六”。说句心里话，到了这个时候，无论“抓的”或者是“被抓的”，都已经疲了，因“疲”而“油”，大家也都知道用什么办法度过每天的批判会；而会后，倒都是精神抖擞地做自己的事。一般也都偷偷地读点专业的书，有那智慧高的就利用这段时间，以惊人的毅力和速度，写出了皇皇大著，不久就派上了用场了。

回城以后，运动照搞，但不再集中居住，各自回家，坐式的时间甚少，卧式读书内容，就不再受管制了。那时我承干校余绪，学外语正在劲头上，于是白天从汽车制造厂劳动回家，先以坐式学古代希腊文，兼读古代希腊的哲学著作，晚上则德、法、意、西、俄、拉丁一起俱上，轮番作战，其效果可想而知，不过我自己却乐在其中。目的是没有的，运动（学习、阅读）就是一切。那时谁也料不到就在不久的时间，大开大放，竟然需要直接置身于外国学人之中，进行学术交流，当其时也，只要能够读读外文书就算不错了。

这一天果然来到。一九八〇年我被派往美国进修两年，这一下我这个“八国联军司令”真够惨了，硬着头皮来到我的“主力部队（英语）”之中，却几乎一句话也说不出来，不得已，仍然回到坐式、卧式的模式上来，好在世界上任何地方，都离不开桌子和床，美国也不例外。

就读书方式来说，在美国期间，坐式和卧式所读之书，有了新的划分：坐式主要读外文书（主要还是英语），卧式就读中文书。我那时还真看了一些中文小说，记得读过白先勇的《游园惊梦》，金庸的武侠小说也是那一段时间读过几本的，不过那时没有引起太大的兴趣。这种区分，直到现在还隐约存在的。

回国后，随着条件的改善，我的读书方式由坐式分化出一种脱离书桌以手举书的形式，这就意味着，我可以有另外的坐处了。这在过去是一种奢侈，要坐着读书，就坐到书桌前来。不过这种分化出来的方式，是最近这几年才广泛地运用起来的，因为我十几年来，每天都在所里的写作间读书写作，在那里，也就是传统的坐式和卧式两种。我们的写作间，被允许放一张床，以备中午休息之用，不允许在那里过夜的，所以在那里的卧式，只是中午休息的时间；然而这一段卧式，却是全天最愉快的时间。当其时也，上午读书工作完毕，中午带的饭吃得饱饱的，吃饭时或有一二同事共进午餐，或浏览人民、光明两大报纸知晓天下大事，于是乎回转写作间，读那每天不同样的稗官野史、奇闻逸事，未几便扔书闭目养神，一切听其自然，空空然若有所思，此时余心最乐。

年前所内大调整，承蒙照顾，仍给我写作间，不过由安静处换到了行人必经之地，加之我也有了年纪，事事懒散起来。尝告诫自己，“天下没有不散的筵席”，于是无论坐式还是卧式，都在家里运作了。

家里的书桌，和所里的一模一样，也许那个时期，这个级别的就只生产这种样式，很小，桌上放了文房三宝——纸不常在桌上，堆了一些常读或想读或经常查阅的书和字典，加上一盏台灯，面前只有一小方块地方了。老妻觉得委屈了我，想给我换一张大一点的，或者什么“老板桌”之类的，我说不用了，记得当年贺（麟）先生家的书桌，大则大矣，也是堆得满满的，面前的地方，跟我的一样小。我现在用计算机写作，不再用桌上铺稿纸，这是贺先生所没有的条件。

我在这张桌上读的都是专业性很强的书，这些书只允许采取传统坐式，正襟危坐，心无旁念，能够读进去——亦即进入书中的世界，就是好事；此类书，决不允许采取卧式，甚至不能采取手持坐式，必须端端正正放在桌上，时而左手翻查字典，时而右手圈圈点点（如果是自己的书），或做做卡片摘录。常常是手脑并用，这是我的习惯。

如今我在读尼采的书。过去觉得尼采疯疯癫癫，虽然语含讥讽，但不成体系，不符合哲学学术的“规范”。去年开始，感觉就有所不同，尼采为后世所重，至今不衰，绝非偶然。也许，过去读尼采我用的方式错了。我固然不敢采取卧式读法，大概多是用的手持坐式，尤其是他的《查拉图斯特拉如是说》，像小说故事一样，不躺着读就算对得起它，如今看来，方式完全错了。尼采的书，包括他的《如是说》在内，也要正襟危坐地坐在书桌前读。这也是我的习惯和体会，不意味着普遍适用。

手持坐式读什么？也不是说用这种方式读的都不重要。譬如近年我以此方式读中文的古籍，这些经典当然重要得很，只是它不是我的主要专业，同时不一定经常翻字典，所以就采取变通的方式，仍是坐着，但姿势就可以放松点了。

至于卧式，既然“联军”早已解散，也就不收拾残部了，维持住英德法还有参考古代的希腊拉丁就够我忙活的了，这样，卧式的书就有点杂乱无序。有一阵看金庸的小说很起劲，须得控制时间，否则就别想睡觉了。好在我是一个有自制能力的人，规定的时间，说放下就放下了，而且不会失眠。现在我读什么？说起来大大不敬，我在读一点佛经。我感到这方面我欠缺太多，想补补课。不过也许会像读尼采的书那样用错了方式，或许哪一天就要用手持坐式了。

我已经说过，这几种读书方式，不是以学术价值分的，主要只是跟我的专业有关。其结果大致如下：

书桌坐式读书的结果，我会写专业学术论文；

手持坐式读书的结果，我也写过一些有关中国传统哲学的论文，那当然是学习性的；

卧式读书的结果，我写过一些随笔散文。

这三种类型的文章中，都有我满意的和不满意的，并不是哪一种就一定好，只是说，我的主要的工作任务是读专业的书，写专业的学术论文。

中国传统用一个“读书人”来指那些做文史哲学问的人，外国人不一定懂，因为他们的reader是一个临时的身份，他们一定很奇怪，为什么中国人会一辈子做“reader”，而居然还会成为一种专门的职业；中国人则往往以终身为“读书人”为荣。

既然身为“读书人”，以“读书”为“专业”，则“读书的方式”，也就是“生存的方式”。于是，对于“读书方式”的思考，也蕴含了对于“生存方式”的思念，遂有斯文也。

二〇〇〇年十月二十三日写，二〇〇一年二月七日改于北京

（原载《万象》第三卷第四期）

# 守住本位

我一九五六年被分配到哲学研究所工作，将近五十年，没有换过工作，虽说改革开放前由于各种运动和下放劳动种种原因，耽误很多的工作时间，但是毕竟一生在研究单位，理应有更多的研究成果，所以在我编这个集子的时候，实在感到很惭愧，没有什么像样的东西可以提供给读者。

承蒙一些出版社厚爱，我也出过一些集子，这次只能从已经出版的各集子中抽出一部分，合起来成一个集子，新的东西不多。

我毕业后一个时期主要兴趣在美学，觉得那是一个接触艺术的领域，比较有趣，再加上五十年代的美学讨论，相比之下比较自由，可以允许不同意见发表，年轻人好发议论，就被美学问题吸引住，以后一个较长时期，心思放在了美学上，而我所在的研究室（组），是研究西方哲学史的，所好这里老先生和老领导，都很宽容，我的倾向，并不受到排斥，有时还得到鼓励。

不过我这个研究方向，自从我参加高等教材的《美学原理》编写组后，就逐渐地转变了。这个编写组起初也是很自由的，各种不同意见可以充分表述和辩论，没有帽子更没有棍子。在自由讨论的气氛中，我渐渐感觉到，做美学并不像我以前想的那样，有了一个艺术部类做基础就能深入的，而更重要的还是哲学的基础要扎实，于是，正是这个美学编写组，把我又推回到哲学的道路上来。从那个编写组回来后，我一心一意做起哲学史的研究来。

那时因为急于求成，不用功学习外语，是“文革”提供了一个专心学习外语的条件。那时候万马齐喑，什么文章也写不成了，老老实实学外语，念外语毛著和语录，虽不提倡，也不会被公开斥责，这样，有几门语言就可以勉强阅读了。这对今后的做研究工作当然是很重要的。

实际上，我的研究工作是从“文革”后期，特别是改革开放以后开始的。在这个意义上我常说，我的工龄虽然很长，但是“学龄”并不很长。

起初我想做古代希腊哲学研究，觉得那是一个专业性强而又远离政治的领域，后来去了美国进修，又觉得在专业上要掌握古代希腊哲学的资料不是我们力所能及的，遂又转向现代哲学研究的问题，转来转去，终归觉得我们这一代人，深受十八、十九世纪德国哲学影响，而这个哲学又仍在继续影响着当代欧洲的哲学趋势，于是就特别注重我们常说的德国古典哲学的研究。有这个支点，上达中世纪、古代希腊，下及胡塞尔、海德格尔以及法国后现代诸公。

跨度这样大，要想做文本的专业研究，几乎不可能了，于是就侧重在问题的贯通上来思考，以思想为主，当然也要建立在可靠的材料基础上。于是，我对于西方哲学史的研究工作，就由“历史性”的转向了“哲学性”的。这里收入的近几年的文章，大都在一个历史的题目下，讨论哲学的问题。

作为中国的哲学史工作者，当然不能脱离中国的传统和现实，我在研究工作中注意体现一个中国的视角，对于我们的传统哲学，也读一些书，写一点心得，但都是学习性的。我不大赞成“对比性”地套一些名词概念，而是求理路上的贯通。这个工作当然很难，要求两边的学问都要做好才行，可惜人的精力有限，底子又薄，只能适可而止。这里收入的几篇文章，完全是习作。

用过去常说的话来说，我如今也算是学术战线上的一个老兵了，如果要问我有什么经验体会，我只能说一句大实话：我们要坚守住“学术工作”这个岗位。任何人都应该坚守住自己的岗位，这原本是最普通的道理，但实际上往往有多种原因让你坚守不住。有些原因是主观的，有些是客观的，而客观的原因也是通过主观来起作用的。就客观原因说，大体上过去是政治的，现在是经济的。以前的运动多，不允许多做学术工作，有时候是完全停顿的，那种条件下，学术工作者往往要偷着做自己的工作，生怕被发现成为批判对象。那个时候还有许多条条框框，不允许自由发表学术的意见，连《兰亭序》的真伪也弄得成为“政治问题”。如今这样的情形不会再现了，这是学术工作的大好时光，是很值得珍惜的。费孝通先生曾经呼吁的“知识分子”的“春天”，已经持续了二十多年，而且相信会继续持续下去，实在是中国学术事业值得庆幸的事情。

当然一个时期有一个时期的问题，我觉得我们现在的问题主要是经济和社会方面的。过去社会的兴趣往“政治”方面吸引，使得许多聪明才智之士，趋向“政治”，原本有学术才能的，或者被耽误了，或者被“埋没”了；如今社会的兴趣主要是往“经济”方面吸引，使许多聪明才智之士，趋向“经济”，这当然是很好的事情，不过其中也使得一些原本很有学术前途的，为名利驱使，不能成才，或者不能成大才，这是很可惜的。眼看着一些年轻人很有才能，也已经入了学术之门，弃学经商，不论发不发财，我都觉得很可惜。

现在社会上吸引人的事情太多，即使不是弃学经商，仍然会有许多吸引力使你离心学术工作，譬如兼职、兼课太多等等，还有一种表面上很难抵制的吸引力，叫作“学者”“文人”化，原本是“学术工作者”，却去做“文人”的事情，写点散文随笔，沽名钓誉，充其量只是以“学术”做点缀，还硬说这是“最好”甚至是“最高”的“学术”。

这也难怪，我国原就有崇尚“文人”而不很重视专业学术的偏向，中国古代崇尚“文人学士”，而轻视“专家学者”，认为那是“百工之徒”。近代以来这种风气当然有所转变，但是仍然还很有市场，于是一时间“文人”做大，使得大大小小“文人”都要成为“国学大师”。“文人”自有“文人”的价值和意义，绝无贬低之意，只是想强调一下“学者专家”的分量，和我们传统中比较薄弱的环节，引起重视而已。

中国的知识分子大都具有“文人”的倾向，我自己也不例外。我前几年也常写一些短平快的文章，做的不算很坏。后来有一位老朋友好意对我说，你年纪大了，不要做太专门的文章，就写点回忆之类的散文就很好啦。这句话引起了我的警觉：我还没有老到不能做专业工作的地步，还是应该坚守我的学术工作的岗位。于是，我又集中精力研究一些专业的问题，认真研读一些学术性强的著作，渐渐感到，“学者”的确要有“学者”的“视角”，而不可大而化之，随便发表议论。

当然并非说“文人”就一定“大而化之”地“好读

书不求甚解”，只是说既然是“学术工作者”，就须得维持在“学术”的水准上。

我过去也曾想过，“学术”应和“思潮”有一定的区别，譬如二十世纪八十年代，萨特的思想曾是一个“思潮”，当然很有意义，但真正对萨特进行哲学和文学研究，就不完全是流行一阵子的“思潮”所能涵盖的；还有那在我国几次流行过的尼采，大半也是“思潮”式的鼓吹多，“学术”式的研究少，我觉得这两方面都是重要的，但不能互相代替。“思潮”固可为“学术”的社会基础，但“学术”不“止于”“思潮”。多年来我们对于西方哲学的开发研究，实际上是“思潮”多于“学术”，“学术”对“思潮”的支持“力度”不够，同样也会影响“思潮”鼓吹的力度和质量，使“思潮”没有“底气”，行之不远。

“文人”大都“止于”“思潮”，其鼓动宣传之功，盖莫大焉；“学术”承其续，深入探讨研究，使之在学理和资料上精益求精，成一学问之系统，传诸久远，所追求者，非一时之功利，而为开长久之思路，其坚忍不拔之精神，乃“学术”所宜发扬者。

“文人”常“领一代之风骚”；“坐冷板凳”则常是“学术”工作之座右铭。世间之所以尚有许多志士仁人甘愿“坐冷板凳”者，皆因见到“学术”之恒久的价值，并从中得到乐趣，那种追求真理有所得的乐趣，那种哪怕是短暂的“豁然贯通”的乐趣。

我近几年的工作趋向，大都努力朝着“学术”的方向努力，觉得其乐也无穷。

我们现在生活在对于发展“学术”精神最有利的时代，相比起我们的老师辈，我们幸运了许多，我们理当珍惜社会给我们提供的大好时光，努力工作。

这本文集，也是我的一个工作汇报。

在编这个文集的过程中，先由赵鹏和王晓红两位从我过去的文集中，选出若干，输入电脑，由我来增删，然后由王平总其成，排版扫描校对，制成电子版光盘，他们的辛劳，在此一并致谢。

二〇〇四年十二月六日　北京

（《叶秀山文集》【中国社会科学院学术委员文库】前言，

上海辞书出版社二〇〇五年版）

# 三十年学术工作感想

我在这个哲学研究所工作了五十年了，现在这个题目怎样讲？现在这个题目只是意味着：我虽然在这个研究所工作了五十年，但是真正能谈得上做“学术工作”，还要从“中国社会科学院”的成立算起。

不是说以前的日子都白过了，不是的。

我从一九五六年被分配到哲学研究所（以前属于中国科学院哲学社会科学学部）工作，一直没有挪动，而且也一直属于这个“西方哲学史研究室”（当年叫研究组），就年头来说，当属“元老级”的了。

我刚来所的时候，这个研究组由贺麟先生负责。反右之前，贺先生对于这个研究组或者对整个西方哲学的研究工作，很有一些设想的，记得他很想出版一份研究西方哲学的杂志，以便有一个发表成果、研讨问题的园地；一个短期内，他每周主持一次学术活动，由一位先生主讲一个问题或一本书，大家讨论，组内杨一之先生、管世宾先生讲过，北大宗白华先生也来讲过。贺先生还应我们的要求，给组内当时几个年轻人讲过黑格尔《精神现象学》，用的是英文译本，这样既学了黑格尔哲学，又学了英文，也不光是我们几个年轻的研究人员参加，当时刚调到所来的老干部姜丕之也参加了——当时姜丕之也不到四十岁，现在说来，也属年轻人之列，不过那时候也许因为级别的关系，没有人将他列入年轻人。

只是好景不长，贺先生出刊物的计划当然不能实现，那些讲课、讲座，也都为时甚短，自从一九五七年开展反右派斗争之后，就很难谈到“学术工作”了。

所以，就我们这代人来说，“学术工作”以中国社会科学院成立以后的三十年来算，是很确切的。

三十年的时间也不算短了，所以回忆起来，感到十分感激、欣慰和庆幸，也感到相当的惭愧。

就大环境来说，这三十年尽管有些小的起伏，但是总体来说是做学问的大好时光，珍惜这个时光，是我们这一代人感受特别深的。

当然不是没有干扰，譬如现在的“经济”的“干扰”，其“力度”并不亚于几十年前“政治”的“力度”；不过还是有所不同：“政治”运动就个人来说，是“不可抗拒”的，而“经济”的干扰，就个人来说，则是“可以躲避”的，尽管难度比较大，但还是可能“抵制”一下的。

这三十年来，社科院保证了我们的基本生活和研究条件，而且上上下下还有不少人为改善这个条件做工作努力争取，我们这些研究人员，固然难免有些牢骚，但是心思主要应用在自己的学术工作上，工作成绩好坏，可说大半“咎由自取”，不得再像以前那样“怨天尤人”了。

当然，三十年以前，对于一般的研究人员，当时的“学部”或者当时的“社会”也都是保障了我们的“基本生活条件”的，但是相当多数情况，并不保障我们的“基本工作条件”，最主要的是不保障我们的学术工作的“时间”。我们的“时间”大部甚至全都被“政治运动”“占用”去了——更不用说“挨整的”或“疑似挨整”的那种实际的或精神的伤害了。

因此，要说这三十年来最珍贵的工作条件，就是“时间”上的保障。

我致力学术工作，积数十年之经验，深知“时间”是“他人”“给予”的，当然也有个人争取的因素，但在一定的大条件下，个人的争取是很困难的。如果天天让你开会搞运动，再大的“天才”也难以成为“学问家”。

由于年轻时候“会”开得太多了，我自己感到得了一种“会议恐惧综合征”，一提到开会，自然要产生一种“退缩”的反应，如今造成有些本应参加的“会”，也要推托，幸亏现在的宽松环境，也加上大家的理解，原谅我这种“心理病”。我当然也要努力克服这个毛病。

“时间”“给”了你，或者说，你“争取”到了“时间”，在这个三十年“时间”里，你做了些什么，做得怎么样，那可就是你自己的事了。

三十年时间，就自己方面我要说，一则以喜，一则以忧。

“喜”从何来？三十年来，我读了一些书，也写了一些书，在为学之道方面也有些体会，而且我还能感到自己在学问体会上有所“进步”，而且或许还有可能再进步。

譬如“学”和“思”的关系，过去我也说了一些体会，但觉得那还是并列起来说的，好像“学”跟“思”是两件事，只是力求将二者“结合”起来有点体会，这当然也并不错，但现在我觉得它们原本是一件事，“学”与“思”“不可分割”。

“学”与“思”的确可以作两件事来看、来做，读书、学习归读书、学习，思考问题归思考问题，“学习”重“跟随”，“思考”重“独立”，古人说“学而不思则罔，思而不学则殆”，也是对的；只是更进一层说，“学”和“思”原本“同出”“心源”。

“思”固然要用“心”，“学”也要用“心”。用“心”来“学习”，用“心”来“思考”，则“学”也，“思”在其中——“思”也，“学”在其中，二者是一而二，二而一。

之所以说将“学”与“思”作两件事来看也可以，乃是它们或许在做“学术”工作的“过程”中，或有重点之不同。

工作之初，或以“学”为主。我在改革开放初期，也就是建院初期的工作，主要是“学”。当时我读书很杂，但以古代希腊的哲学材料为主，对这些材料，加以梳理，提出一些理解的线索，还谈不到“思”，只是在“学”的过程中注意“运思—用心”，由于此时之“心”囿于种种条件，尚不足以言“独立”，那两本关于古代希腊哲学的书，只是在“学”的方面下了功夫，尚有可取之处而已。

随着自身学术工作的积累和深入，“思”的分量渐渐加重，我从古代希腊哲学转向研究欧洲近现代哲学，说明我的侧重点向“思”倾斜；然则，“不学”无以“养思”，“思”同样也要“学”——“学习”“他人”如何“思”，“学习”大哲学家如何“独立思考”。

这时候，我也不是不读书了，而是从材料性的读，转向思想性的读了。不是说，材料不重要了，而是说，“思想性”，毕竟是“哲学”之当行，“哲学”将“材料”“融会”于“思想”中，要像是“从思想中”自己“出来”的那样“融为一体”，不是“材料”归“材料”、“思想”归“思想”那样拼凑——或者说得好听一点，叫“结合”起来的，这样才可以说是“哲学”的“独立思考”，才是“哲学”的“自由思考”，才是“哲学”的“精神”。“学”和“思”皆“同出”“心源”，同出于这个“哲学”的“精神”。

关于哲学和哲学史的关系，关于“我”和那些历史的和现实的大哲学家——他者的关系，我以前说“我”好像是一个“讨论会”的“主持人”，“让”那些大家们更加主动地、更加明确地“互相”“讨论”，“讨论”出来的“道理”、“结论”，是他们自己“相互讨论”“得出”来的，不是“我”“自己”“得出”来的，容有“新进”，也是“他们”“自己”得出来的，而不是“我”“想”出来的。

在这个理解的思路中，“我”被“隐”去了，有点过于消极点，实际上如果“我”很努力，很自觉，在“学”和“思”上都很下功夫，都很“用心”，那么，“我”就会“融入”“他者”的“学问”中，似乎“我”不仅仅是一个“主持人”，“他者”也不仅仅是参与节目表演的“嘉宾”；“我”、“你”、“他”都是这个“哲学”的“历史性”“讨论”的“参与者”，都是“哲学”这个“思想”“盛宴”的“嘉宾”，同时也都是“主持人”。

“我”也许是这场哲学盛宴的“主人”，是“我”把这些“嘉宾”“邀请”来参加“讨论”，“嘉宾”是“客位”，“我”在“主位”，然则，这种“主—客”“关系”，原是“我”“建立”起来的，因为“客人”是“我”“邀请”的，“我”“使”“他者”成为“客人”。

“我”“建立”了“诸他者”，“我”“树立”了诸多“对立面”，“他者”不仅和“我”“对立”，而且“我”发挥“主位”的作用，使“诸他者”也“相互对立”，相互讨论、争论。在这场争论的盛宴中，“主—客”相互转化，大家“轮流坐庄”，因为原本大家都是“主体”，都是“自由”的，相互并无“臣服”的“关系”，大家共同“服从”“真理”，于是，这个“真理”，就具有“超越性”，在一场盛宴之后，在“酩酊大醉”醒来之后，人人又都“回到”了“自己”，康德、黑格尔、海德格尔的书，仍是他们各自的书，无人侵犯他们的“版权”，只是当“我”醒来之后，发现今日之“我”，已非昔日之“我”，“我”因这个盛宴而得到“提高—升华”，通过“相互”之间的“讨论—争论”，“我”努力“克服—化解”“他们”的“矛盾”，从而得到“提高”，“我”的“学”和“思”得到了“发展”。

说到这里，我想起了黑格尔，想起了尼采，想起了海德格尔，也想起了我们欧阳修《醉翁亭记》里那位“太守”。

我读康德、黑格尔、尼采、海德格尔的书，我向他们“学习”。“学”“什么”？不仅“学”他们“学术生涯”、生卒年月、教学、著作等等，更是“学”他们“如何”“思”，“跟”“他们”“学”，也就是“跟”“他们”“思”。“学”“他们”的“思路—理路”。“用心”“学”“他们”的“思路—理路”，是我们做哲学的“要务”。

既曰“用心”，就有“我”的“主动性—独立性”，“心”者“新”也，有点像德国古典哲学里的“精神”，“精神”是“活泼泼”的，“自由”的。

只有“自由者”才能“举办”哲学的那种“盛宴”，“主位”和“客位”都是“自由者”，“哲学盛宴”不“邀请”“奴性者”，这个盛宴的门口挂着“奴性者免进”。

倒不是“哲学”“小视”“感性事物”，恰恰相反，“哲学”之“学”，不仅限于“哲学家”之著作，“哲学”关心一切著作，“学”一切之学问，只是任何“学问”真正“进入”“哲学”之门，皆得“自由”，举凡“物理—化学—天文—地理”等等经验科学，“哲学”都会对它们作“自由”之思考，将它们的“必然性”，作为“自由—理性”的一个“环节”来理解，使它们的“概念”和“原理”不会“一成不变”，而有一个“发展”的“根据”。“哲学”使一切“必然性”的学问都“活动—能动—自由”起来。

“哲学”使一切的“学”都“思”起来。

“我”对一切的“学”都感兴趣，所以“学”得就相当的“杂”。“哲学家”常是“杂家”；但不能“止于”“杂”。

“哲学”“邀请”一切的“学问”来“自己”“家里”做“客”，作自己的“对立面”。“哲学”“欢迎”一切“客人”，这是法国列维纳斯的意思，我只是补充一句：“哲学”“欢迎”一切“客人”，“如同己出”——“对立面—他者”为“我”“树立”，是“我”“招回—邀请”“他者”“来”的，“我”“建立”了“他者”的“客位”，“我”也“有能力”“和”“他们”“融为一体”，使得“宾至如归”，亲如一家。

“哲学”是一个“家”，是“理性”的“家园”、“自由”的“家园”；入这个“门”的，也不免——或必然争吵、矛盾，但经过艰苦磨难和斗争，能不被“逐出”这个“家门”的，终将其乐融融。

此为“一喜”，尚有“一则以忧”。我在这个“家”里年龄不小了，并非“忧”那不可避免的“死”，而是感到来日无多，继续做学术工作的时间所剩无几了；回顾以往，觉得惭愧，就学术工作来说，许多该做的工作没有做，而来者可追的不多了，这是时常“忧虑”的原因。

曹孟德说，何以解忧，唯有杜康；他认识到唯有参加一个“盛宴”，才能“解忧”；那么，还是让我们“实际一点”，不作过多的“追忆”，不因失去许多

“学术时间”而懊丧，而是面向尽管对个人来说已经不很长的“未来”，努力继续参加“哲学”的“学—思”盛宴。

二〇〇六年十二月二十五日　北京

（原载《学与思的轮回——叶秀山二〇〇三—二〇〇七年最新论文集》，江苏人民出版社二〇〇九年版）

# 后　记

我早年写过一些散文随笔，也编辑出版过一些这类的集子，最近这十多年不再写这类文章了，因为我觉得我们的传统是“文人”很多，“学者”少些，我还是努力多做些专业性的工作，不宜再过多分散精力，这也许只是我个人因年纪大了产生的一些想法，并无彼此高下之分；相反的，我还是很重视和珍惜这些散文随笔，因为那是一些“不可重复”的工作，早年之作，现在是做不来了。时间一去不复返，再做这类的事情，就不免有点“矫情”了。再说，专业性的工作，即使是人文科学的专业工作，你不做，别人也会去做，做得会比你好，是可以“被替代”的，当然“哲学”的专业有点特殊，“不可替代性”大一点，但也有“可覆盖性”，黑格尔不能“替代”康德，但在他的体系中，却“覆盖”了康德，大哲学家都在某个方面、某个程度上“覆盖”了“哲学史”，而培根、休谟、叔本华、罗素那些“短文”、“散论”，似乎就难以被“覆盖”了。

其实，我做专业的哲学工作有许多欠缺的地方。首先我从不是一个“哲学体系”的“构造者”；然而我的专业工作却主要做那些“成体系”的哲学家，特别是柏拉图、亚里士多德直到康德、黑格尔等，倒也觉得我能体会他们那种“吾道一以贯之”的气势，但我只能“心向往之”，我做不来。

我的工作常常是“就事论事”，“片段”地“想”，“片段”地“写”。专业的，就成为学术论文，零散随意一点的，就写成了这里集的这些文章。要给这些文章加点“哲学”的“意味”，也许可以说，“体系大家们”是在一个“原始”的“概念”已经“蕴含”了“大千世界”的“存在”，而我只能从“大千世界”之“存在”中“生”出“概念”来。黑格尔的“概念”“推演”出“存在”，而我的“概念—思想—言说—文章”只能“守护”着这些“存在”，“让”“它们”“持存”。这也是我写沈有鼎那篇文章的初衷，我想努力让沈先生那种学者精神“持存”，而我的其他众多老师已经成为名家，无须我来饶舌；“回忆”并非仅仅是“怀旧”，而是努力“令”其“不旧”而“常新”。

于是我想到，“在”，“成于思”。

倒不敢说，“我思”了，“现实对象”才“存在”，“沈先生”也不是“我”“写了他”才“存在”，所以说，

“在”“成于思”，因“有人”“思（念）”“他”而“持存”，“思”“成全”了“在”，“保存”了“在”。在这个意义上，笛卡尔说“我思故我在”，也许可以进一步说，“我思”故“他（它）在”。“在”因“思”而“成为”“真正”的“存在”。

那么，“在”“成于思”，又“毁于”什么？或许，是“毁于”一种“没有思想”的“单纯”的“情”。就“单纯感情”来说，我和沈老先生并无深交，就“（交）情”言，本早该“已经”“忘却了”。于是，我觉得，只有那孕育着“思”的“情”，才可能“情思”“绵长”，而不是“情感爆发”，“洋溢”于“一时”。

而就“哲思”言，构建一个“体系”是要“存在”“完成—终结”，“概念”意味着“结束”“过去”，因“时间”之“绵延”永无“终结”之“可能”，但“概念”却“刹那”间可使—令“事物”“终结”，也就是说，在“任何”“时间”的“瞬间一点”上，原则上都“允许”“终结”，“超越”“时间”—“断裂”“绵延”而“构建”“概念体系”；但“存在”之“思”，则是相反的“令”“时间”“绵延”，“令”“事物”“持存”，“思”“使”“事物”“面向”“未来”。

我在写这些文章时，想到的是“当时”的“读者”，也意识到“我自己”就是“第一个读者”，但没有意识到，“我自己”作为“作者”也是“终身”的“读者”，我没有意识到，多少年后，我还要“再来”“读”它们。我的习惯总是“写完了”、“印出来了”就再也不去“想”它们了，“我”的“思想”已经“集中到”“将要”“做的”“事情—文章”上了，加上我的“记性”非常不好，“过去”“写了”些“什么”，经常会“忘记”了，这次编辑这个集子，如果不是王齐帮我搜集补充，我自己绝对是“编”不成的，这是我要再次特别表示感谢的。

其实，“我”的“永久性—permanent”“工作—职业”是“读者”，而“作者”只是“part time”“工作”。我很感谢有这样一个“传统体制”，使我得以“保持”这样一份“读者”的“永久性工作”。“终身教授”是要经过“评定审核”的，“终身读者”则“自己”“想当”就可以“当”的。有了这个意识，无论做何种类型的“写作”，都是“为了”包括“自己”在内的“未来”的“读者”，为“自己”“写作”，也是“为”“读者”写作。

当然，这个集子所能够顺利出版，没有当年《读书》杂志的编辑杨丽华也是不可能的。我现在还清楚记得她冒雨去我在社科院的小写作间组稿的情形，后来她去德国进修，将组稿的事郑重地托付给另一位，于是我跟《读书》的关系持续了较长时间，我一直很珍惜编者—作者—读者这几层关系，觉得是编好一本杂志的必要条件，也是作者写出好文章的动力和条件，更是读者读到好文章的条件。如今杨丽华仍然活跃在出版领域，承她提议要编这个集子，我一下子又从“读者”“转变”成“作者”，心情实在是诚惶诚恐。我的这些文章只是用我的“思”“愿”那些“人”和“事”（包括想的问题）得以“持存”，至于我的“思”，也“已经”成为“存在”，一个“客观对象”，“等待”着“读者”的“评审—再思”了。

二〇一四年十月十三日　北京

# 永久的读者

## ——写于《在，成于思》出版之际

杨丽华女士美意，希望把叶秀山先生于二十世纪八十至九十年代在《读书》上发表的文章及其他学术短论收集成册出版，这是一件极舒心快意之事。叶老师脑勤手勤，相信克服心与手之间距离的过程就是运思的过程，因此除了撰写学术专著和长篇论文外，还写一些彰显个人“性情”且他人无法“代替”的“学术小品”，尤其是在八九十年代。辽宁教育出版社曾于一九九六年以“愉快的思”为题将这些“学术小品”结集出版，其中就收录了部分《读书》文章。全书灵动而不失深刻，出版后深受学界和读者的喜爱。只是该书出版近二十年，恐怕早已售罄，现在的年轻学生多半连书名都没听说过，我真为他们感到惋惜。诚如叶老师自己在《愉快的思》“后记”中所言，短文章并不容易写，它既是多层面丰富思想的浓缩，又是思想和写作的训练。因此，当叶老师把重新整理出版这类学术短论的任务“托付”于我时，我欣然接受，并感到由衷的快慰。

我最早读到叶老师著作是一九九二年。当时我决心以中文系文艺美学专业研究生的身份报考中国社会科学院研究生院哲学系，在备考阶段认真阅读了《思·史·诗》一书。我之前曾念过一点卡西尔、雅斯贝尔斯和萨特的东西，觉得叶老师书中虽然有很多地方不解其深意，但好在书还念得下去。那时《思·史·诗》已经出版四年，不大可能买到了，我只能每天到图书馆，边看边抄，笔记做了一大本。我真正拥有叶老师亲笔签名版《思·史·诗》是一九九四年，其时书刚刚由人民出版社重印，而我已度过了师从汝信先生攻读博士学位的第一个年头。当我第一次看到汝信先生亲手书写的博士培养小组名单上“叶秀山”三个字的时候，感到喜从天降。汝信先生那时还担任社科院副院长一职，公事繁忙，故他叮嘱我有问题可以“去找叶秀山”。于是我几乎每周二都到叶老师位于社科院办公大楼九层的“写作间”，以“无知者无畏”之势向叶老师提一些粗浅的关于哲学学习的问题，但更多的时候是聆听叶老师兴致勃勃地讲谈一本他正在读的书，或者正在思考和写作的问题。哲学所的“写作间”其实就是在走廊一端用隔板隔出的一排不封顶的小空间。因为数量有限，印象中只有资深研究员才能分到一间。叶老师的“写作间”里摆放一套桌椅、一个书架和一张折叠式行军床——看来叶老师要在那里工作一整天的，就连地上也高高堆放着书和信件。记得我每回去找叶老师，都要从堆满书的行军床上硬挤出一个位置坐下。由于不封顶，间或会传来其他“写作间”的声音，但音量不大，并未感觉到受干扰。后来读艾柯的名作《玫瑰的名字》，看到中世纪修道院图书馆为每位修士提供了一个小空间，每天有图书管理员为修士们摆放和收取他们所需要的图书，当下脑海里就浮现出了叶老师“写作间”的模样。一九九六年我毕业后留在哲学所西方哲学史研究室工作，开始与叶老师共事，那个曾经有很多学界同仁造访过的“写作间”随着“世纪更迭”成为了历史，但我本人读叶老师作品、听叶老师讲学问和谈天说地的机会却比从前多了很多。近年来，随着电脑和网络的普及，我差不多是叶老师新作的第一批读者。同样由于电脑的普及，文牍主义日盛，要求填写上报的表格日益增多，叶老师以在哲学天地耕耘半个世纪之身而笔耕不辍，新作频出，哪有工夫应付这些琐事，我责无旁贷代为办理，为方便起见，叶老师甚至把登载有他新作的期刊托我收藏。叶老师好像不大记得自己发表过什么作品，尝言自己“写了就忘”，我理解这一点无关乎发表作品数量的多寡，更无关乎记忆力。叶老师一直告诉我们，要“读那总是有读头的书”。哲学史上经过大浪淘沙后的经典著作值得反复研读，因为大哲学家不会“大言欺人”。这样做的目的当然不只是为了“熟知文本”，而是为了把从前的人曾经思考过的问题、做过的工作在自己的头脑里“反复再思再想”，在保持哲学问题的延续性的前提下从事“范式转换”的“革命性”工作（《西方哲学史》第一卷“上篇”）。于是哲学、哲学史成为了一门“常新—长青”的学问，叶老师如是说，而他自己的每篇新作就是践行此说的结果。有时看似叶老师在不同的文章中讨论同一个问题，但对问题的思考进程却绝不雷同，每次都有所推进。为了使哲学研究“常新—长青”，叶老师从不自我引用，更不会做那种为了“体系”的圆满和自洽而坚持己见的尴尬事。

作者是自己作品的生产者和最终决定者，但是作品一旦完成、付梓，作者就等于把“自己”“交付”给了“他者”，作者将单独面对未来—历史的“审判”。这个意思其实是叶老师在《哲学的“未来”观念》（二〇〇四年）一文中阐发的，但不夸张地说，它已然成为我坦然面对人生的原则。作为叶老师作品的一名读者，今天我将“站在未来的立场上”，选出叶老师“学术小品文”共计三十一篇，并根据主题将之分为五辑：以书为媒介和载体的《读书》文章，写人记事的回忆性文章，哲学短论，艺术短论，以及“学术自述”。

我之所以为“学术自述”加上引号，是因为收入这部分的文章大多是叶老师著作的“前言”或者“后记”，而非严格意义上的“学术自述”。叶老师本人无意撰写“回忆录”，虽然早有同辈友人劝他这样做，理由是年纪大了，学术性的工作可以不用再做。但叶老师不愿轻易放弃从事严肃学术工作的机会。在历经三十年各式群众运动的“折腾”之后，叶老师十分珍惜今天所能享有的边缘化自由，在“无尽的学与思”的进程中，不断推进自己对哲学问题的认识。可喜的是，叶老师一如既往地享受着繁重的学术劳动带来的乐趣，让“愉快的思”一直处于进行式之中。在我与叶老师相识的二十一年间，常常会看到叶老师读书和思考有“新得”时脸上浮现出的那种欣喜之色，这么多年未曾改变，仿佛时间将之定格。叶老师把友人的“劝告”看作是对自己的“提醒”，更是对自己继续从事哲学工作的促进。因此，进入新世纪以来，叶老师专攻更专业性的、在理论和思想上更过硬的作品，反而不大写自己曾经很“喜欢”的小文章了。叶老师甚至还找到了理论的依据，他比过去更加明晰地看到了中国文化中“文人传统”与现代科学精神之间的差距，意识到了“文人学士”与现代“学者”之间的不同，希望以科学的精神校正“文人传统”，做扎实的“学术”工作而非在“思潮”的海洋里“随波逐流”（《守住本位》）。

叶老师的想法我当然百分百地赞同，甚至我本人在治学时亦以此为原则，不断提醒自己摒弃“文人”习性。但是理智与情感之间有时就是无法完全保持一致，我在心里常常为叶老师搁笔罢写“学术小品文”感到惋惜。叶老师这一代命运多舛、“经历丰富”，加之他本人爱好广泛——京剧、书法、音乐，颇有些人缘，因而拥有写作“学术小品文”得天独厚的条件。叶老师一九五二年考入北大哲学系，时值全国高校院系调整，当时国内有名的哲学教授几乎齐聚北大。中苏友好的政治格局使俄语替代了英语，“童子功”无情被废。一九五六年毕业时，贺麟先生慧眼识人，把叶老师要到刚刚成立一年的中国科学院哲学所工作。当时的哲学所除了金岳霖、贺麟、沈有鼎等“西南联大”一辈的大家外，仅西方室就陆续吸收了王玖兴、管士滨、温锡增等“海归”，可谓人才济济。一九六一年，喜爱美学和艺术的叶老师被抽调到《美学概论》教材编写组，结识了王朝闻，感受到了自由讨论的学术风气，唤起了叶老师学习哲学的兴趣。“文革”开始时，叶老师正当“而立之年”，政治学习、批斗会、游行、下“干校”，正常的学术工作被无限期地搁浅。改革开放后，叶老师于八十年代初到美国进修两年，对那种因长期封闭而造成的文化和学术上的“两眼一抹黑”（见《无尽的学与思》代前言）的情况有切身的体验，同时也经历了当年旅居美国的华裔学者群对国内学人的好奇与热情。就连叶老师居住多年的社科院干面胡同宿舍也曾经大家云集，想来亲眼所见、亲耳所闻的新闻故事不在少数。总而言之，叶老师写“回忆性”文章的题材俯拾皆是。真的要感谢叶老师在为文艺女神所青睐的青壮年时期为我们留下二十多篇精彩的文章，使我们有机会了解一代学人在特殊历史条件下的命运。

叶老师擅长写书评及为他人作序，在写事忆人的基础上，跨越时空的间隔讨论哲学问题。一九八八年叶老师在《读书》上发表《中西文化之“会通和合”》，用与书对话的形式分别表达了对不曾相识的学界前辈钱穆先生的敬意；同年发表的《守护着那诗的意境》一文则在对“意境”问题的“讨论”中表达了对“本应更熟识的”宗白华先生的思念，弥补了未曾与宗先生更深交往的遗憾。在《学者的使命》、《怀念丕之同志》、《学者的情怀》和《哲学之“锐气”，久而弥笃》诸篇章中，叶老师写到了陈元晖、姜丕之、余丽嫦和梁志学等哲学所同仁师友，并对他们各自研究领域的哲学问题发表了看法，仿佛在做着一场场的远程学术研讨会。以《学者的使命》一文为例，这篇文章从陈元晖先生送新著《论王国维》写起，中间提及旅美华裔教授叶嘉莹，主干则是王国维的思路历程，结尾与开头呼应，回到对陈元晖先生的回忆之上。全文一气呵成，文气贯通。

我为叶老师“罢笔”深感遗憾的另一原因是，叶老师实在是写“散文”（姑且这么说吧）的高手。叶老师非文学家出身，似乎也不大爱读文学作品，因而叶老师在写作此类文章的时候没有把自己定位为一个“创作者”，他只是一个历史的“亲历者”和“记录者”。多年缜密理性思考的习惯使得叶老师没有走“诗可以怨”的道路，他的写作不是为了抒发个人胸中郁郁不平之气，以获得排遣、慰藉或补偿，而是“站在未来的立场上”，记录下一段“历史”，以供反思。在这个意义上，叶老师写作的不是“诗”，而是“史”和“思”。无论写自己的经历还是写师友，叶老师始终采用平铺直叙的方式，手法近乎白描，不愠不怒，不哀不怨，有史家之风，更具智者风范。唯其如此，读后反令人难抑“不平”和“悲愤”之情。在《我是怎样喜欢起哲学来的》和《无尽的学与思》中，叶老师从不同侧面讲述了自己步入哲学之门的艰难历程：在校时听苏联专家讲“被分割得支离破碎”的哲学家，写作时不离“唯心”、“唯物”的标尺。再到“文革”，连带有条条框框的学术工作都不可能做，在度过了一段心里有一点闪光、但“眼前却是一片漆黑”的意志消沉期后，叶老师开始利用自己“逍遥派”的身份进行“自修”，把“坏事”变成了“好事”。在“干校”劳动期间，叶老师白天读英文版“语录”，晚上打着手电看《傲慢与偏见》；明里用毛笔抄写诗词“语录”，暗里临古代碑帖；还利用早上“天天读”的一小时，把对由书法引发的一些问题的思考写在小纸片上，夹在“语录”本里。

对于不了解那段历史的新生代读者来说，这几乎算得上虚构的小说情节，就连加引号的专有名词也够查证一番。叶老师绝无意给后生晚辈讲述自己的故事以励志，他只是从亲历的历史中撷取一个典型片断，以记录和反映一代学人无可逃脱的、令人慨叹的历史命运。

叶老师专事写人忆事的纪念性文章数量不多，正因如此，才更值得一读。《沈有鼎先生和他的大蒲扇》初读时就爱不释手。叶老师轻描淡写，不事声张地把逻辑史家沈有鼎先生其人其事以及那个非理性的时代讲得活灵活现。单看这一节：沈先生因说“最高指示”中加一个逗号就更清楚的话被开了一晚上的批斗会，“会上口号也很吓人，有‘现行反革命’、‘不投降就叫他灭亡’这类的标语和喊声；第二天一早，院子里红卫兵小将再找他，他却在胡同西口的牛奶站——当时比东口的油饼店高级的去处——吃早点呢”。这几乎就是一个完备的电影分镜头剧本。

在作为《王玖兴文集》的“序言”《悼念王玖兴先生》中（叶老师明确表示“不敢言序”），叶老师从“反右运动”的尾声讲起，讲述了一个今天的青年学者不一定了解的“内幕”：当年像叶老师这样新中国培养起来的大学生是有资格做研究、写文章的，而贺麟、王玖兴这样的“老先生”却因其世界观难以改造只可被“统战”而不能充当“培养对象”，于是他们的任务就是做资料和翻译工作。文中还穿插了一段贺、王两位先生为翻译《精神现象学》彼此争执的故事，写了为王先生本人所笑纳的雅号“久磨”，全文娓娓道来，耐人寻味。

《我还是要买书的》的一文，初看题目平淡如水，切入点也稀松平常，不过是回顾七八十年代在位于灯市东口的中国书店外文部看书、买书的经历，但洪谦、缪灵珠、何其芳、贺麟等学术大家的名字都出现其中。我曾无意看到《中华读书报》上有篇讲嗜书类型的文章，把叶老师笔下学术大家爱书买书的情况作为一种“类型”收录其中。叶老师着笔较多的是贺先生，他对叶老师可谓有知遇之恩，更兼师生之谊。有一段写贺先生因年事已高行动不便、但仍坐在轮椅上让人推着沿书架“巡视”的场景，贺先生的神情“威严得像个将军，深情得又像个恋人”。叶老师很少写出这样动情的句子，但每每读到这里，崇敬之情都会在胸中涌现。叶老师作品中还有很多类似耐读的段落和句子，留待读者自己去发现、品味。

如果说十几年前我读这些作品的时候多少怀有对名人的猎奇心理和对学界前辈的景仰之心的话，那么今天重读这些文章我体会出一层新的意思：这些文章的意义不是简单地记录了叶老师个人学术生活史和交往史中的零星片断——对于叶老师的友人以及喜爱叶老师作品的读者来说，这些片断无疑是有意义的。透过个人生活史，它们折射出的是一部微观历史和微观学术史。

我们“六〇后”在懵懂无知的孩童时期就能鹦鹉学舌地说出“忘记过去就意味着背叛”，这是一个时代的印记。这个口号“启蒙”了我们，使我们从小就认识到了解历史的重要性。“忘记过去”究竟“背叛”了什么，一直没弄明白；但“忘记过去”相当于丧失了理解现在的一把钥匙，相当于浪费了前人积累的经验，此举至少是不明智的。叶老师常常告诫我们，要珍惜今天做学问的大好时光。倘若不了解那个用功读书反而有可能被批“走白专道路”的时代，不了解那个必须按一种模式思考问题的时代，这个告诫就会流于空谈。以前我们曾经背诵的、甚至自以为“理解”了——理性地解开、解答的——只是宏大叙事式的历史，但个人真正能够有所“体悟”的却是个人化的、有选择性的微观史，之所以说“有选择”是因为无选择地纠缠在无穷无尽的细节之中于个体毫无意义。宏大叙事式的历史是理念的产物，它旨在使纷繁无序的世界变得有序而“合理”。虽然有序的世界总会给人以希望和幸福之感，但正如博尔赫斯在小说《通天塔图书馆》中所言，有条理的文字会使注意力偏离人们的现状。在这个意义上，宏观历史只是理念世界的一块招牌，反之，微观历史却能真正进入到我们的记忆之中，转化成个人认同的“传统”。在塑造“传统”的问题上，书写的或者口述的微观历史功盖一世。从我进入西方哲学史研究室学习和工作的那一天起就发现，室内前辈同仁常把“西方室传统”挂在嘴边。渐渐地，在听讲故事和读叶老师文章之间，我不仅逐步了解了“西方室传统”的内容——“重原著、重经典、重文本和翻译”等，更认识到这个“传统”的意义并不止于上述具体的指导性意见。在贺先生等老一辈学者树立、经叶老师这代学者的巩固和“增补”后，这个“传统”现在已经深深融入我们的记忆，成为我们的行动指南，而我们亦有责任将之传诸久远，并用自己的工作使之发扬光大。叶老师尝言，“未来”才是真实的存在，在哲学上谈论经验性的体会不是为了缅怀“过去”，而是为了面对“未来”（《哲学的“未来”观念》）。如果说当年叶老师搁笔罢写“学术小品文”的内在依据是要把目光更多地投向“未来”，那么，今天我们重新整理出版叶老师部分旧作的深层依据仍然是为了更好地面对“未来”。

叶老师学术短论的写作时间也集中在八九十年代。改革开放后学术工作常态化，叶老师这辈学人重新焕发了学术青春，这说法一点都不夸张。叶老师在“文革”中就对他喜爱的艺术和哲学惨遭扭曲的现象倍感痛心，当时就暗下决心，将来要以自己的成绩为哲学“正名”，恢复哲学应有的尊严（《我是怎样喜欢起哲学来的》）。八十年代，叶老师主要以撰写系统且学术性较强的专著为主，出版了《前苏格拉底哲学研究》（一九八二年）和《苏格拉底及其哲学思想》（一九八六年）两本古希腊哲学研究的著作，在某种程度上算是对“文革”十年自修所交的一份答卷。说来“荒谬”，叶老师“文革”中自修希腊语以“伺机”研究古希腊哲学的首要考虑竟然是古希腊哲学专业性较强，研究它可以避开政治的锋芒；其次才出于探本求源的目的。这两本专著在尽展学术性的同时，理论性和思想性已初见端倪。至《思·史·诗》（一九八八年），叶老师真正开始了更具理论性和思想性的“创造”。在这期间，为圆自己青年时代的“文艺梦”，叶老师还兼顾美学和艺术研究，出版了《书法美学引论》（一九八七年）和《美的哲学》（一九九一年）两本受欢迎的小书。经历了太久的封闭和思想禁锢，除了需要对此前被灌输、被肢解、被扭曲的哲学进行“拨乱反正”外，各种现代乃至“后现代”哲学流派打破历时性地同时涌入，认知上缺失的环节太多，要读大量的书才能跟得上节奏。叶老师在八九十年代显然是在“恶补”现代哲学。除发表多篇理解现代和“后现代”哲学的长文外，叶老师还同时写作多篇学术短论作为“补充”，仿佛意犹未尽，又仿佛鱼骾在喉，一吐为快。例如，叶老师在写作专论“后现代”哲学的长文《意义世界的埋藏——评隐晦哲学家德里达》（一九八九年）和《论福柯的“知识考古学”》（一九九〇年）外（这两篇文章至今在学界仍有影响），还写作了《没有时尚的时代？——论“后现代”思潮》作为补充。收录在这里的学术短论多为八九十年代所作。叶老师在《读书》上连续发表的两篇以“读书明理”为题的文章中，开始让不同时代、不同国别的哲学家跨越时空间隔进行对话。也许叶老师的思想和写作风格就是从那时确立起来的：不停留在对问题现有的答案之上——哪怕这答案是自己给出的，不拘泥于某一哲学领域或断代史研究；而是要把历史上对某一哲学问题的讨论结果经自己的脑子再重新想一遍，以求思想的推进。进入新世纪后，这种风格在叶老师作品中留下了日益鲜明的印记。叶老师尝试着贯通古今、贯通中西，追求“读书明理”时那“豁然贯通”的一瞬，为读者呈现出了包括《中西智慧的贯通》、《哲学要义》、《科学·哲学·宗教》等数本专著和文集。在最近的十年间，叶老师在饱受现代哲学“洗礼”之后，又把关注的焦点重新投向德国古典哲学，力图带着全新的、整体性的视角在更高的层面上继续着“拨乱反正”工作，研读康德的文集《启蒙与自由》就是一个反映。这种研究方式的变化所带来的直接结果就是，叶老师的文章变长了，引号增多了，不适合收入本文集之中。

叶老师曾经是“文艺青年”，初到哲学所工作时还曾为闹着要去搞美学而受过贺麟先生的批评。故这本文集中除收录叶老师回顾个人与艺术、哲学之间渊源关系的自述性文章《哲思中的艺术》外，还收录了三篇从哲理出发讲艺术的文章：《“有人在思”——谈中国书法艺术的意义》、《论艺术的古典精神——纪念艺术大师梅兰芳》，以及《关于“文物”之哲思——参观台北故宫博物院有感》。我感觉，无论是艺术欣赏还是哲学研究，叶老师在精神气质上似乎都靠近“古典”更多一些。

重读叶老师旧作，觉得有好多话要说。我所写下的是一名读者“站在未来的立场上”的心得体会，只代表自己的观点，倘有不妥之处还望叶老师和读者批评指正。

王　齐

## 补　记

2016年9月7日晚，叶秀山老师突发心脏病，在他的书房永远地离开了我们，终年81岁。其时，他书桌上的台灯还开着，桌上摊开的是柏格森的《材料与记忆》……如果从叶老师1956年9月6日入哲学所工作算起，他为哲学整整奋斗了60个春秋。叶老师是为哲学而生的，“哲学”在他眼中就是“哲学”，无分古、今、中、外；哲学之思从来都是纯粹的，愉快的，冒险的，它能超越时空的阻隔，冲撞理智的边界。叶老师的一生诚如本书的标题，是为“思”的一生，他的“思”“成全”了他的“在”；而作为“永久的读者”的我们，将永远从他的“思”中感受到他的“在”，他的“思”和“在”将一起进入“史”。《在，成于思》原本是为纪念叶老师“思”的冒险历程中那段“诗”的岁月，现在，它成了我们对他的“在”的永久纪念。